कान्हेरी गुफ़ाएँ

बौद्ध शिल्पकला एवं दर्शन

कान्हेरी गुफ़ाएँ

बौद्ध शिल्पकला एवं दर्शन

डॉ. सुमनिका सेठी

वाणी प्रकाशन

वाणी प्रकाशन
4695, 21-ए, दरियागंज, नयी दिल्ली 110 002

शाखा

अशोक राजपथ, पटना 800 004

फ़ोन: +91 11 23273167 फ़ैक्स: +91 11 23275710

www.vaniprakashan.in
vaniprakashan@gmail.com
sales@vaniprakashan.in

KANHERI GUPHAYEN
Bouddh Shilpkala evam Darshan
by Dr. Sumnika Sethi
ISBN : 978-93-5229-498-5
Art/Culture

प्रथम संस्करण

मूल्य : ₹ 1250

एस.के. ऑफ़सेट, दिल्ली-110 095 में मुद्रित

वाणी प्रकाशन का लोगो मक़बूल फ़िदा हुसेन की कूची से

कलाचिन्तक,
मेरे गुरु डॉ. रमेश कुंतल मेघ
को समर्पित

निवेदन

मुम्बई की रेलमपेल और तेज रफ्तार ज़िन्दगी से छिटक कर जब 'कान्हा शैल' या 'कान्हेरी' पर कदम रखा तो यह मानो एक भिन्न देश, भिन्न काल की देहरी के भीतर प्रवेश करने जैसा था–पर्वत की ऊपरी परतों में हाथों से कोरी गयी गुहाएँ–स्तूप, चैत्य, वेदिकाएँ, सभाकक्ष, विहार, सीढ़ियाँ... उनमें प्रांगण, स्तम्भ, गवाक्ष या वातायन, पत्थर के बेंच, पानी पोढ़ियाँ–और फिर... बुद्ध, बोधिसत्वों, नागों, यक्ष, किन्नरों, उपासकों की मौन छवियाँ...

लेकिन इस निस्तब्धता में एक अनुगूँज भी व्याप्त थी। आँख बन्द करके उसे सुना जा सकता था–अर्धनिमीलित नेत्रों में भी वह झलक-झलक जाती थी। बौद्ध भिक्षुओं की प्रार्थनाओं का स्वर, उपासकों का जनरव, कभी-कभी पायल या झाँझों की रणन और महीन मीठी आवाजें, वस्सावास के चरागाहों में कान्हेरी शैल पर झुके आते मेघों का मन्द्र गर्जन और पाल वाली नावों का समुद्र के किनारे उतरना–देशी विदेशी रंगतवाले अनेक व्यापारी... मल्लाह...

तो क्या यह अतीत की अनुगूँज थी? एक दार्शनिक आलाप था? मानव, पशु, देव, अपदेव, बोधिसत्वों, तारा के बहुरूपों का सौन्दर्य था? या था सब कुछ घुलामिला?

इस तरह एक जिज्ञासु की तरह शुरू हुई मेरी यह यात्रा–जिसमें न जाने कितने नये-पुराने कला इतिहासविद्, दार्शनिक-चिन्तक, कला-आशंसक रास्ते में खड़े मिले–प्रकाश दिखाते रहे। और सबसे बढ़कर थी एक वरद् हस्त की छाया–मेरे गुरु, आलोचक, चिन्तक, सौन्दर्यवेत्ता डॉ. रमेश कुंतल मेघ की छत्रछाया...

यह यात्रा उन तमाम विद्वानों के ज्ञान एवं श्रम की नींव पर खड़ी है और उन्हीं के सहारे बढ़ी है–अतः उन तमाम विद्वानों, विदुषियों का आभार। डॉ. शोभना गोखले के अद्भुत कार्य और डॉ. सूरज पंडित ने भी रास्ता दिखाया।

कई वर्ष पहले यह कार्य यूजीसी के माइनर रिसर्च के तहत किया गया था और अब जब इसे कृपापूर्वक वाणी प्रकाशन से छापा जा रहा

है तो केन्द्रीय हिन्दी निदेशालय की मदद से ही। इन सब का आभार।

इस यात्रा का पहला पड़ाव था बौद्ध धर्म एवं दर्शन—इस दार्शनिक आधार के बिना आगे बढ़ना मुझे गलत लगा। यह एक निजी अनिवार्यता थी। दूसरा पड़ाव था बौद्ध कला का विहगावलोकन, और अन्तिम और एक तरह से केन्द्रीय प्रत्यय था कान्हेरी की मूर्ति कला का अध्ययन।

इस यात्रा में कान्हेरी विषयक चित्र मैंने खुद खींचे हैं, रेखांकन भी खुद ही बनाये हैं, लेकिन अन्य चित्रों के स्रोत कई हैं। कहीं यह महाराज छत्रपति शिवाजी वस्तु संग्रहालय, कहीं आर्केलॉजिकल सर्वे ऑफ इंडिया के प्रकाशन, कहीं श्री चार्ल्स फाबरी द्वारा खींचे गये चित्र और कहीं नव्यतम और सर्वव्यापी माध्यम अन्तरजाल। इन सभी स्रोतों के प्रति आभार।

मूलतः यह पुस्तक प्रकाशन योजना दो खण्डों में प्रकाशन की थी। अब पाठकों के हाथों में एक साथ एक जिल्द में प्रस्तुत है।

मेरे मित्र एवं जीवनसंगी अनूप के बिना तो यह कार्य फलित ही न हो पाता। उनके योगदान के बारे में क्या कहा जा सकता है। यह पुस्तक विनम्र भाव से पाठकों के समक्ष है।

—डॉ. सुमनिका सेठी

अनुक्रम

कान्हेरी गुफ़ाएँ

बौद्ध शिल्पकला एवं दर्शन

बौद्ध धर्म और दर्शन

आज से कोई ढाई हज़ार वर्ष पहले बुद्ध की अशान्त, जिज्ञासु और करुणामयी आत्मा ने संसार की पीड़ाओं और दुखों के ताप को महसूस किया था और उससे मुक्ति की अपनी खोज की थी। भारत की परिधि पर, हिमालय की तराई के कपिलवस्तु नाम के एक छोटे से शाक्य राजा शुद्धोधन के वे राजकुमार थे। वे विलास, सुख और ऐश्वर्य के स्वामी थे, यशोधरा से उनका विवाह हुआ था, उनका राहुल नाम का एक पुत्र भी था। अर्थात् चारों ओर फूल ही फूल खिले थे। जब तक वे सुख और सुरक्षा के राजकीय आच्छादनों के भीतर रहे, उनके बन्धक रहे—यानी दुख से या कहें कि जीवन के अपरिहार्य यथार्थ से अछूते रहे, तब तक तो सब ऊपर से ठीक ही रहा पर फिर राजमहल के बाहर पग धरते ही जीवन के दुखमय दृश्यों ने उनका कोमल हृदय दबोच लिया। जरा की जीर्ण एवं बेबस छवि, रोग की ममन्तिक यन्त्रणा और अन्ततः मृत्यु की हृदय विदारकता उनकी चेतना को उन्मथित करने लगी। चारों तरफ़ दुख का अंधेरा सा घिर आया। लेकिन तभी इस अवाक् और स्तब्ध राजकुमार ने एक संन्यासी को देखा। उसकी स्थिर प्रशान्ति को देखा। मानो भयावह एवं घनी तम्रिसा में कोई निर्वात, निष्कम्प, शान्त-लौ दीप देखा और गहरे तूफ़ान में घिरा उनका मन उस ओर आकृष्ट हुआ।

अश्वघोष के बुद्धचरित में वैरागी कहता है— *'नर-पुंगव जन्म-मृत्यु भीतः श्रमणः प्रवजितोस्मि मोक्ष-हेतोः।'* अर्थात् मैं एक श्रमण या संन्यासी हूँ और मैंने जन्म और मृत्यु की भीति के कारण और मोक्ष पाने के लक्ष्य से प्रवज्या ग्रहण की है।

ये तमाम बातें एक भारतीय के जातीय स्मृति भंडार में अनुश्रुतियों की बदौलत बेहद भास्वर रंगों में अंकित हैं। यों बुद्ध की जीवनी, विशाल बौद्ध साहित्य में से अंशों को आपस में जोड़ कर रची गयी है। और बौद्ध साहित्य भी भिक्खुओं की कई पीढ़ियों द्वारा मौखिक परम्परा के रूप में रचा गया था। वैसे सम्मिश्र संस्कृत में बुद्ध की तीन जीवनियाँ उपलब्ध हैं—जैसे—ललित विस्तर, महावस्तु तथा बुद्ध चरित। ललित विस्तर का समय लगभग तीसरी शती ई.पू. का है, महावस्तु लगभग दूसरी शती ई.पू. का है तथा अश्वघोष का बुद्ध चरित पहली शती के लगभग का है। उसकी भाषा-शैली नलिनाक्ष दत्त के अनुसार महाकवि कालिदास की काव्यशैली के समान प्रवाहमयी है।[1] पश्चिमी पाठकों के लिए ये महत्कार्य श्री ई.एच. ब्रूएस्टर की रचना—द लाइफ़ ऑफ़ गौतम, द बुद्धा में संकलित है। फिर बर्मी के अंग्रेज़ी अनुवाद—द लाइफ़ एंड लेजेंड ऑफ़ गौदमा, द बुद्धा ऑफ़ बर्मीज़ (बिशप बिगनडेट) तथा थेरवाद परम्परा से अलग, चीनी-संस्कृत से सैमुअल बील की रचना तथा तिब्बती के अनुवाद 'द लाइफ़ ऑफ़ बुद्धा' (डब्ल्यू वुडहिल रॉकहिल) 1884 में बुद्ध की जीवनी उपलब्ध है। लेकिन श्री क्रिस्मस हम्फ़री के अनुसार बौद्ध धर्म या दर्शन-इतिहास की घटनाओं और विवादों से ऊपर और परे, मानों अनासक्त सा खड़ा अपनी सत्ता और सच्चाइयों को स्वयं फलित एवं सिद्ध कर रहा है।[2]

खैर, बुद्ध के पिता शुद्धोधन, कौशल की अधीनता वाले सूर्यवंशी राजा थे और शाक्य

गणतन्त्र के प्रमुख शासक थे। बुद्ध का जन्म वैशाख मास की पूर्णिमा के दिन, नेपाल के लुंबिनी बन में दो सपुष्प शाल वृक्षों के बीच में तब हुआ जब शुद्धोधन की पत्नी महामाया अपने मायके देवदह जा रही थी। यह तिथि श्री सर्वपल्ली राधाकृष्णन के शब्दों में उनके जीवन की दूसरी दो बड़ी घटनाओं अर्थात् सम्बोधिप्राप्ति और फिर परम विश्रान्ति अर्थात् परिनिर्वाण से भी जुड़ी है। उनतीसवें वर्ष में सारे सांसारिक वैभवों को छोड़ और छह वर्षों तक भटककर अन्ततः बोधि प्राप्त करने वाले सिद्धार्थ ने 45 वर्ष तक अपने दर्शन का उपदेश दिया था। अस्सी वर्ष की आयु में कुशीनगर में अपने प्रिय शिष्य आनन्द के सम्मुख, चित्रमय जम्बूद्वीप की प्राकृतिक छटा को ऐसे समय में भी पीते हुए, हिरण्यवती नदी के तट पर, फिर दो शाल वृक्षों के बीच लेटे हुए, रोते हुए, आनन्द को जीवन एवं अस्तित्त्व की अस्थिरता के प्रसंग से सान्त्वना देते हुए, उपदेश रूपी गुरु की सत्ता के दिग्दर्शन कराते हुए उन्होंने अन्तिम वाक्य कहा–

हंद दानी भिक्खवे आमन्त यामि वो
वयधम्मा संखारा, अप्पमादेन सम्पादेथति

अर्थात् मैं तुम्हें कहता हूँ भिक्खुओ! सब वस्तुएँ नाशधर्मी हैं, इसलिए अप्रमादयुक्त होकर अपना निर्वाण प्राप्त करो।[3]

उनकी मृत्यु की कथा असीम करुणा और सादगी के साथ 'महापरिनिब्बान' में कही गयी है। शान्ति जो उनकी सारी खोज का, सारे दर्शन का सार थी–अन्तिम समय में भी उनके साथ थी। और यों लगभग 483 ई.पू. में इस महत जीवन का परिशमन हुआ–एक ऐसा हृदय एवं मानस जिसे एच. जी. वेल्स अपने विश्व इतिहास के पृष्ठों पर–'द ग्रेटस्ट मैन एवर लिव्ड' कहते हैं।

बुद्ध के मन में यह वैराग्य का भाव जो कि उनकी इस तमाम खोज का उत्स था, एक विशेष तरह के आध्यात्मिक माहौल से उपजा था। विचारों के इतिहास में ई.पू. छठी सदी बेहद महत्त्वपूर्ण मानी जाती है। सर्वपल्ली राधाकृष्णन के अनुसार चीन में लाओ-त्से और कन्फ्यूशियस हुए, युनान में परमेनाइडीस और एम्पेडोकल्स, ईरान में ज़रथुस्त्र और भारत में महावीर और बुद्ध हुए। आज जिस अर्थ में हम हिन्दू धर्म को समझते हैं, तब तो ऐसा कोई धर्म न था। कम-से-कम बुद्ध के जीवन काल के लम्बे समय तक तो नहीं ही था। अगर कोई धर्म था तो वह वैदिक यज्ञ-प्रधान धर्म था–जिसके कई प्रचलित आचारों का बुद्ध ने विरोध किया था। फिर भी वह तमाम चिन्तन, आध्यात्मिक परम्पराएँ, प्रवृत्तियाँ उस समय के सजग मानस की सहज धरोहर थीं। पी.एल. वैद्य और सी.बी. जोशी के अनुसार–भारतीय तत्त्वज्ञान का आरम्भ नासदीय सूक्त पर जो स्वतन्त्र भाष्य रचे गये, उनसे होता है। और यज्ञ-याग की विधियों से परे चिन्तन की मनोवृत्ति अन्य विषयों की ओर, आश्रम व्यवस्था में वानप्रस्थ और संन्यास की ओर झुकने लगी थी।[4]

जीवन की क्षण भंगुरता की अनुभूति ने चिन्तन को विरक्ति के धूसर वर्णों से रंग दिया था और जिज्ञासु मृत्यु तथा मृत्यु के बाद क्या के प्रश्नों से आन्दोलित हो रहे थे। जर्मन विद्वान ओल्डनबर्ग ने बड़ी सूक्ष्मता से इस निराशाजनक चिन्तना की दार्शनिक परम्परा की व्याख्या की है। जीवन के परे देखनेवाली यह दृष्टि आर्यों में ही नहीं, अनार्यों में भी थी। यद्यपि ऐसे लोगों के उल्लेख आर्यों के साहित्य में दुष्प्राप्य हैं।

वैदिक विष्णुसूक्त में दूसरे लोक की और मरणोपरान्त यमलोक से इस लोक में लौट आने की कल्पनाओं के बीज हैं। उपनिषदों में भी बारबार इस संसार, इस लोक की दुखमयता और अमर जीवन की शाश्वत टोह के उल्लेख मिलते हैं।

ब्राह्मण धर्म में आत्मा का चिन्तन शायद मृत्यु के इसी निविड़ और गहरे अन्धकार से निकलने का एक मार्ग था। इसने आत्मा की शाश्वतता की बात की थी और इस तरह जीवन के मृत्यु के रूप में अन्त के बजाय जीवन एवं मृत्यु के अनन्त चक्र की कल्पना को हृदय में उतारा था। लेकिन इस जन्म मरण के चक्रों में भी केन्द्रीय चीज़ दुख थी जो इस भव सागर में, जल और आकाश में सर्वव्याप्त थी।

डॉ. राधाकृष्णन का मानना है कि बुद्ध इस देश के, हमारी धार्मिक परम्परा के एक अलौकिक प्रतिनिधि हैं। रूढ़ियों के बावजूद देश की आत्मा पर बुद्ध की छाप है। उन्होंने यहाँ तक कहा कि बुद्ध ही आधुनिक हिन्दुत्व के निर्माता हैं। अतः बुद्ध का चिन्तन दुखवाद की, वैराग्य की, संन्यास की इसी ज़मीन से पल्लवित हुआ था। राधाकृष्णन मानते हैं कि बौद्ध दर्शन अधिक पुरातन ब्राह्मण धर्म की एक शाखा था। उसे कदाचित् पुरातन धर्म से टूटी हुई या एक विद्रोही विचारधारा ही समझना चाहिए। उन्होंने अपने सांस्कृतिक दाय का उपयोग तो किया पर धर्म के आचारों को शुद्ध करने के लिए, मनुष्य को अधिक स्वतन्त्र बनाने के लिए, तमाम पूर्वमान्यताओं से स्वतन्त्रता—ताकि मनुष्य अपना जीवन एवं भविष्य अपनी प्रज्ञा से स्वयं बना सके, अपना दीपक स्वयं बन सके (अत्तदीप)। डॉ. राधाकृष्णन बुद्ध के भारतीय अस्तित्त्व को अँधेरे में रौशनी खोजती मानवजाति की साकार अभिव्यक्ति मानते हैं। एक तरह से प्राकृतिक शक्तियों का सहज परिणाम था उनका सौम्य व्यक्तित्व, ज्वलन्त मेधा और उदात्त चरित्र। लेकिन भारतीय परम्परा को रेखांकित करते हुए राधाकृष्णन ईसा और सुकरात की परिस्थितियों से उनकी मार्मिक तुलना भी करते हैं। वे लिखते हैं कि इन तीनों ने ही भिन्न-भिन्न मात्रा में अपने समय की रूढ़ियों का उन्मूलन किया था। वस्तुतः बुद्ध वैदिक रूढ़िवाद और धर्माडम्बर के जितने अधिक प्रत्यक्ष विरोधी थे, उतने न तो सुकरात एथेन्स के राज्य धर्म के थे, न ईसा यहूदी धर्म के। फिर भी तमाम विरोधों के बावजूद वे अस्सी वर्ष तक जीवित रहे, उनके शिष्यों की संख्या बढ़ती रही, और अपने जीवन काल में ही उन्होंने एक नयी धर्म व्यवस्था की स्थापना की। शायद भारतवर्ष की उदार मनोवृत्ति ही रूढ़िवाद के विरोध की इस भिन्न रीति के लिए उत्तरदायी थी।

यों कालक्रम के अनुसार देखें तो बुद्ध का चिन्तन वेदों के संहिताओं में संकलन, तथा ब्राह्मणों, आरण्यकों तथा प्राचीनतर उपनिषदों के वृहदाकार वाङमय के बाद आया। उन्होंने इस सम्पूर्ण दाय को कितना ग्रहण किया कहना कठिन है—क्योंकि यह ज्ञान खासा शास्त्रीय था और बुद्ध ब्राह्मण वर्चस्व वाले भू-भाग की परिधि पर थे तथापि उनके साहित्य में इस परम्परा के सन्दर्भ आते हैं। जैसे जब वो मन्त्रों की असारता की बात करते हैं तो तीन वेदों का सन्दर्भ देते हैं, पशुघात वाली यज्ञ-यागादि विधियों से विरक्ति दिखाते हैं, वैदिक ब्राह्मणवाद के प्राचीनतर देवताओं का उल्लेख भी है जैसे इन्द्र और ब्रह्मा; साथ ही ब्राह्मणों की सामाजिक जाति व्यवस्था तथा ब्राह्मणों की उच्चतर स्थितियों का भी विरोध के रूप में उल्लेख है। तथापि बहुत से विद्वान यह मानते हैं कि बुद्ध की दार्शनिक परम्परा वह है जिसमें ब्राह्मण धर्म का स्थान गौण और श्रमणों, योग, जैनियों तथा घुमन्तू उपदेशकों के छिटके उपदेश या संगीतियाँ थीं।[5]

समकालीन धर्माचार्यों से बुद्ध के उपदेशों की तुलना जब भी बौद्ध वाङमय में की जाती है तो छः नाम बारम्बार आते हैं—ये नाम हैं—अक्रियावादी पूर्ण कास्सप, मक्खलि गोसाल (अचेलक या नग्न साधु-जड़ नियतिवाद), अजित केश कम्बलिन (भौतिकवादी-परलोक या मानवोपरि शक्तियों के प्रति अविश्वासी), पकुध कच्चायन (अशाश्वतवादी), निगंठ नातपुत्त तथा संजय वेलुठ्ठिपुत्त थे—अजातशत्रु

के अनुसार तमाम गुरु जो उन्हें मिले उनमें ये विक्षेपवादी थे (सबसे मूर्ख)—किसी भी प्रश्न का निश्चयात्मक उत्तर न देते थे। इन छहों में केवल निगंठ नात्तपुत्त (महावीर वर्धमान) को छोड़ शेष का भारत के धार्मिक इतिहास में कोई स्थान नहीं बन सका। ऐसा माहौल था कि बहसें और विवाद आम थे। बड़ी शीघ्रता से व्यक्ति आस्था और गुरु बदलते थे तथा एक प्रश्न जो एक-दूसरे से अक्सर पूछा जाता था—कि तुम्हारा गुरु कौन है?

अतः कह सकते हैं कि ये तमाम मतवाद अतिवादी थे। कोई शाश्वतवादी, कोई उच्छेदवादी, (सब्बम अत्थि, सब्बम नात्थि) कोई वस्तुजगत को पूर्वनिश्चित और कारणहीन मानता था तो कोई मानता था कि आत्मपीड़न करो—या फिर खाओ, पियो या सुख भोगो। (कामेसु काम सुखल्लिकानुयोगो) ऐसे में महावीर ने अनेकान्तवाद और शून्यवाद से एक रास्ता निकाला तो बुद्ध ने प्रतीत्यसमुत्पाद से। तथापि महावीर अत्तकिलमथ अथवा आत्मपीड़न के सिद्धान्त पर डटे रहे—तो बुद्ध ने तमाम अतिवादों के विरुद्ध मज्झिम-पतिपदा या मध्यम मार्ग का उपदेश दिया।

उनके पास लोकवार्ता का खज़ाना था या कहें कि संन्यासियों के साहित्य का खज़ाना था जहाँ से उन्होंने कथाओं और घटनाओं को अपने उपदेशों के मर्म को समझाने के लिए इस्तेमाल किया। वे एक अद्भुत कथाकार थे और हर जिज्ञासा, विवाद और प्रश्न पर अपने ढंग से एक कथा सुनाया करते थे। प्रतीकों से भरी हुई उनकी काव्यमयी उक्तियाँ सुनने वालों के हृदय में सीधे उतर जातीं। उनके आरम्भिक शिष्यों ने इन संलापों (बातचीत) का उपयोग किया और ऐसे व्यवहार्य धर्म तथा दर्शन को विकसित किया जो आम-जन एवं भिक्खु सबके लिए एक रूपान्तरकारी एवं नैतिक अभ्यास था।

चार बौद्ध परिषदों में बौद्ध संघ के एकीकरण के प्रयत्न

कुशीनगर में बुद्ध के अवसान के बाद पहली बौद्ध परिषद राजगृह में महाकस्सप के नेतृत्व में हुई जिसमें विनय के नियमों को निश्चित किया गया, धम्म के पाठ का निश्चय हुआ, आनन्द आदि पर कुछ आरोप लगे और उनके उत्तर माँगे गये। इनमें उपस्थित भिक्खुओं की संख्या चार सौ निन्यानवे बताई जाती है।

बुद्ध की दूसरी परिषद वैशाली में हुई जिसका वृत्तान्त चुल्लवग्ग में प्राप्त है। महावंस के अनुसार 700 थेर भिक्खुओं ने धम्म का संकलन किया और बुद्धघोष के अनुसार अन्तिम निर्णय के बाद विनय और धम्म का पाठ किया गया और एक नया संस्करण बना जिससे पिटक, निकाय, अंग और धर्म स्कन्ध बने। इनमें भी विनय—अर्थात् भिक्खुओं के आचरण सम्बन्धी चर्चाएँ हुई थीं)—उनमें भोजन, वस्त्र, नियम-अनुशासन, खाद्य, धन-संग्रह करने के विरुद्ध कड़े नियम थे।

तीसरी परिषद पाटलिपुत्र में प्रियदर्शी अशोक के निर्देशन में हुई। बौद्ध धर्म में जो कई पन्थ और सम्प्रदाय जन्म ले चुके थे, उनको एकबद्ध करना इसका मूल उद्देश्य था। अशोक इसी समय बौद्ध धर्म में दीक्षित हुए थे और उनके आश्रय के बाद बौद्ध धर्म में इतनी अभिवृद्धि एवं प्रसार हुआ मानो सद्धर्म में नया रक्त संचार हुआ हो। इस परिषद में त्रिपिटक संग्रह संकलन के काम का निश्चय लिया गया और बुद्ध धर्म के प्रचारक संसार के विभिन्न देशों में भेजे गये। अशोक के पुत्र और पुत्री-महेन्द्र एवं संघमित्रा श्रीलंका गये और इसी प्रकार कई बौद्ध प्रचारक एशिया अफ्रीका और युरोप में भेजे गये।

चौथी परिषद तुरुष्क वंश के शक्तिशाली राजा कनिष्क के तत्वावधान में हुई जिसका साम्राज्य काबुल, गान्धार, सिन्ध, उत्तर पश्चिम भारत, काश्मीर और मध्यप्रदेश तक प्रसरित था। पहले किसी

ईरानी धर्म को मानने वाला कनिष्क बाद में बौद्ध हो गया और लगभग 100 ई. सदी में यह परिषद सुदूर उत्तर में घटित हुई। चौथी परिषद में बौद्धदर्शन संस्कृत में सूत्रबद्ध हुआ। भारत के अलावा श्रीलंका, थाइलैंड, बर्मा में भी परिषदें होती रहीं। और त्रिपिटक के शोधन, परिशोधन, और मूलपाठ तय होते रहे।[6]

बौद्ध धर्म की प्रमुख शाखाएँ अथवा निकाय

ऐसा अनुमान होता है कि बुद्ध के जीवनकाल के दौरान ही कुछ लोग उनके अधिकार के विरोधी थे। देवदत्त (बुद्ध का भतीजा) तो ईर्ष्यालु था ही और उसकी शत्रुता के कई किस्से प्रचलित भी हैं। उसने बुद्ध को मारने तक का और फिर संघ में फूट डालने के यत्न भी किये थे। फिर बुद्ध के अवसान के बाद तो धम्म और विनय के स्वरूप को लेकर, उसके सत्यापन एवं भाष्य को लेकर फूट और शंका का माहौल बनना स्वाभाविक ही था। खैर बुद्ध के परिनिर्वाण की एक शताब्दी के बाद मतभेद साकार होने लगे थे।

बुद्ध, बोधिसत्व और गुरु पद्मसंभव

एक पक्ष था जो नियमों का पालन कट्टरता से चाहता था, दूसरा उसे शिथिल करना चाहता था–अतः जो भिक्षु नियमों से बाहर चलते थे, वे बाद में महासंघिक कहलाये और कट्टर पुराणपन्थी भिक्षु थेरवादिन या स्थविरवादिन कहलाये। सारतः यह पुराणपन्थ और उदारमत, उच्चश्रेणीय और लोकतात्रिक विचारधारा का मतभेद था।[7]

क्योंकि वज्जियों ने निर्णय न माने थे, तो उन्हें संघ से निष्कासित किया गया था। उन्होंने दूसरी संगीति बुलाई और इस तरह प्राचीन बुद्ध संघ के थेरवादी और महासंघिक दो निकाय बने। और अगले सवा सौ वर्षों में महासंघिक के छह और स्थविरवाद के 12 यानी कुल 18 निकाय हो गये।

थेरवाद

पालि साहित्य में बुद्ध का प्राचीनतम उपदेश थेरवादी शाखा का है और यही शाखा पुरातनतम है। इस निकाय के अनुसार बुद्ध की प्रकृति मानवीय थी। मानवीय कमज़ोरियाँ उनमें भी थी यद्यपि उन्होंने अतिमानवीय गुण भी दिखाए। दैहिक एवं मानसिक ताप से वे अछूते नहीं थे। इस शाखा के अनुसार बुद्ध का उपदेश नैतिक एवं पापहीन जीवन जीने से जुड़ा है। और यह आदर्श शील, समाधि और प्रज्ञा के अनुसरण से ही प्राप्त होगा (सदूव्यवहार)। शील को लेकर गृहस्थों और भिक्खुओं के लिए कई उपदेश हैं जो एक सन्तुलित जीवन-शैली, कामनाओं से ऊपर उठने वाली शैली के परिचायक हैं। समाधि का अर्थ मन को टिकाना या ध्यान है। यह मन का सन्तुलन है जिसमें चार आर्य सत्यों और संसार के अस्तित्व के प्रतीत्य समुत्पाद का ज्ञान पाया जा सकता है।

महामहिम श्री दलाई लामा जिनका वास्तविक नाम तेनज़िन ग्यातशो है के अनुसार हीनयान या थेरवाद में व्यक्ति अपने हित निर्वाण-प्राप्ति का लक्ष्य रखता है। निर्वाण वह प्रशान्त या सुखमय स्थिति है, जहाँ वासना, विद्वेष, भ्रम आदि से मानस मुक्त हो जाता है, और यह अवस्था वर्णन की सीमा से परे है। यह मानस का अभ्यास है ताकि मनुष्य 'संसार' (अस्तित्व के चक्र या भवचक्र) का त्याग कर सके। यह तभी सम्भव है जब एक मनुष्य वस्तुजगत का सही रूप जान लेता है। तब एक ओर इन्द्रिय सुख एवं दूसरी ओर आत्मपीड़न के अतिवाद को छोड़कर वह मध्यम मार्ग अपनाता है जिसे बौद्ध शब्दावली में मध्यमा-प्रतिपत कहते हैं और फिर दिव्य अट्ठमार्ग के अनुसार अपने जीवन को आकार देता है—अर्थात् सम्यक दृष्टि, सम्यक निश्चय, सम्यक शब्द, सम्यक कर्म, सम्यक जीवन पद्धति, सम्यक यत्न, सम्यक ध्यान, सम्यक एकाग्रता आती है। दुखों का मूल तृष्णा है यह ज्ञान होता है और यों इस दुख चक्र से छूटकर (निर्वाण प्राप्त कर) वह अर्हत बन जाता है—यही थेरवादियों का आदर्श है।

महासंघिक या महायान

यह माना जाता है कि महासंघिक महायान के पहले बीज बोने वाले थे, आरम्भकर्ता थे और कुछ ही दशाब्दियों के भीतर इस पन्थ की शक्ति और लोकप्रियता अपार हो गयी।

आनन्द डब्ल्यू.पी. गुरुगे के अनुसार थेरवाद बौद्धधर्म श्रीलंका और दक्षिण भारत में पल्लवित हुआ जबकि अन्य निकाय उत्तर में फले-फूले।

बुद्ध धर्म के इतिहास में महायान धीरे-धीरे क्रमशः विकसित हुआ। महासंघिकों ने पाटलिपुत्र और वैशाली में केन्द्र स्थापित किये। हू ऐन सांग और इ-त्सिंग (671 से 695 ई.) ने भी लिखा है कि उसे महासंघिक मगध (मध्यप्रदेश) लाट और सिन्धु देश में, उत्तर दक्षिण एवं पूर्वी भारत में मिले। पहली शती ई. में महासंघिकों के केन्द्र मथुरा और अफ़गानिस्तान तक थे। मथुरा में ही सार्वस्तिवादी भी सक्रिय थे और उनका केन्द्र काश्मीर था। यानी यह पन्थ उत्तर पश्चिम में भी लोकप्रिय था। महाराष्ट्र में कार्ले की गुफ़ाओं के अभिलेख उन्हें महासंघिकों का केन्द्र सत्यापित करते हैं। फिर दक्षिण में अमरावती और नागार्जुनकोंडा के उत्कीर्णनों में भी ऐसे ही सन्दर्भ मिले हैं।

कनिष्क के जीवन काल एवं विशेष संरक्षण से महायान सम्प्रदाय को जोड़ा जाता है। चौथी परिषद में शान्ति, समझौते और सहिष्णुता का माहौल था और बौद्ध विनय एवं धम्म सूत्रों का आलेखन किया गया था। एक ओर राजाश्रय तो दूसरी ओर साहित्यिक एवं विद्वत्ताजनक कलापों ने, नवदीक्षित कुषाणों और उनकी प्रजा के उत्साह ने अभूतपूर्व विकास को जन्म दिया। बौद्ध धर्म

उत्तर की ओर बढ़ने लगा तथा मध्य एशिया के परे प्रसरित होने लगा। यह बौद्धकला, वास्तु और साहित्य का भी स्वर्णकाल था।[8]

अतः महायान बौद्ध शिक्षाओं का एक ऐसा सामाजिक विस्तारण है, एक ऐसा विचारधारात्मक मोड़ है, जहाँ आत्मशुद्धि के संकीर्ण आदर्श (जो कि भिक्खु या भिक्खुनी द्वारा सांसारिक जीवन के परित्याग द्वारा पाया जाता है) के बजाय दूसरों की मुक्ति से जुड़ा है। महामहिम श्री दलाई लामा के अनुसार—महायानी एक उच्चतर आदर्श को प्राप्त करना चाहता है—अर्थात् तमाम जीवों के लिए निर्वाण एवं बुद्धत्व को पाना। बोधिचित्त एवं करुणा से प्रेरित हो वह थेरवादियों या हीनयानियों के मार्ग पर ही अग्रसर होते हैं पर दूसरों के लिए अपनी मुक्ति स्थगित कर सकते हैं। मानवता की रक्षा का आदर्श आसान नहीं है—एक बार खुद को दूसरों के लिए समर्पित करने वाला बोधिसत्व कहलाता है। यह बोधिसत्व बुद्धत्व के मार्ग का सच्चा यात्री है।[9]

महायान में स्वयं बुद्धत्व की धारणा में भी बदलाव आया। स्वयं हीनयान में ही बुद्ध का व्यक्तित्व एक पवित्र व्यक्ति से विकसित होकर अति मानवीय या दैवी हो गया था। महासंघिक निकाय के Transcendalists ने बुद्ध को अतिप्राकृतिक रूप दिया और उनके गिर्द चामत्कारिक घटनाओं का प्रभामंडल बन गया। यह प्रवृत्तियाँ कुछ यों बढ़ीं कि बुद्ध को शाश्वत, स्वयंभू, जन्म मरण से परे और वर्णनातीत मान लिया गया। और यों बुद्धत्व के विषय में कुछ ऐसी कल्पनाएँ, ऐसे कोण विकसित हुए—कि अलग-अलग पक्षों के लिए अलग-अलग बुद्ध साकार हो उठे। और यों बुद्ध का एक देव परिवार ही बन गया। इनमें अनेक बुद्ध और बोधिसत्व विकसित हुए। बोधिसत्वों की पदवी तो देवताओं जैसी थी। गौतम बुद्ध भी उस अनादि और शाश्वत बुद्धत्व की छायात्मक अभिव्यक्ति माने गये। ऐसे आदि बुद्ध का वर्णन अमित आभा या कान्ति अर्थात् अमिताभ, अमितायु (अमितायुश) तथता या शून्य, तत्त्व एवं सम्बोधि के रूप में हुआ। इससे दो सिद्धान्त जन्मे—त्रिकाया सिद्धान्त एवं ध्यानी बुद्धों का देव परिवार। त्रिकाया के अन्तर्गत धर्मकाया, सम्भोगकाया और रूपकाया या निर्माणकाया थी। धर्म काया जो अनन्त अनादि तथा निराकार है, सम्भोगकाया मसीहा तथा महापुरुष के तमाम लक्षणों से सुशोभित है तथा रूप काया मानव रूपिणी है। ध्यानी बुद्ध-वैरोचन अक्षोम्य, रत्नसम्भव, अमिताभ, अमोघसिद्धि आदिबुद्ध से व्युत्पन्न हुए ध्यान के माध्यम से। इनमें से हर एक के संग एक बोधिसत्व और एक उसकी शक्ति या देवी या तारा सम्बन्धित है।

अतः बोधिसत्वों का भी एक सम्प्रदाय चल पड़ा। उनका एक मिथकीय परिपार्श्व बना जो कि हिन्दू देव परिवार की स्मृतियाँ जगाता है। बोधिसत्वों में सर्वप्रिय थे—अवलोकितेश्वर (करुणा का मानवीकरण), मंजुश्री (ज्ञान का शाश्वत यौवन), वज्रपाणि, सामन्तभद्र, आकाशगर्भ, महास्थानप्राप्त भैषज्यराज तथा मैत्रेय। बोधिसत्व अवलोकितेश्वर के साथ तारा जिसे प्रज्ञापारमिता कहा गया था—पूजित हुई। यह ज्ञान की साकार मूर्ति थी।

महायान ने **बुद्ध की उपासना** में भी कई परिवर्तन ला दिये। बुद्ध और बोधिसत्वों का रूप पूरी तरह दैवी बन गया और यह रूप सरलमना जनसाधारण के अनुकूल था अतः जनसाधारण में बेहद लोकप्रिय हुआ। चैत्यों की पूजा और भेंट चढ़ाने का जो रिवाज़ महासंघिकों ने चलाया था उससे बौद्ध धर्म एक जनप्रिय रूप ले रहा था।[10]

अतः पूजा के रूप में एक तो बुद्ध के अवशेषों की पूजा, दूसरे उन चैत्यों एवं स्तूपों की पूजा जिनमें अवशेष रखे गये थे तथा तीसरे बुद्ध की साकार छवि या मूर्तियों की पूजा तथा पीपल वृक्ष की पूजा जिसके तले बुद्ध ने बोधि प्राप्त की थी—पहले ही से प्रचलित हो चुकी थी। महायान ने श्रद्धा-समर्पण

और भक्तिभाव वाली पूजा को बल दिया जिससे उपासना के बाहरी रूप प्रधान हो गये। और यों बुद्ध एवं बोधिसत्व की पूजा ने बौद्ध शिल्पशास्त्र को विकसित किया जिसने नये-नये बुद्धों, बोधिसत्वों और देवियों के नवनव आकारों को भी जन्म दिया।

अतः यों पुरातन सरल बुद्ध धर्म से अब महायानी बुद्ध धर्म अलग हो चला जिसमें बल उदारता, नैतिक-अभ्यास और ध्यान पर था।

आगे चलकर महायान माध्यमिक एवं योगाचार दो विचारधाराओं में बँटा। माध्यमिक मध्यमा-प्रतिपत पर जोर देते थे। इस विचारधारा को आर्य नार्गाजुन से जोड़ा जाता है। नागार्जुन ने शून्यता को ही परम तत्त्व माना है। योगाचार की स्थापना मैत्रेय ने की थी। योगाचार में बोधि की प्राप्ति को सबसे प्रभावशाली माना गया। माध्यमिक विचारकों की एक जगमगाती नक्षत्रमालिका है जैसे आर्यदेव (ईसा की तीसरी शती), बुद्धपालित (ईसा की पाँचवीं शती) भावविवेक (ईसा की पाँचवी शती) चन्द्रकीर्ति (ईसा की छठी शती) शान्ती देव (सातवीं शती) इत्यादि।

वज्रयान अथवा तन्त्रयान

महायान बौद्ध धर्म पुराने सरल एवं नैतिक शुद्धि एवं आत्मत्याग की चर्या से विकसित होकर एक सम्पूर्ण भक्ति सम्प्रदाय में बदल गया था। अब इसमें बुद्ध एवं बुद्ध से जुड़ा अपना देव परिवार, दैवी मिथक एवं कर्मकांड विकसित हो गये थे। अनेक बुद्धों की धारणा, बोधिसत्व एवं ताराओं (देवियों) की पूजा होने लगी थी। उसी रूप में परिवर्तन का क्रम और साथ ही साथ पहले की लोकप्रिय आस्थाओं और विश्वासों को भी अपने भीतर पचा लेने की प्रकृति बौद्ध धर्म में चलती रही। श्री आनन्द डब्ल्यू गुर्गे के अनुसार ईसा की आँठवीं शती में भारत के पूर्वी भाग में खासकर बंगाल और बिहार में वज्रयान, मन्त्रयान या फिर तन्त्रयान का उदय हुआ।[11] तन्त्रों या तन्त्रवाद पर आधारित होने के कारण इसे तान्त्रिक बौद्ध धर्म भी कहा जाता है।

हज़ारी प्रसाद द्विवेदी लिखते हैं कि आठवीं नौवीं शताब्दी में बौद्ध धर्म बड़े वेग से तान्त्रिक साधना और काया योग की ओर बढ़ने लगा।[12] श्री गुरुगे के अनुसार वज्रयान ने कायपरक रहस्यवाद, जादुई सम्प्रदाय और (सैकरामेंटल) आनुष्ठानिक पूजा को काफ़ी महत्त्व दिया। महायानी बुद्धत्व की धारणा को तो उन्होंने ग्रहण किया ही, बुद्ध के कई पराभौतिक गुणों पर भी बल दिया। यहाँ कान्तिवान वैरोचन नये सिद्धान्तों की केन्द्रीय छवि बने और एक सर्व शक्तिमान बुद्ध के रूप में तमाम बुद्ध उनमें समाहित हो गये। इसी तरह बोधिसत्वों के बारे में धारणा भी बदली। अवलोकितेश्वर जो महायान में करुणा की प्रतिमूर्ति हैं, देव परिवार के प्रमुख हो गये। वज्रपाणि–जिनके हाथ में वज्र था दानवों, अतिप्राकृत जादूगरों और भयद देवों के अधिदेव मान लिए गये। इसी तरह तारा की धारणा जो कि इनकी नारी शक्ति (बोधिसत्व की) थी ने कल्पनाओं में कामपरक रहस्यवाद को जन्म दिया। इस कामपरक संयोग को पूजा और आध्यात्मिक उत्सव तक आदर्शीकृत किया गया।[13]

एवा रुडी जानसेन के अनुसार वज्रयान की धारणा है कि हर मनुष्य बुद्धत्व प्राप्त कर सकता है केवल अज्ञान एवं भ्रम की धुन्ध से आत्मा को आज़ाद करना होगा जो सही दृष्टि एवं सही व्यवहार के अभ्यास ही से सम्भव है। वज्रयान के अनुसार देह और मन, भाव एवं इच्छाएँ केवल ऊर्जा ही के रूप हैं जिन्हें बुद्धत्व के लक्ष्य की ओर मोड़ा जा सकता है। महायान और वज्रयान की भाषा तथा शिल्पशास्त्र में बिम्ब छवियों और प्रतीकों की अपार समृद्धि है। बुद्धत्व के हर पक्ष को एक समाधिस्थ बुद्ध या बोधिसत्व तथा अन्य देवों के माध्यम से व्यक्त किया जाता है। ये अन्य

दैव पुरातन धर्मों से गृहीत हैं। इस दृष्टि से नेपाल तथा तिब्बत-क्षेत्र में बौद्धकला के अद्भुत नमूने इस पक्ष का वैभव दिखाते हैं। अलग-अलग छवियों का ध्यान बुद्धत्व के उसी विशेष पक्ष के साथ सम्पर्क और तादात्म्य को सम्भव बनाता है। हर मुद्रा, हर आसन और हर वैयक्तिक विशेषता का एक प्रतीकात्मक महत्त्व है।[14]

श्री गुरुगे लिखते हैं कि वज्रयान नेपाल, तिब्बत और अन्य हिमालयीय राज्यों में प्रसरित हुआ और वहाँ के पुराने धर्मों से अन्तःक्रिया करके उसने एक ऐसे विशिष्ट बुद्ध धर्म को जन्म दिया जो आज वहाँ पाया जाता है और उसने वहाँ की संस्कृति पर अपने खास रंग छोड़े हैं।

श्री पी.वी. बापट, पी.सी. बागची, जे.एन. ताकासाकी, वी.वी. गोखले, आर.सी. मजूमदार आदि विद्वान बौद्ध धर्म के विस्तार की चर्चा करते हुए नेपाल एवं तिब्बत में भी उसके इतिहास की खोज करते हैं।[15] यहाँ बौद्धधर्म आसपास के प्रदेशों यानी भारत, खोतान, मंगोलिया, चीन और बर्मा से सांस्कृतिक सम्पर्कों के रूप में आया। **तिब्बत** में अशोक के समान स्रोङ बत्सन-स्गम-पो (जन्म 617 ई) के समय से लिखित इतिहास मिलने लगता है। (इसी तरह भारतीय इतिहास लिखित रूप में अशोक के समय से लिखा जाने लगा था।) उसी ने तिब्बती बोली की वर्णमाला की रचना कर यह सम्भव किया था। कहते हैं कि स्रोङ-बत्सन की चीनी एवं नेपाली रानियाँ अपने साथ बौद्ध प्रतिमाएँ लाई थीं। और पहले छोटे-छोटे बौद्ध मन्दिर उन्होंने ही बनवाये। अक्सर ये राजा एक सिंहासन पर और उसकी दो रानियाँ उसके आगे झुकी अंकित की जाती है। (देखिए आरेख-1) इसी के राज्यकाल में कान्तिवान थौन-मि ने (जिसे तिब्बती साहित्य के पिता के रूप में जाना जाता है) भारत जाकर बौद्ध विद्यापीठों में अध्ययन किया और वापिस आकर संस्कृत एवं बौद्ध ग्रन्थों के अनुवाद तिब्बती में किये। ल्हासा और रमोचे और जोखड़ में प्रसिद्ध मन्दिर बनाये और पोटाला नामक ग्यारह मंज़िल वाला महल निर्मित किया। इस तरह बौद्ध धर्म अपने सारे सांस्कृतिक विकास और सरंजाम के साथ तिब्बत लाया गया। उसने धीरे-धीरे वृक्ष एवं नाग की पूजा करने वाले पुराने फोऊन विश्वासों का स्थान ग्रहण किया। अतः स्रोङ-बत्सन-स्गम-पो को तिब्बत में बौद्ध युग का प्रणेता माना जाता है। यह सम्राट इस्लाम के संस्थापक मुहम्मद का, कन्नौज के सम्राट हर्ष का, चीन के तीर्थ यात्री युआन-चांग का समकालीन था।

आरेख-1

इस नये आगमन के बाद तीन शताब्दियों तक बौद्ध धर्म ने कई उतार-चढ़ाव देखे, कई समझौते किये—और अन्ततः ग्यारहवीं शताब्दी

में अतिश के आविर्भाव के बाद यह तिब्बत का राष्ट्रीय धर्म बना।

सोङ-बत्सन के पाँचवें वंशज ने नालन्दा विश्वविद्यालय से शान्तरक्षित को सच्चे बौद्ध सिद्धान्तों के प्रसार हेतु बुलवाया। लेकिन उसे यह आभास हुआ कि तन्त्रवाद के मिश्रण के बिना, जादू-टोने और अद्भुत सहसा-घटितों के बिना लोगों के हृदय में स्थान बना पाना कठिन है। अतः उसने पद्म सम्भव जो तन्त्रवाद के समर्थक थे, स्वात घाटी के उर्ग्यान से बुलवाया (गुरु रिम्पोचे) था। उन्होंने वहाँ आकर तन्त्र शक्ति के प्रदर्शन से पुराने धर्म को परास्त किया और फिर बौद्ध धर्म को इसी बल पर स्थापित किया।

इस प्रदेश में ईसा की ग्यारहवीं शती में विक्रमशिला विहार के महान आचार्य अतिश (जिन्हें दीपंकर श्रीज्ञान भी कहा जाता है) वहाँ आये और यों बौद्ध धर्म एक देशज धार्मिक विचारधारा के रूप में पल्लवित हुआ। जिसमें दैवी और दानवी दोनों प्रकार की शक्तियों को नष्ट करने के विश्वास थे तथा इसमें महायान तथा हीनयान दोनों के उपदेशों का संश्लिष्ट रूप था। अब आध्यात्मिक एवं ऐहिक दोनों रूपों में यह सर्वमान्य है और परिणामतः दलाई लामा जैसी संस्था एवं गुरु वहाँ हैं। वर्तमान दलाई लामा गुरु वंश परम्परा के चौदहवें वंशज हैं।

महामहिम दलाईलामा के अनुसार बुद्ध धर्म के सैद्धान्तिक मार्ग पर, अनुगमन के बाद ही तन्त्रयान या यौगिक मार्ग पर चलना सम्भव है। वे कहते हैं कि तिब्बत में तान्त्रिक सिद्धान्तों को लागू करने से पहले बौद्ध दर्शन के साथ उनका गहरा मिलान, परख और परीक्षण होता रहा है। तन्त्रयान की भी कई श्रेणियाँ हैं। इसमें दुखों का कारण बुरे कर्मों का माना गया है और बुरे कर्म भ्रम और भ्रान्ति के कारण जन्म लेते हैं। भ्रान्ति का जन्म असंयमित मानस के कारण होता है। अतः मानस को संयमित करना और दुष्ट-विचारों के प्रवाह को रोकने का अभ्यास करना होगा। अन्ततः इस प्रवाह को रोकना तथा मानस की भटकन को परिशान्त करना मन और शरीर पर ध्यान लगा के सम्भव है।

मानस को ध्यान के बाहरी रूपों पर केन्द्रित किया जा सकता है और इन्हीं के लिए देवों की प्रतिमाएँ सबसे उत्तम हैं। तन्त्रयान में अनेक तरह की छवियाँ हैं जो यादृच्छिक रचना नहीं है। इनके ध्यान से शरीर, मन और इन्द्रियाँ परिशुद्ध होती हैं और इनमें रौद्र एवं शान्त पक्ष हैं तथा कई बार इनके अनेक हाथ एवं शिर भी प्रतीकात्मक अर्थों को हृदय में उतारते हैं। प्रतापादित्य पाल वज्रयान के यौगिक रूप के अनुसार कहते हैं कि मनुष्य का शरीर अणुओं या रसायनों का संचाय नहीं है बल्कि बुद्धत्व का आगार है। पुरातन तान्त्रिक पद्धतियों से उसका भेद यह है कि इसमें गुरु को बहुत महत्त्व दिया जाता है। हिमालयीय देशों में, तथा भारत में भी गुरु के प्रति श्रद्धा अनोखी चीज़ नहीं है पर तिब्बत में यह भाव अपने उच्चतम रूप तक पहुँचा। वहाँ की दृश्य कलाएँ एवं जीवित परम्पराएँ भी इसकी गवाह हैं। व्यक्तियों से जुड़े आध्यात्मिक सम्प्रदाय भारत के हिमालयीय या नेपाली भागों में नहीं मिलते।

पुराने गुरुओं के अलावा सन्तों, रहस्यवादी सिद्धों, अर्हतों (प्रारम्भिक बौद्ध धर्म का आदर्श) तथा महासिद्धों–जिन्होंने वज्रयान की शिक्षाओं को लोकप्रिय बनाया–तिब्बतियों द्वारा पूरी परम्परा में गुरुओं या लामाओं के रूप में पूजे जाते हैं। इसने तिब्बती कला में उनके शबीह अध्ययनों या पोर्ट्रेट कला को प्रेरित किया है। (देखिए चित्र अगले पृष्ठ पर)

तान्त्रिक प्रक्रिया में गुरु से दीक्षा पाना–तथा विशेष मन्त्र तथा इष्ट देव (तिब्बती में मिदम) निर्धारित करना होता है जो ज्ञान के दुर्गम मार्ग पर अन्न एवं जल के समान साथ रहता है। ध्यान एवं आध्यात्मिकता का एक अन्य साधन मंडल या मन्त्र होता है–जो अभिमन्त्रित देवों का अस्थाई

थंका चित्र पर अर्हत नागसेन एवं अभेद

स्थान एवं ब्रह्मांड का रूप होता है। इसे अणुरूपी ब्रह्मांड तथा सम्पूर्ण ब्रह्मांड की एकता का साधन माना जाता है।[16]

बौद्ध वाङ्मय

नलिनाक्ष दत्त एवं पी.वी. बापट बौद्ध वाङ्मय का सर्वांगीण चित्र देते हैं।[17] बौद्ध वाङ्मय मूल या अनुवाद रूप में प्रमुख रूप से तीन भाषाओं में मिलता है—पालि, संस्कृत (शुद्ध या मिश्रित) तथा तिब्बती और चीनी। यों जिन-जिन देशों में बौद्ध धर्म गया, वहाँ की भाषाओं में इसका अनुवाद हुआ।

श्री हज़ारी प्रसाद द्विवेदी बौद्ध साहित्य के बारे में लिखते हैं कि बौद्ध सम्प्रदाय के विषय में ब्राह्मण-ग्रन्थों से जो कुछ पता चलता है, वह केवल अपूर्ण ही नहीं, भ्रामक भी है। सौभाग्यवश अब बौद्धों के एक बड़े सम्प्रदाय स्थविरवाद का पूरा साहित्य—जो लगभग तीन महाभारतों के बराबर है, प्राप्त हो गया है। अन्य सम्प्रदायों के ग्रन्थ भी थोड़े-बहुत मिल गये हैं और चीनी तथा तिब्बती भाषा में अनेक ग्रन्थ अनूदित अवस्था में सुरक्षित हैं।[18]

अतः बौद्ध वाङ्मय का स्वरूप विराट है—इसमें पालि त्रिपिटक ही, पावन बौद्ध साहित्य का प्राचीनतम और सम्पूर्ण उपलब्ध संग्रह है। इसके तीन हिस्से हैं। पहला भाग विनयपिटक-अनुशासन की नैतिक आचार संहिता है, दूसरा—सुत्त पिटक—बुद्ध के उपदेशों की लोकप्रिय पुस्तक तथा तीसरा: अभिधम्म पिटक है जिसमें मनोविज्ञान की सूक्ष्मताओं पर आधारित दर्शन की दुरूह और दुर्गम भूमियों की ओर प्रयाण है। इनके सर्वांगीण रूप को एक आरेख में कुछ यों रख सकते हैं।

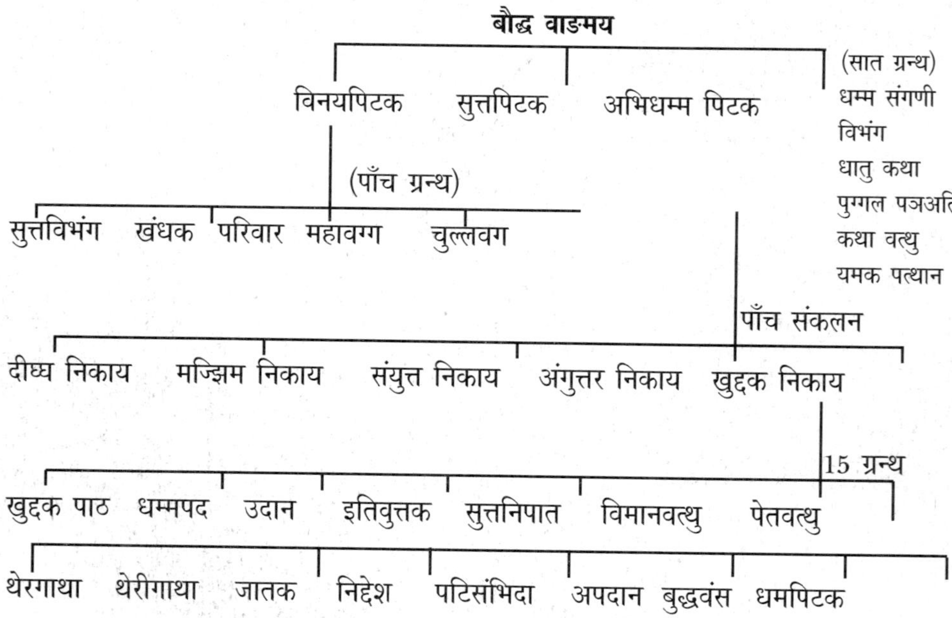

इस सूत्र साहित्य के अतिरिक्त भी पालि में साहित्य है।[19] जिसमें मिलिन्दपन्हो (राजा मिनांदर के प्रश्न) नेति प्रकरण, विनय और अभिधम्म पिटकों पर बुद्धदत्त का भाष्य, त्रिपिटक पर टीकाएँ तथा बुद्धघोष या धम्मपाल की जातक कथाएँ, श्रीलंका की गाथाएँ जैसे दीपवंस, महावंस और चूलवंस।[20]

व्याकरण के ग्रन्थों में कच्चायन, मोग्गल्लायन, रूपसिद्धि और सद्दनीति सुप्रसिद्ध हैं। बुद्धघोष की मौलिक कृति विशुद्धिमग्ग को तो प्रारम्भिक बौद्ध धर्म का विश्वकोश माना जा सकता है।

संस्कृत साहित्य

यों तो पालि के समान बौद्ध संस्कृत साहित्य सुरक्षित नहीं है। तो भी भारत के पश्चिमोत्तर अंचल विशेषकर गान्धार एवं काश्मीर में, जहाँ उच्चकुल ब्राह्मण ई. सन् के बाद बौद्ध हो गये थे, और जिनकी भाषा सम्भवतः संस्कृत थी—के प्रभाव से कई ग्रन्थ 'प्राकृतिक संस्कृत' में निबद्ध हुए। यह मिश्रित भाषा थी जिसमें प्राकृत शब्दों, मुहावरों पर संस्कृत व्याकरण के नियम आरोपित थे।[21]

इस संक्रान्ति काल में जब प्राकृतिक संस्कृत से लेकर शुद्ध संस्कृत का प्रयोग होता रहा, पूर्ववर्ती महायान के ग्रन्थ निर्मित होते रहे और तीसरी-चौथी शती तक जाकर सुपठित बौद्धचिन्तकों ने पाणिनि सम्मत व्याकरणबद्ध संस्कृत को महत्त्व दिया। इनमें थे—अश्वघोष, नागार्जुन, आर्यदेव, असंग, वसुबन्धु, शान्तिदेव, आर्यसूर, क्षेमेन्द्र तथा अन्य विद्वान लेखक।

सर्वास्तिवादियों के पास, पालि निकायों से मिलते-जुलते 'आगम' तथा अभिधर्म की सात पुस्तकें मौजूद थीं। मूल सर्वास्तिवादियों के पास एक विनय पिटक था, गिलगित की पांडुलिपियों में कई अंश अब प्रकाशित हो चुके हैं। अतः शुद्ध या मिश्रित संस्कृत के कई उज्ज्वल स्वतन्त्र ग्रन्थ या ग्रन्थान्श प्राप्त हैं। जैसे महावस्तु (विविध विषयवाला, दीघ्घ, मज्झिम, सुत्त निपात से मिलते सूत्र), ललितविस्तर (बुद्ध जीवनी का काव्यमय पर अधूरा विवरण), अश्वघोष (जो सम्राट कनिष्क का समसामयिक एक प्रख्यात कवि एवं दार्शनिक था) के ग्रन्थ बुद्धचरित एवं सौन्दरनन्द तथा आर्यशूर की जातकमाला भी रत्नों के समान झिलमिलाते हैं। पालि अपदानों से मेल रखने वाला एक वृहद अवदान साहित्य भी है जिनमें कर्मों के अच्छे-बुरे परिणामों की कहानियाँ हैं।

अतः महायान के नौ धर्मग्रन्थ मुख्य हैं—जैसे अष्टसाहस्रिका, प्रज्ञापारमिता, सद्धर्म पुंडरीक सूत्र, ललितविस्तर (तीसरी शती ई.पू.), लंकावतार, सुवर्णप्रभास, गंडव्यूह तथागत गुह्यक, समाधिराज दशभूमिश्वर।

नलिनाक्ष बताते हैं कि तिब्बती भाषा में अनूदित साहित्य विपुल है जो दो वर्गों में बँटा है—कंजुर (बकाश खण्युर)—इसमें 1108 ग्रन्थ हैं तथा तंजुर (बस्तन खण्युर) जिसमें 3458 ग्रन्थ है। कंजुर के सात विभाग हैं—विनय, प्रज्ञापारमिता (देखिए चित्र), बुद्ध वतंसक, रत्नकूट, सूत्त, निर्वाण और तन्त्र। जबकि तंजुर के दो ही विभाग है—तन्त्र और सूत्र।

बहुत से ग्रन्थ जो मूलतः भारत में रचे गये थे पर आज भारत की सीमा में उपलब्ध नहीं

ताड़पत्र की पाण्डुलिपि का एक पन्ना, बंगाल, 12वीं सदी

चित्र © ट्रस्टी, छत्रपति शिवाजी महाराज वास्तु संग्रहालय

हैं। पर उनके अनुवाद चीनी भाषा में उपलब्ध हैं। चीनी में लगभग 1662 की संख्या गिनाई गयी है और वे आगे चार हिस्सों में श्रेणीबद्ध हैं। अर्थात् सुत्त पिटक, विनय पिटक, अभिधर्म पिटक, और विविध। चीन और जापान में भी ग्रन्थ लिखे गये। चीन में बौद्ध धर्म पूर्वी तुर्किस्तान की घुमन्तू जातियों ने ईसा पूर्व प्रथम शती के अन्त में फैलाया...। एक शती में वह चीन में मान्य हो गया। ईसा की पहली शती में बौद्ध विद्वान चीन का भ्रमण करने लगे। उन्होंने कई बौद्ध ग्रन्थों को चीनी में अनूदित किया लेकिन स्थानीय मतवादों से संघर्ष भी किया। कनफ्यूशियस मत एवं ताओवाद की जड़ें गहरी तो थीं पर उनकी दार्शनिक पृष्ठभूमि एवं तत्त्वज्ञान बौद्ध धर्म जैसा मज़बूत न था। अतः चीनी लोग बौद्ध सिद्धान्तों की ओर आकर्षित हुए।

जापान को महायानी बौद्ध धर्म का देश कहा जाता है। चीन से कोरिया और कोरिया से यह रूप जापान पहुँचा। जापानी विद्वान मानते हैं कि बौद्ध धर्म ने अपना पहला रूप वहाँ 552 ई. में दिखाया और वह कुदर (पकचे) से आया, जो कि कोरिया का एक अंग था। छठी-सातवीं शती में आयातित होकर नौवीं से 14वीं शती तक उसका राष्ट्रीयकरण हुआ और 15वीं से बीसवीं शताब्दी तक परम्परा का निर्वाह हुआ। जापान का देशधर्मपन्थ शिंतो वाद था, जिसमें पितरपूजा और देवपूजा होती थी। बौद्ध धर्म उसी को भीतर पचाकर यहाँ स्थिर हुआ। यहाँ के राजवर्ग ने जब इसे अपना लिया तो यह देशभर में आसानी से फैल गया। राजपुत्र शोकोत ने (474-621 ई.) होर्युजी मठ स्थापित करवाके तीनों पिटकों की टीकाएँ लिखीं। बौद्ध धर्म को जापान का अवदान सम्राट अशोक से कमतर नहीं आँका जा सकता। अतः वाङमय की दृष्टि से यहाँ चीनी त्रिपिटक के तीन सम्पूर्ण अनुवाद मिलते हैं जिनके साथ त्रिपिटक के ताइशो संस्करण के 21 परिशिष्ट खंड भी अनूदित जोड़े गये हैं।

मंचूरी भाषा में भी इसका अनुवाद मिलता है तथा मंगोली भाषा में तिब्बती तंजुर का अनुवाद प्राप्त होता है। कुल मिलाकर कह सकते हैं कि भारत में एक समय में पालि, प्राकृत, मिश्रित संस्कृत और शुद्ध संस्कृत में विपुल बौद्ध-साहित्य था लेकिन आज 'मंजुश्री मूलकल्प' को छोड़ एक भी रचना प्राप्त नहीं—हाँ तिब्बती के हज़ारों अनूदित ग्रन्थ भारत के बौद्ध मठों एवं चैत्यों में पूजित हैं। माना जाता है कि इस विराट दुर्घटना के कई कारण रहे होंगे।

हज़ारी प्रसाद द्विवेदी मानते हैं कि बौद्ध धर्म संघ में केन्द्रित था अतः संघों के छितरा जाने से गृहस्थ अनुयायियों का केन्द्रीय अनुशासन टूटा और वे धीरे-धीरे अन्य मतों में मिल गये।[22]

नलिनाक्षदत्त एवं पी.वी. बापट के अनुसार बौद्ध साहित्य का अध्ययन बौद्ध-चैत्यों एवं विहारों में रहने वाले परिव्रजित भिक्षुओं तक ही सीमित रह गया। और चैत्यों में रहकर भी साधारण गृहों में उसने स्थान न पाया और कालान्तर में चैत्यों विहारों के पतन एवं लूटमार के कारण अनेक पांडुलिपियाँ नष्टभ्रष्ट हो गईं। हज़ारी प्रसाद द्विवेदी लिखते हैं कि 1193 ई. में कुतुबुद्दीन के सेनापति बख्तियार ने नालन्दा और ओदन्तपुरी के विहारों और पुस्तकालयों को नष्ट किया...। कदाचित इसी साल बनारस भी जीता गया और सारनाथ का विहार और ग्रन्थागार नष्ट किये गये।[23]

बौद्ध इतिहासकार तारानाथ ने भी ऐसे उल्लेख किये हैं। मुस्लिम इतिहासकार मिन्हाज़ ने यह वर्णन किया है कि बारहवीं शती के अन्त में मुहम्मद बख्तियार खिलजी ने पश्चिमी विहार के एक नगर को नष्ट किया जिसे वे बिहार कहते थे और जो शिक्षा का स्थान था।[24]

अतः आज जो बौद्ध साहित्य हमें प्राप्त है वह भारत के बाहर लंका, बर्मा, स्याम, नेपाल में स्थित चैत्यों से प्राप्त हुआ है। चीन और तिब्बत से प्राप्त सूचियों से इसकी अपारता और विस्तार का आभास होता है। साथ ही मध्य एशिया, गिलगित और तिब्बत में पांडुलिपियों का अन्वेषण (राहुल

सांकृत्यायन) इस दिशा में महत्त्वपूर्ण है (राहुल सांकृत्यायन का अभूतपूर्व प्रयास उल्लेखनीय है।)

यों इस साहित्य को पाली और मिश्रित संस्कृत के हीनयानी साहित्य और मिश्रित एवं शुद्ध संस्कृत के महायान साहित्य में रखा जा सकता है—यद्यपि आगे इनकी उपशाखाएँ इन्हें और उपविभागों में भी बाँट देती हैं।

ताड़पत्र की पाण्डुलिपि का एक पन्ना, बंगाल, 12वीं सदी

चित्र © ट्रस्टी, छत्रपति शिवाजी महाराज वास्तु संग्रहालय

बौद्ध देव परिवार

महायान का विकास हो रहा था और साथ-साथ सहज-सरल बौद्ध धर्म एक भक्तिपरक, पूजापरक और मिथकीय दृष्टि से समृद्ध एवं कल्पनाशील धर्म में पल्लवित हो रहा था। बुद्ध का व्यक्तित्व भी अब हीनयानी धारणा से काफ़ी बदल सा गया था। हीनयान में जो बुद्ध गुरु और महान संन्यासी या श्रमण से महामानव हुए थे वे अब महायान में अतिमानव-अतिदेव हो गये। महासंघिकों के लिए उनका स्वरूप विराट से विराटतर होता गया और परा शक्तियों का निवास उनमें मान लिया गया। उनके गिर्द चमत्कारों और मिथकों का तंतुवाय भी जमा हो गया। श्री आनन्द डब्ल्यू-गुरुगे मानते हैं कि महायान का क्रमिक विकास हुआ और कुषाण युग की समन्वयमूलक दृष्टि एवं मानसिकता उसका प्रमुख कारण थी। वे मानते हैं कि हीनयान एवं महायान के बीच अलगाव भारतेतर देशों में था जबकि भारत में ऐसा दृष्टिभेद न था। जैसे श्रीलंका बौद्धमत के थेरवाद निकाय का स्थान बन गया था क्योंकि उसे राजसी एवं राजनीतिक आश्रय प्राप्त था और इसी प्रकार उत्तर और सुदूर पूर्व एशिया में महायान प्रमुख हो गया।

वैरोचन (ध्यानी बुद्ध)

अतः बुद्ध का रूप विराट से विराटतर होते हुए ऐसे विकसित हुआ कि वे अनादि, अनन्त, अनभिव्यक्त एवं ब्रह्म-स्वरूप हो गये। गौतम बुद्ध तो 'वास्तविक बुद्ध' के एक आभासी प्रतिरूप मात्र हुए। वास्तविक बुद्ध ने अपने अनेक रूपों का प्रसार ब्रह्मांड के विभिन्न पक्षों के

हित किया। अतः आदिबुद्ध से अमिताभ, अमितायु, शून्यतत्व, बोधि एवं निब्बान (निर्वाण) की संकल्पनाएँ जुड़ गयीं। इन्हीं से बुद्ध की तीन कायाओं (त्रिकाया सिद्धान्त) ने जन्म लिया और पंच ध्यानी बुद्धों के मूल परिवार की अवधारणा आयी। ये बुद्ध काल एवं प्राकृतिक नियमों से परे बुद्धत्व के अमूर्त रूप हैं। (देखिए आरेख—एवा रूडी की पुस्तक से साभार)

अक्षोभ्य

रत्नसम्भव

त्रिकाय सिद्धान्त के अनुसार आदि बुद्ध स्वयं को तीन रूपों में साधक या भक्त के लिए व्यक्त करते हैं। पहले धर्मकाय जो अनादि, अनन्त, निराकार रूप है, दूसरा संभोग काया—जो वैभवशालिनी छवि के रूप में व्यक्त होता है और जिसमें एक महत् मानव के सभी प्रगुण हैं। तीसरे रूप-काया या निर्माण काया जो एक मानव का भौतिक शरीर है।

एवा रूडी जानसेन के अनुसार बुद्ध अनेक हैं—ध्यानी बुद्ध, मानुषी बुद्ध तथा बोधिसत्व। ध्यानी बुद्ध आदि बुद्ध के रूप हैं और समय एवं स्थान से आगे तमाम स्वर्गों के अधिष्ठाता हैं। इनके नाम

अमोघसिद्धि

अमिताभ

हैं—वैरोचन, अक्षोम्य, रत्नसम्भव, अमिताभ तथा अमोघ सिद्धि। ये बुद्ध आदि बुद्ध के ध्यान एवं समाधि के माध्यम से फलित हुए। अनेक शताब्दियों में इनके साथ रहस्यपरक बुद्धत्व की सम्पूर्ण व्यवस्था, परिवार एवं मूर्तिशास्त्र के तत्त्व जुड़ गये। सबका अपना परिवार, पक्ष तथा दिशाएँ है। ये व्यक्तित्व के पाँच पक्षों यथा शरीर, अनुभव, दृष्टि, आध्यात्मिक प्रेरणा एवं चेतना के अधिष्ठाता हैं और इन तत्त्वों को रूपान्तरित कैसे करें—इसकी निदर्शना कराते हैं। हर बुद्ध के साथ एक बोधिसत्व एवं उनकी शक्ति तारा सम्बद्ध रहती है।

मिथकीय व्यवस्था की सम्पूर्ण तालिका

एवा रूडी जानसेन की तालिका[25]

	वैरोचन	अक्षोभ्य	रत्नसम्भव	अमिताभ	अमोघसिद्धि
दिशा	केन्द्र	पूर्व	दक्षिण	पश्चिम	उत्तर
बीज (शब्द)	ओम	हुम	त्रम	ह्रह	अह
मुद्रा	धर्मचक्र	भूमिस्पर्श	वरद	ध्यान	अभय
नाम का अर्थ	धर्ममय	क्षोभरहित	रत्नोत्पन्न	अमित आभा	सिद्धिजित
परिवार	तथागत	वज्र	रत्न	पद्म	कर्म
प्रतीक	धर्मचक्र	वज्र	रत्न	पद्म	विश्ववज्र
वर्ण	श्वेत	नील	पति	अरुण	हरित
स्कन्ध	विज्ञान	रूप	वेदना	संज्ञा	संस्कार
व्यक्तित्व का पक्ष	चेतना	रूप	अनुभव	विवेक	संकल्प
नकारात्मक ऊर्जा	आध्यात्मिक अन्धत्व	क्रोध	धृष्टता	आवेग	ईर्ष्या
बोधि	वैश्विक सत्य	निरपेक्ष दृष्टि	समानता	अन्तदृष्टि	पूर्णता
तत्त्व	आकाश	जल	पृथ्वी	अग्नि	वायु
वाहन	सिंह	हस्ति	अश्व	मयूर	गरुड़
प्रज्ञा	वज्रधातीश्वरी	लोचना	मामकी	पंडरा	श्यामतारा
बोधिसत्व	सामंतभद्र	वज्रपाणि	रत्नपाणि	अवलोकितेश्वर	विश्वपाणि

दूसरे या तीसरे स्तर पर मानुषी बुद्धों की अवधारणा है जो देश काल से बँधे हैं और जिनका जन्म दूसरों को मुक्ति या निर्वाण का रास्ता दिखाने को हुआ है। वे मसीहा बनके दूसरों के (शिष्यों के) जीवन में हस्तक्षेप नहीं करते—वे केवल एक मार्गदर्शक या गुरु की भूमिका से धर्म का निद्देश करते हैं तथा इच्छुक लोगों के लिए उदाहरण प्रस्तुत करते हैं। छठी शती ई. पूर्व में जन्मे गौतम बुद्ध इसी श्रेणी के हैं। लेकिन बुद्ध स्वयं कहते हैं कि उनके पहले भी अनेक मानुषी बुद्ध हो चुके हैं। उन्होंने स्वयं छह के नाम गिनाए हैं—विपश्यिन, शिखिन् विश्वभुज क्रकुछन्द, कनकमुनि तथा काश्यप। दीपक तथा मैत्रेय भी मानुषी बुद्ध कहाते हैं। दीपंकर वे हैं जो सर्वप्रथम ज्ञान का आलोक संसार में लेकर आये। सभी के शरीर पर महत मानवों के लांछन एवं लक्षण होते हैं—जैसे केशों का सर के ऊपर बँधा होना माथे के बीच उभार या उर्ण तथा लम्बे कर्णमूल/इन्हें अलग-अलग हस्तमुद्राओं से पहचाना जा सकता है।

इन्हीं में अष्टभैषज्यगुरु की संकल्पना भी जुड़ गयी। तिब्बत एवं हिमालय में इनकी प्रसिद्धि अनुपम है। बुद्ध शाक्यमुनि को ही दैहिक एवं मानसिक तापों का रक्षक तो माना ही गया था। कई पहले बौद्ध सन्दर्भ में अच्छे स्वास्थ्य के बारे में उनके उपदेश दर्ज़ हैं। भैषज्यगुरु के सम्प्रदाय ने मध्य एवं पूर्वी एशिया में उर्वर ज़मीन पा ली थी। उनके लक्षणों में उनकी ध्यानी देहमुद्रा; हाथ में भिक्षापात्र, कई बार दवाओं का पात्र या कि हरितकी का सूखा फल है जो भारतीय रसायनशास्त्र का महत्त्वपूर्ण अंग है। ये बुद्ध आठ बोधिसत्वों या बुद्धों से घिरे दिखाए जाते हैं। चित्र में चन्द्रप्रभा और सूर्यप्रभा की मानवाकार छवियाँ भी हैं। (थंका चित्र) यह भैषज्य गुरु भवसागर के दुखों से पार लगनेवाले हैं और धर्म को ही दवा मानते हैं।

इसी प्रकार शुद्धिकरण के 35 बुद्ध हैं जो 35 तरह के पापों को विमोचित करते हैं। बुद्ध स्वयं सहायता न करके केवल मार्ग दिखाते हैं, रास्ते पर चलना तो मनुष्य को ही है। यही बुद्ध एवं बोधिसत्वों का सबसे बड़ा अन्तर है।[26]

महायान को बोधिसत्वयान भी कहा जाता है क्योंकि इस सम्प्रदाय में बोधिसत्व की पूजा का महत् प्रचार हुआ। यह बौद्ध दर्शन का एक बड़ा सैद्धांतिक परिवर्तन था। महामहिम दलाई लामा के शब्दों में बोधिसत्व बोधिचित्त का स्वामी होता है जो यह स्पष्ट देखता है कि केवल स्वयं नहीं तमाम संसारी जीव दुख से अभिभूत है और ऐसे में केवल अपनी मुक्ति को न सोच कर सबके हित में उसे स्थगित किया जाना चाहिए। आर्य देव (एक माध्यमिक दार्शनिक) को उद्धृत करते वे कहते हैं—

मानसिक दुख जो आक्रान्त करता है उच्च को
मानसिक दुख जो आक्रान्त करता है निम्न को
मानस तथा दैहिक दुख
सदा सर्वदा इस संसार का भक्षण करते हैं
निगल जाते हैं।[27]

डॉ. राधाकृष्णन भी कहते हैं कि बुद्ध जीवन के वैयक्तिक एवं सामाजिक दो पक्ष हैं,—पहला चरण एकाग्र, अन्तर्मुख, साधनारत योगी का है जो थेरवाद का आदर्श है तथा दूसरा मनुष्य मात्र के दुख में प्रविष्ट होने वाले निदानकर्ता हैं, महाकारुणिक हैं जिसे वे उत्तर भारत में कुषाणों (70 से 480 ई.) और गुप्त वंश (320-650 ई.) के काल में फलता पाते हैं।[28]

अतः बोधिसत्व वह प्राणी है जिसने पूर्ण या आंशिक बुद्धत्व पा लिया है, पर वह तमाम प्राणियों की सहायता को बड़ा आदर्श मानता है। गौतम बुद्ध भी तब तक खुद को बोधिसत्व कहते

हैं—जबतक बुद्धत्व उन्होंने प्राप्त न कर लिया। बोधिसत्व के विकास की दशभूमियाँ हैं। हर भूमि पर एक पारमिता प्राप्त होती है। साँतवीं भूमि पर वह महासत्व हो जाता है—निर्वाण पा कर भी पूर्ण मोक्ष को ऐच्छिक रूप से एक तरफ़ कर देता है और दूसरों के कर्मों के बन्धन को भी विनष्ट कर सकता है। वे कोई भी रूपाकार धारण कर सकते हैं, एक ही समय में कई जगहों पर उपस्थित हो सकते हैं तथा विचार की गति से चल सकते हैं। बोधिसत्व अमूर्त तथा अप्राप्य ध्यानी बुद्धों की सन्तान माने जाते हैं जो संसार (भ्रम एवं दुख, भय) एवं निर्वाण (प्रशान्त-संवेगहीन सुख) के बीच की भूमि में स्थित हैं। बुद्ध के पूर्व जन्म की कथाओं में भी वे बोधिसत्व के रूप में ही उल्लिखित हैं तथा अनेक योनियों में जन्मे बताये जाते हैं।

इन बोधिसत्वों या महासत्वों में सबसे प्रसिद्ध अवलोकितेश्वर हैं—अर्थात् जो नीचे दृष्टिपात करता है। नेपाल में इनके 108 रूप हैं तथा तिब्बत में प्रार्थनाचक्र का हर चक्र इन्हीं अवलोकितेश्वर के लिए मन्त्र जाप में घूमता है। प्रसिद्धि में इनके बाद मंजुश्री हैं जिन्हें कई बार प्राचीनतम बोधिसत्व भी कहा जाता है। चीन की एक किंवदंती के अनुसार स्वयं बुद्ध ने उनकी रचना की थी कि वे चीन में अनेक उपदेश फैला सकें। वे ज्ञान के प्रतिरूप हैं और अज्ञान के तम को अपनी खड्ग से काट डालते हैं। षडअक्षरी लोकेश्वर (ओम मणि पद्मे हुम) के हाथ में प्रमुख लक्षण चिन्तामणि है जिसे वे अपने हृदय के पास रखते हैं। उनके शीर्ष पर उनके आध्यात्मिक पिता अमिताभ रहते हैं। फिर एक सिंहनाद लोकेश्वर हैं जो अपने सिंहनाद से रोगी के प्राण लौटा लाते हैं। वे कई मायनों में हिन्दू देव शिव का स्वरूप लगते हैं क्योंकि उनके लक्षणों में सर्प, त्रिशूल वगैरह हैं। अमोघपाश लोकेश्वर हैं जो सत्य एवं मुक्ति के प्रदायक हैं, जिनकी अष्ट भुजाएँ है और रक्षक ज्ञान के वाहक एवं शत्रुओं के नाशकर्ता हैं। एकादश महाकारुणिक लोकेश्वर का दूसरा नाम सामन्त मुख भी है और वे अपने एकादश शीर्षों के लिए विख्यात हैं।

कान्हेरी में उनकी पुरातनतम प्रतिमा प्राप्त हुई है, यद्यपि चीन एवं तिब्बत में इनका विपुल अंकन होता है। इनके अध्यात्म पिता भी अमिताभ हैं। इनके नौ मुख प्रेम से परिपूर्ण हैं, एक दुष्टात्माओं को डराने के लिए भयावह है तथा सबसे ऊपर स्वयं अमिताभ बुद्ध होते हैं। हर स्तर पर तीन मुख यह संकेत करते हैं कि वे तीनों लोकों को देख रहे हैं—अर्थात् कामना का लोक, रूप एवं आकारों का लोक तथा निराकारता और अरूपता का लोक (देखिए चित्र)। उनका एक रूप सहस्रभुजा लोकेश्वर भी है जिसके

सन्त मिलारेपा

ग्यारह सिरों के अलावा हज़ार हाथ हैं और जिसके हर हाथ की हथेली में एक आँख है ताकि उनकी करुणामयी दृष्टि से कोई छूट न जाए। पद्मपाणि अवलोकितेश्वर के पूरक वज्रपाणि हैं जो पुरुषत्व का प्रतीक है। वैदिक देवता इन्द्र से उनका उद्भव सम्भव हो सकता है। कई पुरातन अंकन उन्हें बेहद परिपुष्ट एवं दाढ़ी के साथ दिखाते हैं। सामंतभद्र मंजुश्री के साथ अंकित होते हैं और उनके नाम का अर्थ है कि जो सर्वाधिक सौभाग्यशाली है। सामन्तभद्र आदि बुद्ध भी हैं लेकिन वे नग्नप्राय हैं जब कि यह पूर्ण वेशमय एवं मुकुटधारी हैं।

तारा या स्त्री रूप बोधिसत्वों के पुरुष रूपों के साथ कई स्त्री रूप भी हैं जिन्हें तारा-देवी या तिब्बती में द्रौलमा कहा जाता है। यह करुणा का मातृरूप है जिसके नाम का अर्थ पार ले जाना है। भव सागर से वह प्राणीमात्र को तारती हैं। एक निजंधर के अनुसार वे अवलोकितेश्वर की आँख से निर्मित हुई हैं।

तान्त्रिक देवायतन में और भी कई देव एवं देवियाँ हैं जिनके अपने प्रतीकात्मक एवं निगूढ़ अर्थ हैं। ये यिदम (इष्टदेव का तिब्बती नाम) अपनी योगिनी या शक्ति के आलिंगन में बद्ध दिखाए जाते हैं जो नैरात्म या सर्व विरोधों के हनन का प्रतीक है। एक आनन्दमय ऐक्य का प्रतीक। हेरुका, हेवज्र, साँवर (चक्र संवार) कालचक्र (जो तन्त्र का मानवीकरण है) वज्र भैरव इत्यादि भी है। इनके अतिरिक्त भी कई देव-देवियाँ हैं।

क्योंकि बौद्ध धर्म अनेक देशों और संस्कृतियों में प्रसरित हुआ अतः अक्सर वहाँ के स्थानीय एवं पुरातन देव उसके देव परिवार में स्थान पाते गये। उदाहरण के लिए आज बौद्ध धर्म के जिज्ञासु का सामना कई हिन्दू देवों, बॉन देवों (तिब्बत का प्राचीन धर्म), महायान एवं तन्त्रयान के स्थानीय देवों से होता है। इन देवों को बौद्धों के कर्म सिद्धान्तों के अनुरूप रखने से ऐसे वर्ग में रखा गया है जो अभी तक जन्ममरण के चक्र से मुक्त नहीं हुए पर जिन्होंने काफ़ी सद्कर्म संग्रह किये हैं। इसमें देवों के शान्त एवं उग्र रूप दोनों ही हैं। निजंधरों के अनुसार अष्ट धर्मपाल दुष्ट एवं शत्रुतापूर्ण थे लेकिन पद्मसम्भव ने अपनी शक्ति से पराभूत कर उन्हें सद्धर्म के रक्षक बना दिया।

इनमें यमांतक (मृत्यु के राक्षस को जीतने वाले) यम, बेग-त्से, महाकाल, हयग्रीव, देवी लाम्हो, राहु, अचल, विरुद्धक, विरूपाक्ष, जांभल इत्यादि हैं। धर्मपालों की पहचान उनके रक्तिम केशों, ज्वालाओं भरे मंडल तथा खोपड़ियों के मुकुट से होती है। तान्त्रिक बौद्ध धर्म में डाकिनियों एवं योगिनियों का भी अपना स्थान है।

मानव अस्तित्व हिमालयीय संस्कृति एवं विशेषकर तिब्बतीय बौद्ध संस्कृति में गुरुओं, लामाओं, अर्हतों, सन्तों, शिक्षकों को गहरी श्रद्धा एवं पूज्य भाव से अंकित किया गया। ये वे लोग थे जिन्होंने महायान एवं तन्त्रयान के इतिहास में महत्त्वपूर्ण योगदान दिया। ऐसे आचार्य या

बहुज्ञ भिक्खु जिन्होंने या तो नये सिद्धान्तों पर ग्रन्थ लिखे या उनके भाष्य किये—लोकमानस में पूज्य हो गये। इनमें तान्त्रिक सिद्ध भी थे जिन्हें रहस्यपरक शक्तियाँ प्राप्त थी।

तिब्बत राजा स्रोङ-बस्तन-स्गम-पो (बौद्ध धर्म का पदार्पण काल) के अलावा भारत से बुलाये गये गुरु पद्मसम्भव (रिम्पोचे) भी बौद्धों के देवायतन में जगह पा गये। यों भी बौद्ध धर्म मानता है कि हर व्यक्ति में बुद्धत्व है और चेतना में रूपान्तरण से इसे पाना सम्भव है। इसी तरह आचार्य दीपंकर श्री ज्ञान, शान्तरक्षित, उनके शिष्य कमलशील भारत से तिब्बत गये और संस्कृत ग्रन्थों का तिब्बती में अनुवाद किया। इन्हीं दीपंकर को आतिश भी कहा जाता है। इसी तरह कुमारजीव, बोधिधर्म, परमार्थ और बोधरुचि चीन जाने वाले महानुभाव थे और उन्होंने भारतीय ग्रन्थों का चीनी में अनुवाद किया था।

इसी प्रकार कई सिद्ध हैं जो बौद्ध गुरुओं का दर्ज़ा रखते हैं। जैसे दसवीं शती के तिलोपा, उनके प्रख्यात शिष्य नारोपा। नारोपा एक भास्वर वक्ता थे और रहस्यमय स्वप्नों और बिम्बों के भाष्यकार थे। उनके शिष्य मारपा ने उनके उपदेशों को लिपिबद्ध किया था तथा भारतीय ग्रन्थों का तिब्बती में अनुवाद भी किया था।

इसी तरह उनके आगे प्रख्यात शिष्य हुए—मिलारेपा (11वीं-12वीं शती) जो अपने घोर तपस्वी जीवन एवं 'शतसहस्रगीतों' के लिए पूज्य हैं। मिलारेपा एक ऐसी करिश्माई छवि है जिसका एक

महासिद्ध कृष्णपाद की मूर्ति

चित्र © ट्रस्टी, छत्रपति शिवाजी महाराज वास्तु संग्रहालय

पीली टोपियों के निकाय के प्रवर्तक त्सोंग्कपा

चित्र © ट्रस्टी, छत्रपति शिवाजी महाराज वास्तु संग्रहालय

हाथ कान के पीछे तान लगाने की सी मुद्रा में रहता है। संगीत ने उनके इस मूर्तिशास्त्रीय लक्षण को रचा है। वे एक सूती वस्त्र लपेटे बताए जाते हैं। उनके नाम का भी यही अर्थ है। (देखिए चित्र पृष्ठ संख्या 28 पर) इसी तरह सिद्धों में सरहपा, शबरिपा, विरुपा और अवधूतिपा हैं। त्सोंग्क पा ने 14वीं शती में फिर से ब्रह्मचर्य की प्रतिष्ठा की जो पीली टोपियों का निकाय है। महामहिम दलाई लामा इसी निकाय के हैं।

बौद्ध दर्शन के कुछ प्रमुख तत्त्व

महामहिम दलाई लामा बुद्ध के उपदेशों के सार को समझाते हुए कहते हैं—"उनकी शिक्षाएँ आचार और दृष्टि से सम्बन्धित कही जा सकती हैं। आचार यानी व्यवहार जो अनिवार्यतः अहिंसक हो। यों तो बुद्ध ने एक-दूसरे की मदद करने की बात की—पर यह न हो सके तो कम-से-कम एक-दूसरे की हानि करने से बचें ही। दृष्टि का अर्थ है वह तरीका जिनसे हम अस्तित्वमान चीज़ों को समझते हैं। बुद्ध ने व्याख्या की कि कोई भी चीज़ अपनी एकांतिकता में अपने आप ही अस्तित्वमान नहीं होती। हर चीज़ किसी अन्य पर निर्भरता में अस्तित्वमान है, तथा कारणों और स्थितियों की विविधता का फल है।"[29]

बौद्ध धर्म या दर्शन भारतीय मूल का वह पहला धर्म है जो विश्वधर्म की व्यापकता तक पहुँचा। 25 शताब्दियों में, 25 देशों से अधिक देशों में यह चिन्तन और बौद्ध संस्कृति फली-फूली और अब पश्चिम के देश भी इसकी ओर आकृष्ट हो रहे हैं और अपने संघर्षों एवं द्वन्द्वों का समाधान बौद्ध दर्शन में पा रहे हैं।

अक्सर विद्वान इस ओर संकेत करते आये हैं कि यही एक ऐसा धर्म दर्शन है जिसने धर्म के अनिवार्य माने जाने वाले तत्त्वों को नकारा है—जैसे ईश्वर की संकल्पना, और ब्रह्मांड की उत्पत्ति का एक सिद्धान्त तथा दैवी अस्तित्व पर निर्भरता। अजीब लग सकता है पर यह शब्दशः मनुष्य का, मनुष्य केन्द्रित धर्म है और मनुष्य की न्यायपरक तथा विश्लेषणपरक, बौद्धिक एवं तर्कमूलक शक्तियों से खुद को जोड़ता है। बुद्ध ने जीवन एवं अस्तित्व की व्याख्या लगभग एक चिकित्सिक की सी निसंगता से की। इतनी तटस्थ दृष्टि से यथार्थ जगत् का और मनुष्य के मन का विश्लेषण किया कि इसी कारण वे विभज्जवादी कहलाये। उस सूक्ष्म विश्लेषण से आज के मनोवैज्ञानिक और व्यवहारविद् भी सहमत होते हैं। लेकिन केवल विश्लेषण भर भी यह नहीं है—बौद्ध धर्म की व्यापक अपील इस बात में है कि बुद्ध ने दुखमय मानव अस्तित्व को एक ऐसी जीवनशैली दी जिससे आत्मविश्वास एवं प्रशान्ति मानुषी व्यवहार के आधार बने।

एक ओर समय के साथ-साथ बौद्ध दर्शन ने खुद को नमनीय बनाया तो दूसरी ओर अपने केन्द्रीभूत सिद्धान्तों से समझौता भी नहीं किया यद्यपि दूसरी सबल परम्पराओं ने इसे अपने भीतर समा लेने की कोशिशें कीं।

बुद्ध के लिए मनुष्य ही ब्रह्मांड का लघुरूप था। मनुष्य के मन एवं चेतना के विकास में ही उन्होंने 'संसार' या संसार की पीड़ाओं और क्लेशों से ऊपर उठने का रास्ता देखा था। इसी संसारी अस्तित्व से, दुखमूलक अस्तित्व से मुक्ति की तलाश में वे न जाने कितना और कहाँ-कहाँ भटके थे। उन्हीं के शब्दों में—न जाने कितने जन्मों में भटका हूँ? इसीलिए वे एक वैभवपूर्ण एवं सुखमय राजसी जीवन त्याग और एक श्रमण का बाना पहन गृहत्याग करते हैं और एक परिव्राजक सत्यशोधी का जीवन यापन करते हैं।

राधाकृष्णन कहते हैं कि आज सांसारिकता के इस युग में उस महान त्याग को समझ पाना आसान नहीं है। न जाने कितने वर्षों की भटकन, गुरुओं के पास जाना, देह को उग्र तपस्या से सूखी लकड़ी बना डालना कि उसमें ज्ञान की अग्नि प्रज्वलित कर सकें, दैहिक उत्पीड़न तथा मार के दुर्दमनीय आक्रमणों से जूझना, किसी साधारण प्रेरणा के सहारे सम्भव न था। और फिर ज्ञान प्राप्ति के बाद भी भिण्ड रूप में वह जीवन अवसान तो नहीं पा गया था। दारिद्रय, अप्रियता और विरोध से पूर्ण यह जीवन जनमंगल के लिए न थमा न रुका। उनके उपदेशों के कुछ मूल तत्त्व यहाँ प्रस्तुत हैं।

दुख सत्य

बुद्ध ने दुख को केन्द्रीय प्रश्न माना। जीवन एवं संसार की प्रवृत्ति ही दुखात्मक है। हमेशा से पूरा संसार कामोपभोग एवं कायक्लेश के अन्तों के बीच जल रहा है। इसी दुखमूलकता के सांसारिक बन्धन को, जिसने हमारी आत्मा को ग्रस रखा है, हमें विच्छिन्न करना है।

अतः वाराणसी के ऋषिपत्तन मृगदाँव में उन्होंने दुख जोकि आर्य सत्य है—को प्रकाशित किया, उसको उघाड़ कर दिखाया और यही धर्म चक्र प्रवर्तन था।

दीघ्घनिकाय के महासत्तिपट्ठान-सुत्त में वे कहते हैं—

—जन्म भी दुख है, मरण भी दुख है, अप्रियों का संयोग भी दुख है, प्रियों का वियोग भी दुख है, इच्छा करने पर किसी का न मिलना भी दुख है। संक्षेप में पाँच उपादान स्कन्ध ही दुख है।

पाँच स्कन्ध यानी रूप, वेदना, संज्ञा, संस्कार और विज्ञान या चेतना-उपादान स्कन्ध हैं।

दुख समुदय : भिक्खुओ! दुख समुदय आर्य सत्य है। यह जो तृष्णा हैं फिर जन्मने की, खुश होने की, राग सहित जहाँ-तहाँ प्रसन्न होने वाली, जैसे कि काम तृष्णा, भव तृष्णा, विभव तृष्णा। जिसके लिए राजा राजा से, क्षत्रिय क्षत्रियों से... गृहपत्ति... माता भी पुत्र से, पुत्र पिता से... लड़ते हैं... बहुत विचार के बाद उन्होंने बताया कि तृष्णा और कामना सब दुखों का मूल है। उसी के कारण बारम्बार जन्म और मृत्यु के चक्कर में पड़ना पड़ता है। इस चक्कर से आत्यंतिक निवृत्ति तभी हो सकती है—जब तृष्णा का क्षय हो जाए।

दुख निरोध : भिक्खुओ! यह है दुख निरोध का आर्य सत्य। जोकि उसी तृष्णा का सर्वथा विराग होना, निरोध, उसका त्याग करना, न लीन होना है। अतः उससे विरक्त होकर स्वतन्त्र होना—दुख निरोध की ओर ले जाएगा।

दुख निरोध का उपाय या मार्ग

भिक्खुओ! यह है दुख निरोध की ओर ले जाने वाला मार्ग (दुख निरोध-गामिनी प्रतिपद) आर्य सत्य। और यही वो अष्टांगिक पथ है जो मध्यम मार्ग के आठ अंगों से बनता है। मध्यम मार्ग यानी बीच का रास्ता जिसे उन्होंने मध्यमा प्रतिपदा या मध्यमा प्रतिपत्ति कहा था।

हज़ारी प्रसाद द्विवेदी लिखते हैं कि बुद्ध के युग में दो तरह के लोगों का उन्हें अनुभव हुआ था। एक वे जो आत्मा नामक एक नित्य शाश्वत, सदा रहने वाले पदार्थ में विश्वास करते थे और संसार को दुखरूप, अनित्य एवं क्षणभंगुर मानकर कठिन तपस्या में रत हो जाते थे। अत्यन्त कठोर तप करते हुए कभी पंचाग्नि तापते, सर्दी में जल में पड़े रहते थे, सिर के बाल नुचवा लेते, वर्षों खड़े रहते, उल्टे लटक कर धुआँ पीते, और भी न जाने आत्मपीड़न के कितने रूपों का अभ्यास करते—मानो शरीर है ही नहीं और यों उनका विश्वास था कि वे दुखमय भवलोक को अनायास पार कर जाएँगे

और उनके लिए शाश्वत मुक्ति के द्वार उन्मोचित होंगे।

दूसरे प्रकार के लोग खाओ-पिओ-मौज करो यही मानते थे। मरने के बाद क्या होगा, कौन जानता है। जब तक जिओ; खूब आनन्द भोग करो। बुद्ध ने इन दोनों अन्तों से बचने की सलाह भिक्खुओं को दी और कबीर की तरह घोषित किया—*अरे इन दोउन राह न पाई!*[30]

"भिक्षुओ! इन दो अन्तों का प्रवजितों को सेवन नहीं करना चाहिए। कौन से दो? (एक) जो यह हीन ग्राम्य, पृथग्जनों के योग्य अनार्य, अनर्थों से युक्त, कामवासनाओं में, काम सुख में लिप्त होना है और दूसरा जो दुख, भय, अनार्य अनर्थों से युक्त कायक्लेश में लगना है। इन दोनों अन्तों में न जाकर तथागत ने मध्यम मार्ग खोज निकाला है (जोकि) आँख देने वाला, ज्ञान कराने वाला, उपशम के लिए, अभिज्ञ के लिए, सम्बोध के लिए, निर्वाण के लिए है। और फिर वे उसकी व्याख्या में अष्टांगिक मार्ग को बताते हैं—जैसे सम्यक दृष्टि, सम्यक संकल्प, सम्यक वचन, सम्यक कर्म, सम्यक जीविका, सम्यक व्यायाम या प्रयास, सम्यक स्मृति, सम्यक समाधि—और यह बौद्ध शिक्षण के तीन रत्नों में समाहित हो जाते हैं अर्थात् शील समाधि और प्रज्ञा।

अष्टांगिक मार्ग

(i) **सम्यक दृष्टि :** अर्थात् जीवन को, कर्मों को, संसार को जैसे वे हैं—उसी यथार्थ रूप में देखना। कायिक, वाचिक, मानसिक, भले-बुरे कर्मों के ठीक-ठीक ज्ञान को ठीक दृष्टि कहते हैं। दुख की सार्वभौमता, उस रोग के कारण, निरोध और पथ को देख पाना भी सही जानना है।

(ii) **सम्यक संकल्प :** राग, हिंसा, प्रतिहिंसा रहित संकल्प को ही सम्यक संकल्प कहते हैं।

(iii) **सम्यक वचन :** झूठ, चुगली, कटुभाषण और व्यर्थ बकवास से रहित सच्ची मीठी बातों का बोलना सम्यक वचन है।

(iv) **सम्यक कर्म :** हिंसा, चोरी, व्यभिचार रहित कार्य ही ठीक कार्य है।

(v) **सम्यक जीविका :** झूठी जीविका छोड़ सच्ची जीविका से शरीर यात्रा चलाना। उस समय के शासक-शोषक समाज द्वारा अनुमोदन सभी जीविकाओं में सिर्फ़ प्राणी हिंसा को ही बुद्ध ने झूठी जीविका कहा। हथियार का व्यापार, प्राणी का व्यापार, माँस का व्यापार, मद्य और विष का व्यापार।[31]

(vi) **सम्यक व्यायाम :** राधाकृष्णन के अनुसार इस अंग में बुद्ध ने दुष्ट प्रवृत्तियों का दमन एवं सद्वृत्तियों के पोषण की कोशिश की है जो उत्तरोत्तर पूर्णता की ओर बढ़ता है।

(vii) **सम्यक स्मृति :** काया, वेदना, चित्त और मन के धर्मों की ठीक स्थितियों—उनके मलिन, क्षणविध्वंसी होने का सदा स्मरण रखना।

(viii) **सम्यक समाधि :** चित्त की एकाग्रता को समाधि कहते हैं।[32]

सम्यक समाधि वह है जिससे मन के विक्षेपों को हटाया जा सके। जैसा कि पहले कहा गया है कि ये अंग शील, समाधि, प्रज्ञा में अन्तर्निहित हो जाते हैं। सम्यक दृष्टि एवं संकल्प प्रज्ञा के पक्ष हैं। सम्यक वचन-कर्म-जीविका शील में समाहित हैं तथा ठीक प्रयत्न, स्मृति एवं सम्यक समाधि, समाधि के अंग हैं।

इस प्रकार यह प्रथम उपदेश था जो उन्होंने ऋषिपत्तन में पाँच अनुयायियों को दिया। कुछ दिनों बाद उन्होंने जीवन की प्रवृत्ति पर बात की। उस उपदेश को अनात्म अथवा अनात्तवाद कहा जाता है। उनकी चिन्तना को इस तरह कह सकते हैं—सारी निर्मितियाँ अस्थाई हैं (अनित)। तमाम अस्तित्व दुख से ग्रस्त है—तथा तमाम वस्तुएँ या अस्तित्व 'आत्म' रहित हैं।

अनित्तवाद

बौद्ध चिन्तन का सबसे बड़ा योगदान मनुष्यता को यह है कि उसने व्यक्ति को महत्त्व दिया, उसकी जिज्ञासा एवं तर्कबुद्धि को महत्त्व दिया था। उस समय जिन अमूर्त दार्शनिक संकल्पनाओं की आड़ी-तिरछी रेखाएँ खींची जा रही थीं जैसे ईश्वर विषयक जिज्ञासाएँ एवं ब्रह्मांड की सृष्टि या लय सम्बन्धी अनुमान, बुद्ध ने उन्हें व्यर्थ माना।

हज़ारी प्रसाद द्विवेदी बड़ी सरल सहज भाषा में इसे समझाते हुए कहते हैं—वे कहते थे वस्तुओं के स्वभाव को समझो।... रोग को जानो, रोग के कारण को जानो, रोग के कारण के उच्छेद का उपाय करो। खुद सोचो, आप अपनी मशाल बनो—अपदीपोभव।... उन्होंने आत्मा और ब्रह्म के पचड़े में इसीलिए पड़ना ठीक नहीं समझा... ब्रह्म एवं आत्मा की नित्यता और अनित्यता की चर्चा करते रहने से दुखमय अस्तित्व से मुक्ति का मार्ग न मिलेगा। इसके लिए आवश्यक है संयत जीवन, विवेक सहित रहना, शील का पालन, मैत्री का आचरण। बुद्ध ने पवित्र जीवन पर ही अधिक बल दिया।[33]

संसार और अस्तित्वों को यथार्थ रूप में जानना

बुद्ध महान तार्किक एवं विश्लेषणवादी थे अतः उन्हें विभज्जवादी एवं उनकी दृष्टि को विभज्जवाद कहा गया था। वे जिज्ञासा की शुरुआत वर्तमान एवं मानव अस्तित्व के व्यावहारिक निरीक्षण से करते हैं। चीज़ों को अपनी यथाभूततः में देखते हुए हम पाएँगे कि हर चीज़ गतिमान एवं परिवर्तनशील है और केवल परिवर्तन ही स्थिर है। अस्तित्व पाँच स्कन्धों से मिलकर बना है—जैसे रूप, अनुभूतियाँ वेदना, संज्ञा, संस्कार और चेतना—सभी कुछ तो गतिमान एवं भंगुर है। अगर पदार्थजगत परिवर्तनशील है तो मानसिक संरचनाएँ तो और भी अधिक स्पन्दनशील एवं त्वरित गति से धावमान हैं। जहाँ क्षण क्षण लय, नया जन्म अर्थात् रूपान्तरण घट रहा है। जीवन धावमान क्षणों की—जो कि उठते हैं, लय होते हैं—एक शृंखला है। हम हर क्षण मरण और पुनर्जन्म, क्षय एवं नवता में अस्तित्वमान हैं। हमें जो नित्यता का या निरन्तरता (जन्म से मृत्यु तक) आभासित होती है उसका कारण यह है कि परिवर्तन बेहद त्वरित एवं अदृश्य ढंग से घट रहा है। ये चिन्तन आधुनिक भौतिकवाद के बहुत करीब पड़ता है—विशेषकर द्वन्द्वात्मक ऐतिहासिक भौतिकवाद के।

समुदाय में एकत्व की बुद्धि तो सार्वभौम नियम है—कोई भी चीज़ हज़ारों अणुओं से बनी है। उनमें दूरी है पर हमारी दृष्टि इतनी सूक्ष्म नहीं कि उनके अलगाव को देख सके।

अतः परिवर्तनशीलता के इस मूलभूत उपदेश के साथ बुद्ध हैराक्लाइटिस के उस सिद्धान्त से आगे बढ़ जाते हैं जिसके अनुसार हम एक ही नदी में दोबारा कदम नहीं रखते। यानी बुद्ध कह रहे हैं कि नदी का पानी, उसका आधार, उसके कूल, बालू ही नहीं, उसमें कदम रखने वाला व्यक्ति भी क्षण-क्षण परिवर्तित हो रहा है।

अतः एक से दूसरे का जन्म होता है—अस्थिर एवं अस्थाई होने के कारण ही दुख से ग्रस्त होता है। अतः क्लेश एवं दुख तो बौद्ध चिन्तन की आधारशिला है, मूल प्रेरणा है। जीवन की, अस्तित्वों की भंगुरता ही तो इस क्लेश एवं दुख का कारण है—इसीलिए दुखवाद उनके उपदेश का प्रथम आर्य सत्य बना।

दुख के बारे में उन्होंने कहा—जन्म भी दुख है, जरा भी दुख है, क्षरण भी, मरण भी, मन की खिन्नता, हैरानी, निराशा, प्रिय से वियोग, अप्रिय से संयोग... भी दुख है—तृष्णाओं का न बुझ पाना

ही दुख है—काश हम उनसे मुक्ति पा सकते—लेकिन केवल इच्छा से यह सम्भव नहीं और यों बुद्ध अनात्त की तीसरी प्रतिपत्ति की ओर आते हैं कि जो अस्थिर एवं परिवर्तमान है और दुखमूल है उसे यह कहना कहाँ तक ठीक है कि यह मेरा है, यह मैं हूँ और यह मेरा 'आत्म' है।

अतः जो कुछ भी भूत द्रव्य, भाव, संज्ञा, संस्कार और चेतना है उसे अतीत, वर्तमान या भविष्यगत, अपनी या बाहरी स्थूलता सूक्ष्म, उदात्त या निम्न, सुदूर या निकट—उसे मानना होगा कि यह मेरा नहीं : यह मैं नहीं, यह मेरा आत्म नहीं।

अतः यह दार्शनिक चित्र कुछ यों है—जो भी उत्पन्न हुआ है, विनष्ट होगा ही। सब उपादान अनित्त हैं, दुख की छाया से घिरे हैं और बिना आत्म के हैं।

अनात्मवाद

यह बौद्ध दर्शन का मूल सिद्धान्त है और ब्राह्मण संस्कारों के विरोध में जाता है। सामी धर्म में भी पुनर्जन्म को छोड़ वही मत है। अतः इस सिद्धान्त को लेकर न जाने कितने विवाद, व्याख्याएँ और अनुवाद हुए हैं। यही सिद्धान्त बुद्ध धर्म को अपनी मौलिक पहचान भी देता है। आखिर बुद्ध ने किस चीज़ का खंडन किया—आत्मा का जो नित्य मानी जाती थी और फिर शरीर छोड़ चली जाती थी, आत्मभाव का, व्यक्तिगत आत्म का, अहं भाव का, मैं का, मेरा या कोई भी वह शाश्वत सत्ता जो भीतर से नियन्त्रण करती है और कर्मों का फल या दुष्फल भोगती है।

बौद्ध ग्रन्थों में बुद्ध एवं आनन्द के बीच एक संलाप इस सन्दर्भ को लेकर है। वच्छगोत्त के प्रश्न पर कि आत्मा है या नहीं—बुद्ध के मौन से अस्थिर हो आनन्द ने बुद्ध से प्रश्न किया तो बुद्ध ने कहा कि अगर मैं वच्छगोत्त का उत्तर हाँ में देता तो ब्राह्मण योगियों का पक्षधर होता जो सबको शाश्वतवाद की शिक्षा देते हैं। अगर नकारता तो उच्छेदवादियों की पक्षधरता करता। हाँ कहता तो अनात्मवाद की मेरी दृष्टि के प्रतिकूल होता और न कहता तो भ्रान्त योगी को और ज़्यादा भ्रान्ति होती।

महान दार्शनिक नागार्जुन सातवाहन राजा यज्ञश्री गौतमी पुत्र (166-196 ई.) के समकालिक एवं मित्र तथा माध्यमिक सम्प्रदाय के प्रवक्ता थे जिसे शून्यवाद भी कहा जाता है। इन्होंने भी इस विवाद की व्याख्या में उस समय की आध्यात्मिक जड़ताओं की ओर इशारा किया है। उन्होंने कहा कि कभी बुद्ध ने आत्मा के होने और कभी न होने की बात की। जब आत्मा के अस्तित्व की बात की कि वह पुनर्जन्म में अपने कर्मों के अनुसार दुख-सुख की भागी बनती है तो इसलिए कि वे लोगों को उच्छेदवाद के गर्त से बचाना चाहते थे। जब एक रचनाकार, दर्शक या स्वतन्त्र सत्ता के रूप में 'अत्ता' नहीं है कहा और पाँच स्कन्धों के समूह को दिया गया नाम कहा तो वे लोगों को शाश्वतवाद की दूसरी अति से बचाना चाहते थे। तो सच क्या है। निसन्देह आत्मा के नकार का सिद्धान्त—लेकिन वह इतना गूढ़ है कि मन्दबुद्धियों के लिए सरल नहीं।

राहुल सांकृत्यायन के शब्दों में कहें कि बुद्ध ने आत्मा का नित्य कूटस्थ मानना, दूसरी ओर शरीर के साथ ही उसके विनाश के चरम अन्तों को छोड़ बीच का मार्ग पकड़ा। उन्होंने कहा—आत्मा कोई नित्य कूटस्थ वस्तु नहीं है, बल्कि खास कारणों से स्कन्धों (भूत, मन) के ही योग से उत्पन्न शक्ति है जो अन्य भूतों की भाँति क्षण क्षण उत्पन्न और विलीन हो रही है। चित्त का क्षण क्षण उत्पन्न और विलीन होने पर भी चित्त का प्रवाह जब तक शरीर में जारी रहता है, तब तक शरीर सजीव कहा जाता है।

'मिलिन्दपन्ह' के रचयिता एवं दार्शनिक भिक्षु ने रथ की उपमा राजा मिनांदर (मिलिंद) को

समझाया था कि रथ के पहिए, दंड, अक्ष इत्यादि रथ नहीं बल्कि तमाम अवयवों की व्यवस्था या संयोजन को 'रथ' का नाम दे दिया जाता है। उसी प्रकार स्कन्धों के होने से एक सत्व (जीव) समझा जाता है। यह संयोजक 'मैं हूँ' की अनुभूति या मन ही है जो अलग होकर भी छठा तत्त्व नहीं है। मन क्षणिक है, किन्तु वह अपने परवर्ती मन का कारण भी है। अतः यह भी सन्तति के क्रम जैसा है—जैसे माता-पिता की बहुत-सी बातें पुत्र-पौत्र में आती हैं उसी प्रकार पूर्व मन अपने अनुभवों का बीज या संस्कार अगले मन के लिए छोड़ देता है और वही स्मृति का कारण है।[34]

आगे फिर वे प्रश्न करते हैं—आत्मा या मन अगर क्षणिक हैं तो उसकी परिशुद्धि की बात का क्या अर्थ होगा तो उत्तर आता है कि मन क्षणिक होकर भी सन्तति की धारणा क्षणिक नहीं। इसी चित्त सन्तति (गंगा के प्रवाह की तरह) की परिशुद्धि करनी होती है—ताकि उपकार जन्म ले सके। यह रास्ता आसान नहीं, तृष्णाक्षय और स्वार्थ उत्सर्ग का रास्ता है।

अतः अनात्तवाद के सिद्धान्त का प्रयोजन इस 'मैं हूँ की भावना का निराकरण करना ही है जो दुख या भव का कारण है।

अतः दोनों अतिवाद-आत्मा नहीं (उच्छेदवाद)—आत्मा है (शाश्वतवाद) को त्याग चीज़ों को वस्तुनिष्ठ रूप में देखा जाए—बिना अपने मानसिक प्रक्षेपणों के—ताकि इस 'मैं' की वास्तविकता भी खुल सके जो केवल भूत एवं मानस स्कन्धों का संयोजन कर रहा है तथा निरन्तर अन्योन्याश्रित हो परिवर्तनशील है तथा प्रतीत्य समुत्पाद के नियम के अधीन है।[35]

प्रतीत्य समुत्पाद (पतीच्च समुप्पाद)

बौद्ध चिन्तन में कर्म सिद्धान्त का महत्त्व बहुत है अतः कर्म कैसे उत्पन्न होता है—यह प्रश्न भी महत्त्व का है। यह हमें प्रतीत्य समुत्पाद के सिद्धान्त की ओर ले जाता है। इसे बुद्ध ने कुछ यों कहा—

जब यह होता है, तो वह होता है
जब इसका उदय होता है, उसका उदय होता है
जब यह नहीं, वह नहीं है
इसके थमने से, वह भी थम जाता है।[36]

यह हर कायिक, मानसिक प्रघटना, अस्तित्व की सम्बन्धता एवं निर्भरता की उपदेशना है। यह संकल्पित या ऐच्छिक कर्म से व्युत्पन्न होता है। यद्यपि कार्यकारण को बुद्ध अविच्छिन्न सन्तति नहीं मानते—तो भी उसमें शृंखला मानते हैं। एक के विनाश के बाद दूसरे की उत्पत्ति—इसी नियम को प्रत्यय समुत्पाद नाम दिया है। 'प्रत्यय से उत्पाद' का अर्थ है, बीतने से उत्पाद—यह प्रवाह अविच्छिन्न न होकर विच्छिन्न है—(डिसकंटीनुअस-कंटीनुईटी)। मज्झिमनिकाय में बुद्ध कहते हैं—

जो प्रतीत्य समुत्पाद को देखता है, वह धर्म (बुद्ध दर्शन) को देखता है, जो धर्म को देखता है, वह प्रतीत्य समुत्पाद को देखता है। वह पाँच उपादान स्कन्ध (रूप, वेदना, संज्ञा, संस्कार, विज्ञान) प्रतीत्य समुत्पन्न हैं।[37]

इस सिद्धान्त के आगे बारह अंग हैं जिनमें कहा गया है कि ऐच्छिक कर्म भ्रम से जुड़े रहते हैं और चेतना या संज्ञा भी परिचालित (कंडीशंड) कायिक या मानस प्रघटनाएँ हैं। छह इन्द्रियाँ बाहरी संसार से जुड़ी रहती हैं और बाहरी दुनिया का यह स्पर्श अनुभूति या वेदना से जुड़ा होता है। अनुभूति या वेदना तृष्णा से जुड़ी है—तृष्णा आसक्ति से और आसक्ति भव या होने की प्रक्रिया से जुड़ी है जो पुनर्जन्म से जुड़ी है। अर्थात् अविद्या-संस्कार-विज्ञान (कान्शसनेस)-नाम रूप—छह आयत

(इंडिया) —स्पर्श-वेदन-तृष्णा-उपादान-भव-जन्म-जरा-मरण।

अतः जिसे पहले तृष्णा एवं आसक्ति कहकर दुख का कारण कहा गया था—उसकी गहरी पड़ताल यहाँ मिलती है। 'अविद्या' का रोगाणु इस प्रक्रिया का मूल कारण या बीज बनता है और सम्बन्धताओं से गुज़रते हुए पुनर्जन्म, मृत्यु तथा दुख तक पहुँचता है। अगर भ्रम का बीज नष्ट हो जाए, कर्म भी रुक जाएँगे तथा परिणामी शृंखलाबद्ध प्रतिक्रियाएँ दुख निरोध को जन्म देंगी।

ललित विस्तर में कहा गया है—हेतु से उत्पन्न होनेवाले जो धर्म हैं उनके हेतु को तथा उनका जो विरोध है, (उसके) हेतु को तथागत ने कहा है। ऐसे वे प्रवक्ता महाश्रमण हैं।

अयुक्तियुक्त ढंग से की गयी विचारणा से जो पदार्थ उत्पन्न होते हैं—अथवा दृष्टि में आते हैं—उन्हें स्वयं की सोच से उच्छिन्न करो—अर्थात् विकल्पातीत पदार्थों का स्वयं उच्छेद करो।

—क्लेश राशि का ज्ञान खड्ग से उच्छेद करो। स्कन्धभूत आलय को शून्यभूत ही देखो। उस उदार बोधि रूप गुण का स्पर्श करो। इस प्रकार अमृत का द्वार खोलो।[38]

नार्गाजुन की प्रमुख रचना माध्यमिक कारिका से कृष्णनाथ स्पीती की यात्रावर्णन में पहली कारिका उद्धृत करते हुए कहते हैं—कोई वस्तु न स्वतः, न परतः, न उभयतः, न अहेतुक उत्पन्न होती है। उत्पाद का खंडन हो जाए तो निरोध का ही खंडन हो जाता है। यह सब उत्पत्ति पर निर्भर है। जब अस्तित्व में आये तो सारे विशेषण लगते हैं। उत्पत्ति समाप्त होने पर सारे विशेषण समाप्त हो जाते हैं। अनिरोधय अनुत्पादय... से लगा कर अनागमम्-अनिग्रमम तक सब प्रपंच शान्त हो जाते हैं।[39]

अनीश्वरवाद

यह वह सिद्धान्त है जो बौद्धधर्म को अन्य धर्मों से पृथक करता है और बौद्धधर्म को भौतिकवादी दृष्टिकोण के समकक्ष ला देता है। यह मनुष्य को उसकी सबसे बड़ी परतन्त्रता से मुक्त कराता है। दैवी तत्त्व कहीं बाहर या स्वतन्त्र नहीं वरन् मनुष्य की आत्मा के भीतर स्थित है—इसी भीतरी दिव्यता (संभावित बुद्धतत्त्व) का यह धर्म दर्शन बोध कराता है।

महापंडित राहुल सांकृत्यायन कहते हैं कि अनित्य, अनात्म एवं प्रतीत्य समुत्पाद वाली उनकी सरणियों में ईश्वर या ब्रह्म की वैसे ही गुंजायश नहीं जैसे आत्मा की। उन्होंने ईश्वर पर उतने अधिक व्याख्यान नहीं दिये जितने अनात्मवाद पर। पर स्पष्ट रूप से उन्होंने जीवन की समस्याओं के प्रति ईश्वरवादी नज़रिया नहीं अपनाया। यद्यपि राधाकृष्णन मानते हैं कि उन्होंने ब्रह्म को नकारा नहीं है।

राधाकृष्णन कहते हैं—बुद्ध ने परम यथार्थ के बारे में चरम दृष्टिकोण अपनाया, परन्तु ईश्वरवादी दृष्टिकोण नहीं। उन्होंने अनुभव किया कि कई लोग यह विश्वास रखकर कि ईश्वर तो सब कुछ हमारे लिए करेगा ही, कर्म से बचते हैं। वे ये भूल जाते हैं कि आध्यात्मिक उपलब्धि एक आन्तरिक विकास है। वे फिर बुद्ध के निहित प्रयोजन को तत्कालीन सामाजिक वातावरण के सन्दर्भ में अवकूटित करते हैं। जब सुशिक्षित लोग अनिर्वचनीय के विषय में व्यर्थ के अनुमानों में निमग्न थे, अशिक्षित भगवान को ऐसी शक्ति मानते थे जिसे जादू-टोने या भूत सिद्धि से वश में किया जा सकता है। यदि भगवान किसी न किसी तरह हमें क्षमा कर ही देते हैं तो फिर हम कैसे भी जिएँ, इससे फर्क नहीं पड़ता। सर्वसाधारण धर्माचार के इस अज्ञान और अन्धविश्वास, इस भय और आतंक के विरुद्ध बुद्ध ने विद्रोह किया।

वे कहते हैं ईसा पूर्व छठी शताब्दी के भारत वर्ष में समाज न केवल अन्धविश्वासपूर्ण था किन्तु विद्वत्ता भी वितंडावादी थी और इन दोनों में (अज्ञानियों के अन्धविश्वास और ज्ञानियों के वितंडावाद)

में फर्क करना असम्भव था। ऐसे में उन्होंने मानव प्रकृति और अनुभवों के अध्ययन पर ज़ोर दिया।

वे तेविज्जसूत्र सुत्त में घोषित करते हैं कि जो धर्मोपदेशक ब्रह्म के बारे में चर्चा करते हैं उन्होंने ब्रह्म का कभी प्रत्यक्ष दर्शन नहीं किया। वे उस व्यक्ति के समान हैं जो प्रेम तो करता है, किन्तु यह नहीं जानता कि किससे करता है, या जो प्रासाद की स्थिति से अपरिचित उसके लिए सोपान निर्मित करता है या जो नदी पार करने का इच्छुक है और नदी के उस पार को अपने पास बुलाना चाहता है। ईश्वर को मानने पर मनुष्य को उसके अधीन मानना पड़ेगा और वह किसी अच्छे-बुरे काम के लिए जवाबदेह नहीं हो पाएगा। फिर मनुष्य की शुद्धि और मुक्ति के लिए प्रयत्न करने की गुंजाइश कहाँ।

उन्होंने अपने अनुयायियों को आध्यात्मिक स्वतन्त्रता से कभी वंचित नहीं किया। और सदा स्वतन्त्र चिन्तन के लिए जगह बनाने की बात की।

अतः डॉ. राधाकृष्णन के शब्दों में कह सकते हैं कि बुद्ध के उपदेशों में हठवादिता नहीं है। विशाल दृष्टिकोण के साथ, जो उस युग में दुष्प्राप्य और आज के युग में असाधारण है, उन्होंने विवाद का गला रोंधने से इनकार कर दिया। असहिष्णुता उन्हें धर्म का सबसे बड़ा शत्रु जान पड़ी। मानव जाति के लिए उनके हृदय में असीम सहिष्णुता थी। उन्होंने संसार को दुष्ट नहीं अज्ञानी समझा, विद्रोही नहीं असन्तुष्ट माना। वे आचरण और अभ्यास को जाग्रत करना चाहते थे। हमें अपने को सुखी बनाने के लिए नया हृदय और नयी आँखें चाहिए। अगर हम दुर्भावना का दमन करें और सद्भावना को पोषित करें तो दुखी मन सुखी हो सकता है।[40]

पादटिप्पणियाँ

1. नलिनाक्ष दत्त (अनुवादक राममूर्ति त्रिपाठी), बौद्ध संग्रह (परिचायिका) (नयी दिल्ली : साहित्य अकादमी, 1993) पृष्ठ 12
2. क्रिस्मस हम्फ़री की भूमिका, एफ.एल. वुडवर्ड का अनुवाद, सम टीचिंग्स ऑफ़ बुद्धा : एकार्डिंग टू पाली कैनन (लन्दन : आक्सफोर्ड यूनि. प्रेस, 1973) पृष्ठ 12
3. राधाकृष्णन, बौद्धधर्म के 2500 वर्ष की भूमिका से (आजकल का वार्षिक अंक, 1956) पृष्ठ 11
4. पी.एल.वैध तथा सी.बी. जोशी (बौद्ध धर्म के 2500 वर्ष) (दिल्ली : पब्लिकेशंस डिविजन, 1956) पृष्ठ 20
5. आनन्द डब्ल्यू.पी. गुरुगे, बुद्धिज़्म : द रिलीजन एंड इट्स कल्चर (मद्रास : एम शेष चलम एंड कम्पनी, 1975) पृष्ठ 21
6. चारों परिषदों के बारे में सूचनाएँ, भिक्षु जिनानन्द, बौद्ध धर्म के 2500 वर्ष (नयी दिल्ली : आजकल का वार्षिक अंक, 1956) पृष्ठ 28-37 तक
7. बौद्धधर्म के 2500 वर्ष (नयी दिल्ली : आजकल का वार्षिक अंक, 1956), पृष्ठ 70
8. आनन्द डब्ल्यू.पी. गुरुगे, बुद्धिज़्म : द रिलीजन एंड इट्स कल्चर (मद्रास : शेष चलम एंड कम्पनी, 1975) पृष्ठ 75-76
9. दलाई लामा, एन इंट्रोडक्शन टू बुद्धिज़्म एंड तान्त्रिक मेडीटेशन (नयी दिल्ली : पालजर पब्लि., 1996) पृष्ठ 15
10. आधार स्रोत, आनन्द, डब्ल्यू.पी. गुरुगे, बुद्धिज़्म : द रिलीजन एंड इट्स कल्चर (मद्रास : शेष चलम एंड कम्पनी 1975) पृष्ठ 77-80
11. आनन्द डब्ल्यू.पी. गुरुगे, बुद्धिज़्म : द रिलीजन एंड इट्स कल्चर (मद्रास : शेष चलम एंड कम्पनी, 1975) पृष्ठ 87
12. हज़ारी प्रसाद द्विवेदी, आलोकपर्व (नयी दिल्ली : राजकमल प्रकाशन, 1972-94) पृष्ठ 105
13. आनन्द डब्ल्यू.पी. गुरुगे, बुद्धिज़्म : द रिलीजन एंड इट्स कल्चर (मद्रास : शेष चलम एंड कम्पनी, 1975) पृष्ठ 86-88
14. एवा रूडी जानसेन, द बुक ऑफ़ बुद्धा (नयी दिल्ली : न्यू एज बुक्स, 2000) पृष्ठ 14-15

15. बौद्ध धर्म के 2500 वर्ष (नयी दिल्ली : आजकल का वार्षिक अंक, 1956) पृष्ठ 49-57 तक
16. प्रतापादित्य पाल, हिमालय : एन ऐस्थेटिक एडवेंचर (शिकागो : द आर्ट इन्स्टीट्यूट ऑफ़ शिकागो, 2000) पृष्ठ 17
17. नलिनाक्ष दत्त, पी.वी. बापट, बौद्ध साहित्य (बौद्ध धर्म के 2500 वर्ष) - (नयी दिल्ली : आजकल का वार्षिक अंक, 1956) पृष्ठ 97
18. हज़ारी प्रसाद द्विवेदी, आलोकपर्व (नयी दिल्ली : राजकमल प्रकाशन, 1972-94) पृष्ठ 94
19. नलिनाक्ष एवं बापट, बौद्ध धर्म के 2500 वर्ष (नयी दिल्ली : आजकल का वार्षिक अंक 1956) परिशिष्ट से...
20. वही, पृष्ठ 97
21. नलिनाक्ष दत्त, बौद्ध धर्म के 2500 वर्ष (नयी दिल्ली : आजकल का वार्षिक अंक, 1956) पृष्ठ 97
22. हज़ारी प्रसाद द्विवेदी, आलोकपर्व, (नयी दिल्ली : राजकमल प्रकाशन, 1972-94) पृष्ठ 104
23. वही, पृष्ठ 103
24. उद्धृत, तबकात ऐ नासिरी, ए घोष, नालन्दा (नयी दिल्ली : आर्केलियोजिकल सर्वे ऑफ़ इंडिया, 1971) पृष्ठ 14
25. एवा रूडी जानसेन, द बुक ऑफ़ बुद्धा (नयी दिल्ली : न्यू एज बुक, 2004) पृष्ठ 40-41
26. एवा रूडी जानसेन, द बुक ऑफ़ बुद्धाज़ (नयी दिल्ली : न्यू एज बुक्स, 2004) पृष्ठ 52
27. दलाई लामा, एन इंट्रोडक्शन टू बुद्धिज़्म एंड तान्त्रिक मेडीटेशन (दिल्ली : पलजोर पब्लि., 1996) पृष्ठ 37
28. राधाकृष्णन, भूमिका, बौद्ध धर्म के 2500 वर्ष (नयी दिल्ली : आजकल का वार्षिक अंक, 1956) पृष्ठ 12
29. भूमिका, दलाई लामा—एन इंट्रोडक्शन टू बुद्धिज़्म एंड तान्त्रिक मेडीटेशन (नयी दिल्ली : पालजर पब्लि., 1996)
30. हज़ारी प्रसाद द्विवेदी, आलोक पर्व (नयी दिल्ली : राजकमल प्रकाशन, 1972-94) पृष्ठ 121
31. उद्धृत, अंगुत्तर निकाय—राहुल साकृत्यायन, बौद्ध दर्शन (इलाहाबाद, किताब महल, 2005) पृ. 20-24
32. उद्धृत, मज्झिम निकाय—राहुल सांकृत्यायन, बौद्धदर्शन (इलाहाबाद : किताबमहल 1943, 2005) पृष्ठ 24
33. हज़ारी प्रसाद द्विवेदी, आलोक पर्व (नयी दिल्ली : राजकमल प्रकाशन, 1972-94) पृष्ठ 121-122
34. राहुल सांकृत्यायन, बौद्ध दर्शन (इलाहाबाद : किताबमहल, 1943, 2005) पृष्ठ 10
35. आनन्द गुरुगे, बुद्धिज़्म : द रिलीजन एंड इट्स कल्चर (मद्रास : शेष चलम एंड कम्पनी, 1975) पृष्ठ 33
36. उद्धृत, मज्झिमनिकाय, राहुल सांकृत्यायन, बौद्धदर्शन (इलाहाबाद : किताबमहल—1943, 2005) पृष्ठ 29
37. आनन्द डब्ल्यू. पी. गुरुगे, बुद्धिज़्म : द रिलीजन एंड इट्स कल्चर (मद्रास : शेष चलम एंड कम्पनी, 1975) पृष्ठ 33
38. बौद्धसंग्रह, नलिनाक्ष दत्त (अनुवादक राममूर्ति त्रिपाठी), बौद्ध संग्रह (परिचायिका) (नयी दिल्ली : साहित्य अकादमी, 1993) पृष्ठ 59
39. कृष्णनाथ, स्पीती में बारिश (बीकानेर : वाग्देवी प्रकाशन, 1998) पृष्ठ 12
40. डॉ. राधाकृष्णन, गौतम बुद्ध—जीवन और दर्शन (दिल्ली : राजपाल एंड संस, 2001) पृष्ठ 9-13

बौद्धकला

यों तो भारतीय मूर्तिकला का इतिहास मौर्यकाल से माना जाता है—लेकिन कला तो उससे पहले भी रही थी। आनन्दकुमार स्वामी ने ईसा पूर्व शतियों में 'प्राचीन पूर्व' के व्यापक सन्दर्भ (बृहत्तर भूभाग) में भारतीय कला को रखा है। वे इसे एशियाई कला कहते हैं जिसमें प्रारम्भिक भारतीय और पश्चिमी एशियाई कला के तन्तु आपस में जुड़े हैं। वे इसे पूर्व मौर्य कला कहते हैं जिनमें काल्पनिक पशु, फूल-पत्ते, घंटाकृति वाले स्तम्भ तथा ऐसे कई अलंकरणमूलक एवं प्रतीकात्मक अभिप्राय हैं जो शायद पाषाणयुग तक पीछे जाते हों और भारत को एक विराट भूभाग की संस्कृति से जोड़ते हों। इस स्तर पर भारत अलग-थलग न था—इस एक एशियाई कला के प्रभाव की लहरें हैलाज के किनारों तक, आयरलैंड के पश्चिम तक, फीनिशिया, मिस्र, भारत तथा चीन तक फैली थीं।[1]

कुछेक लोकदेवों और प्रकृतिदेवियों की मूर्तियों को छोड़ दें तो यह सिद्ध तथ्य है कि भारत के प्राचीनतम स्मारक एवं कला बौद्ध उद्भव की है। बहुल विश्वासों और धर्म-दर्शनों वाली इस भारतभूमि में बौद्ध ही सबसे पहले थे जिन्होंने कला के प्रति इतनी गहन अभिरुचि महसूस की। फिर बौद्धकला कुछ स्थानों तक सीमित न रहकर भारत के तमाम हिस्सों में बिखरी हुई है और समय के साथ-साथ दूसरे देशों तक उसका प्रसार होता गया। ब्राह्मण धर्म जहाँ ग्राम-संरचना में ढली जीवन-शैली में स्थिर था वहाँ बौद्ध धर्म आरम्भ ही से एक मिशनरी धर्म था। बौद्ध भिक्षुओं ने केन्द्रापसारी शक्ति के रूप में दूर-दूर तक भ्रमण किया और बुद्ध के उपदेशों को जन-जन तक फैलाया। इस सतत भ्रमणशीलता के कारण ही अस्थाई ही सही पर उन्हें आवासीय प्रासादों और संघारामों की आवश्यकता थी। टी. एन. चन्द्रन तथा सी. शिवराम मूर्ति मानते हैं कि भगवान बुद्ध के अनुयायियों में अधिकतर व्यापारी वर्ग था—अतः उन्होंने विशाल स्तूप और चैत्य बनवाए—साँची और भरहुत मध्य भारत में, अमरावती और नागार्जुन कोंडा दक्षिण भारत में कार्ले और भज और कान्हेरी इत्यादि पश्चिमी भारत में।

चारिकाएँ करने वाले भिक्षु-भिक्षुणियों की संख्या जैसे-जैसे बढ़ती गयी, गृहस्थ उपासकों ने, जिनमें अशोक अग्रणी था, उनके लिए चैत्य, स्तूप एवं विहारों का निर्माण शुरू किया। अनेक गुहामन्दिर शान्त एवं सुरम्य प्राकृतिक वातावरण में बनाये गये।

कभी कभी यह लगता है कि बुद्ध के क्रान्तिकारी विचार एवं धम्म अगर केवल शाब्दिक उपदेशों एवं शास्त्रों का विषय बने रहे होते तो शायद बौद्ध-धर्म में ऐसी वैश्विक अपील न रही होती। पूरब-पश्चिम की सीमाओं को तोड़ वह एक व्यापक मानव-धर्म न बना होता। कला ने उसे वह जीवन एवं वरदान दिया कि वह जन-जन के लिए ग्राह्य हो सका। मूर्त छवियों में ढलकर, इन्द्रियों के मार्ग से होता हुआ वह चेतन-अवचेतन की गहनता में उतरता गया।

पश्चिम के विचारक जिनके लिए कला का मूल्य रंजन में ही है इस रहस्य को नहीं समझ पाते कि बौद्ध धर्म जैसे वैराग्यमूलक धर्म में कला का ऐसा अनन्त विस्तार कैसे हो पाया। लेकिन

कला तो हर भाव, हर विचार को मूर्त करने में सक्षम है। उसने तृष्णाक्षय और वैराग्य के, अन्तर्दर्शन एवं ध्यान के, आत्म बलिदान और करुणा के मूल्यों को भी कला में रूपाकार एवं भंगिमा और मुद्रा दी। इस कला का प्रभाव ऐसा है कि न जाने कितनी सदियों से यह मलिन हृदयों को अपनी प्रशान्त छवियों से निर्मल एवं पावन बनाती आ रही है। आधुनिक मार्क्सवादी चिन्तक हर्बट मारक्यूज़ भी कला की सहज पर क्रान्तिकारी ताकत की बात करते हैं। कला ही शोषक व्यवस्था के विरुद्ध एक प्रतिस्वप्न दिखाती है। उसकी छवियों की भाषा दुरूह नहीं इन्द्रिय संवेद्य होती है।[2] नवयुग का मार्ग कला से होकर ही जाता है। यह बुद्धिजीवियों का नहीं, जन-जन का सरल सच्चा मार्ग है। आधुनिक नारीवादी चिन्तक एवं मनोविश्लेषक जूलिया क्रिस्तेवा ने एक अद्भुत परिकल्पना दी है। वे मानती हैं कि दर्शन की गहन चेतना एवं दृष्टि, अवसन्नता की और उदासी की मनोभूमि से उत्पन्न होती है। वे यह भी मानती हैं कि जीवन के दुखों का मारा मन सौन्दर्य में ही अपनी अन्तिम शरणस्थली भी पाता है। क्योंकि छवियों और सौन्दर्य की दुनिया निर्लिप्त होती है। और उस अर्थ में भंगुर नहीं होती जिस अर्थ में जीवन और उसकी यथार्थता होती है। अतः अवसाद की मनोभूमि कला, दर्शन एवं अध्यात्म की सम्भावनाओं को धारण किये रहती है और इन्हीं के ज़रिए अपने निजी घेरे को लाँघ भी जाती है।[3]

ये दोनों ही बातें बौद्ध धर्म को खँगालने पर सच साबित होती हैं। बुद्ध के अतिसंवेदनशील हृदय ने दुख का स्पर्श मात्र पाया और उन्हें ऐश्वर्य एवं विलास का जीवन अर्थहीन लगा। वह इस दुखमय जीवन को भेदने के लिए व्याकुल हो उठे और अन्ततः उन्होंने गहन दार्शनिक स्तर पर दुख से भरे जीवन का विश्लेषण किया। यही बात बौद्धकला के लिए भी सत्य है। तृष्णा क्षय और वैराग्य को सर्वोपरि मानने वालों के लिए कला का निर्लिप्त आनन्द ही भोग्य हो सकता था। कोई छोटे-मोटे लौकिक आनन्द उनके लिए न थे। स्वपरान्य सम्बन्धों से परे ले जाने वाली कला की अनुभूति को उन्होंने चुना और संसार को उसकी थाती थमा कर चले गये।

बौद्धधम्म ने स्थापत्य, चित्रकला एवं मूर्तिकला का उपयोग तथागत के गौरव और उनके जीवन की महत्ता को दिखाने के लिए किया। उन्होंने जातक कथाओं और अन्य बौद्ध कथाओं को भी चित्रांकित एवं मूर्तित किया और विद्या देहिजा के शब्दों में भारत की कथात्मक मूर्तिकला (नैरेटिव आर्ट) का सूत्रपात किया।

तृतीय शताब्दी ईसा पूर्व से लेकर तृतीय शती ईसवी तक के काल में बौद्धकला एवं संस्कृति का अभूतपूर्व पल्लवन हुआ और यह धर्म सिद्धान्त एवं अनुष्ठान के परे एक आन्तरिक प्रकाश बन गया और कला में उतर कर भीतर से बाहर फैलने लगा।

बौद्ध चिन्तक आनन्द डब्ल्यू.पी. गुरुगे बुद्ध के व्यक्तित्व में भी सौन्दर्य के प्रति सहज आकर्षण की बात करते हैं। पालि सूत्रों के आधार पर यह अनुमान कर पाना कठिन नहीं कि गौतम प्रकृति प्रेमी थे। उन्होंने उपदेशों के लिए प्रकृति के रम्य स्थानों को चुना। हरेभरे शालि के खेतों की ओर इशारा करते हुए उन्होंने भिक्षुओं को उसी तरह अपने काषाय वस्त्र सीने को कहा था। भिक्षुओं के हित जैसे विहारों और संघारामों को बनवाने का आदेश उन्होंने दिया, उसी से उनकी कलात्मक अभिरुचि का आभास हो जाता है। सौन्दर्य की भावना को ही उन्होंने निर्वाण का आनन्द कहा था। ध्यान एवं आत्मलीनता के लिए उन्होंने रम्य विहारों की मनोरमता और सुरक्षा की ज़रूरत को समझा और तभी श्रेष्ठियों से दान स्वीकार भी किये। विनयपिटक के चुल्लवग्ग में यह कहा गया है कि भिक्खु दत्तचित्त होकर ध्यान कर सकें, इसलिए विहारों का दान बुद्ध ने स्वीकार किया। यहाँ पाली

में 'विहार करये रम्मे' पद आता है—रम्मे अर्थात् सुन्दर। तो बल निश्चय ही सौन्दर्य पर है। श्रावस्ती के जेतवन विहार (आज का साहेत-माहेत) का वर्णन मिलता है जिसमें बैठक, शयनकक्ष, भंडारगृह, स्नानगृह, रसोई तथा रम्य पदमार्ग बने थे तथा कुसुमों से भरे सरोवर भी थे।[4]

चुल्लवग्ग के छठे अध्याय में विहारों के वर्णन विस्तार से मिलते हैं कि उनके दरवाज़े कैसे हों, खिड़कियाँ कैसी हों, क्या-क्या सुविधाएँ हों, यह सब बताया गया है, इन विहारों में विशेष प्रकार की पीठिकाएँ, आसंदियाँ और शय्याएँ थीं।[5]

पाली ग्रन्थों में विहार की भित्तियों के अलंकरण की भी चर्चा है। पता लगता है कि बुद्ध ने अनुशासन के कड़े नियमों को क्रमशः धीरे-धीरे शिथिल किया। पहले दीवारें मिट्टी के रंग में रंगी होती थीं—बाद में और रंग आने लगा और उसके बाद तो उन्हें चित्रित करने की अनुमति भी मिल गयी। अर्थात् भित्तिचित्र बुद्ध की सहमति से आरम्भ हुए थे।

मज्झिम निकाय में निर्वाण का वर्णन करते हुए वे कहते हैं कि यह क्षेत्र न तो जल है, न पृथ्वी, न तो प्रकाश, न हवा, न यह लोक न वह लोक... पर वे ज़ोर देते हैं कि सबसे उच्चतम ज्ञान सौन्दर्य भी है। निर्वाण सुन्दर में बसता है। यह सबसे बड़ा सुख है जैसे स्वास्थ्य सबसे बड़ा लाभ है। यह न क्षरण का भाजन होता है, न रोग का, न मृत्यु का। यह दुख और अशुद्धता से मुक्त है। यह अनुत्तर एवं सर्वोपरि लक्ष्य है (योग खेम्म)[6]। केवल मौन से ही इस अभिसम्बोधि को व्यक्त किया जा सकता है।

तो बौद्धकला की शुरुआत मौर्य युग से मान सकते हैं। क्योंकि ऐतिहासिक प्रमाण मौर्य काल से ही मिलने लगता है। नन्द को हराकर पाटलिपुत्र का शासक बनने वाले चन्द्रगुप्त मौर्य के पौत्र अशोक ने बुद्ध धर्म को देशदेशान्तरों तक फैलाया (सिलोन, सीरिया, मिस्र तक) और बौद्धकला को, स्तम्भों, स्मारकों को लकड़ी, हाथीदांत के बजाय पाषाण का स्थायी पदार्थ दिया। बौद्धों की कला, संघ एवं धम्म तीनों में स्थायित्व आया।

यद्यपि अशोक ने 8400 विहारों का निर्माण करवाया तथापि अब तक उनके समय के केवल दो ही स्मारक प्राप्त हुए हैं। इनमें नेपाल की सीमा पर पिपरावा का ईंटों से बना स्तूप (निर्माणकाल सम्भवतः 450 ई.पू.) प्राचीनतम है। दूसरा पुरातन रूप साँची का स्तूप है जिसके दागोबा या अवशेष कक्ष अशोक के समय के हैं। अशोक का भारतीय कला को सर्वोपरि योगदान वे स्तम्भ या लाट हैं जो संख्या में 30 के लगभग हैं तथा जिनपर उपदेश या अभिलेख हैं। इनमें प्रमुख हैं बखीरा तथा लौरिया नन्दनगढ़ का स्तम्भ तथा लुंबिनी एवं सारनाथ का स्तम्भ जो अपनी कला एवं ऐपीग्राफ़ी के श्रेष्ठतम नमूनों में गिने जाते हैं। सारनाथ का स्तम्भ अपने पशुप्रतीकों के माध्यम से बुद्ध जीवन के चरणों को अंकित करता है। चतुष्मुखी सिंहों की छवि सभी दिशाओं में बुद्ध के निर्भीक धम्म प्रचार की गर्जना को व्यक्त करती है। दूसरी ओर वृत्ताकार एबेकस पर एक हस्ति, एक वृषभ, एक घोड़े और एक सिंह की छवियाँ हैं जो क्रमशः बुद्ध जन्म, उनके शैशव, उनके त्याग एवं अन्ततः बोधिलाभ के अंकन हैं। ये स्तम्भ न केवल उच्चतम सौन्दर्यबोध वरन् उच्चतम स्थापत्य तकनीक के भी संवाहक हैं। इनका भार पचास टन से अधिक है—कई मील उन्हें ले जाया गया तथा उन पर शीशे जैसा ओप है जो समय के लम्बे तूफ़ान झेलने के बाद भी बनी हुई है।[7]

भारतीय उपमहाद्वीप में बौद्धकला के पाँच चरण देखे जा सकते हैं। कुछ विद्वान चरणों के बजाय उन्हें बौद्धकला के निकाय मानना ज़्यादा उचित समझते हैं। इन चरणों की अपनी विशिष्टताएँ हैं। ये पाँच चरण हैं—

1. स्तूप का स्थापत्य एवं उसके अलंकरणात्मक अभिप्राय
2. गान्धार की यवन रोमीय कला
3. मथुरा की भारतीय-कुषाण कला
4. पश्चिम भारत का गुहा स्थापत्य एवं
5. बंगाल की परवर्ती कला

1. स्तूप स्थापत्य

यद्यपि स्तूप का आविष्कार बौद्ध धर्म से जुड़ा नहीं है तथापि आरम्भिक बौद्ध धर्म के इतिहास में यह अवशेष-पूजा के सम्प्रदाय का केन्द्र बन गया।

हरमन गोएत्ज़ स्तूप के रूप विकास की चर्चा करते हैं कि स्तूप एक विराट अर्ध गोलार्ध होता है जिसके गिर्द वेदिकाएँ तथा शीर्ष पर पाषाण छत्र होता है। अतः यह समाधि का ही एक रूप है जिसे पाषाण के वृत्त से घेरा गया है। लेकिन जल्दी ही स्तूप समाधि से कुछ विशेष हो गया—और एक ऐसा रहस्यात्मक साधन बन गया जिसके कारण सुरक्षित रखे गये अवशेष (बुद्ध एवं उनके वंशजों के दंत, वस्त्र, भिक्षापात्र, पवित्र उपदेश या प्रतिमाएँ) अपने वातावरण को प्रभावित कर सकती थीं।[8]

स्तूप को दागोबा भी कहते हैं पर वस्तुतः दोगोबा स्तूप का वह भाग है जहाँ स्मारक रखे जाते हैं। और ज़रूरी भी नहीं कि हर स्तूप में स्मारक वस्तुएँ हों ही। पूजा के उद्देश्य से भी यह बनते हैं और स्वयं स्मारक स्वरूप थे।

शिवराम मूर्ति चैत्य शब्द को चिता से जोड़ते हैं—अतः चिता के अवशिष्ट पर जो स्मारक बनाया जाए—वह चैत्य कहलाता है।[9] हर धार्मिक विहार में स्तूप का होना अनिवार्य था। यों स्तूप तो भारत में असंख्य हैं पर चार स्तूपों का भारतीय कला में विशेष स्थान है।

1. भरहुत स्तूप, 2. साँची स्तूप, 3. अमरावती एवं नागार्जुन कोंडा। भरहुत स्तूप को 1873 में भारतीय पुरातत्व के महान प्रवर्तक सर अलेक्सांडर कनिंघम ने खोजा था। तब तक इस महान धरोहर की ईंटें घर बनाने के काम आ चुकी थीं, केवल तीन स्तम्भ, तोरण द्वार के कुछ अंश तथा कोपिंग बचे थे। स्थापत्य की विशेषताओं के अलावा भरहुत में कई सुन्दर प्रतिमाएँ थीं। स्तम्भों पर यक्षिणी मूर्तियाँ, कोपिंग पर सुन्दर पुष्प एवं लताओं के अभिप्राय तथा जातक कथाएँ (लगभग 30 कला दृश्य) अंकित हैं। इनमें दस पर ब्राह्मी लिपि के शीर्षक भी हैं। इनमें बुद्ध का मानव रूप में अंकन नहीं है—वरन् बोधिवृक्ष, पदचिह्न तथा चक्र के प्रतीकों में उनकी उपस्थिति जताई गयी है। (देखिए चित्र)

साँची स्तूप बौद्धकला में अपना अन्यतम स्थान रखता है और इसका समय लगभग तृतीय शताब्दी ईसा पूर्व है। शिवराम मूर्ति मानते हैं कि इसमें कई परिवर्द्धन समय-समय पर हुए और यह स्तूप एक प्रतीकात्मक अर्थवत्ता रखता है। इसमें सुमेरु पर्वत की अभिव्यक्ति है। साँची की पाषाण वेष्टनियाँ सादी एवं वैराग्यमूलक हैं लेकिन चार तोरणद्वार तो भारतीय कला के गौरव हैं जिनमें जातक कथाओं और बुद्ध जीवन के अलावा पशुओं और यक्षिणियों के अंकन बतौर अलंकरण के मिलते हैं। साँची का आकार एक प्रासाद के समान है और इसी का विकास हमें नेपाल के स्वयंभूनाथ मन्दिर और अनुराधपुर के थूपाराम दागोबा (246 ई.पू.) में मिलता है तो जावा के जगत्प्रसिद्ध बोरोबुदूर और बर्मा के मिग्यूंन स्तूपों में भी। स्पष्ट होता है कि स्तूप निर्माण कला बढ़ते-बढ़ते उस स्तर तक पहुँची जब स्तूप सीढ़ियों के समान अनेक धरातलों वाले विराट प्रासाद का रूप लेने लगे।[10] (देखिए आरेख एवं चित्र)

अमरावती लगभग भरहुत और साँची के समय में ही बना लेकिन लम्बे समय तक विकसित

होता रहा। इसमें थेरवादी बौद्ध परम्परा से महायान परम्परा की ओर प्रस्थान होता है। उदाहरणार्थ यहाँ बुद्ध का प्रतीकों के रूप में अंकन है तो साथ-साथ ऐसे रिलीफ़ भी हैं जहाँ बुद्ध मानव रूप में अंकित हैं। भरहुत और साँची से अमरावती के कलाकार की तकनीक काफ़ी विकसित है। यद्यपि यहाँ रूपों की भीड़-भाड़ है तो भी देह छन्द में अनुपम जीवन्तता के दर्शन होते हैं। यहाँ तक कि चेहरे पर भाव भी अंकित हुए हैं। (चित्र)

नागार्जुनकोंडा अमरावती से लगभग एक सदी बाद पूर्ण होता है। कई दृष्टियों से समान होते हुए भी नागार्जुनकोंडा के शिल्प पेनल उतने भरे हुए नहीं हैं। और दृश्य को आम आदमी के लिए ज़्यादा सहज एवं ग्राह्य बनाने की कोशिश है। आनन्द गुरुगे मार के साथ बुद्ध के संघर्ष के पैनल का उदाहरण देते हैं जहाँ तीन घटनाएँ एक ही पैनल में कौशल से अंकित की गयी हैं।

अमरावती की शिल्पकला में सुकोमलता है तो नागार्जुनकोंडा में एक पार्थिवता है और खाली स्थान को भर देने की उतावली यहाँ विराम पा गयी लगती है। यह स्थिर मनोभूमि, सौन्दर्यबोध की

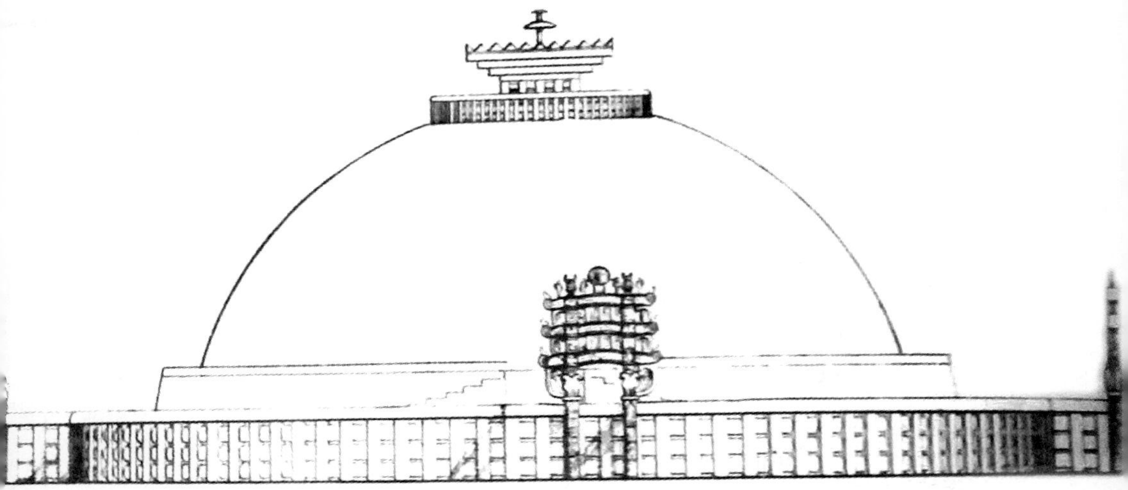

प्रौढ़ और उन्मीलित अवस्था है। यहाँ किसी बड़े कवि की तरह कथन में लाघव आ जाता है पर अर्थ गौरव की दीप्ति बढ़ जाती है। कलाकार की बेचैनी घुलकर मानो प्रशान्ति की गहनता से संकेन्द्रण का मोती पा जाती है।

कुल मिलाकर कहा जा सकता है कि बौद्धकला का यह प्रथम उत्थान पूर्णतया भारतीय है। इसमें किसी बाहरी प्रभाव के दर्शन नहीं होते। यहाँ धार्मिक प्रयोजन से छवियों की एक मौलिक भाषा रचने का आरम्भिक प्रयास दिखता है। छवियों की भाषा में अपनी बात कहने वालों में बौद्धों का स्थान प्रवर्तक का है—शुरुआत उन्हीं से होती है। अध्यात्म के हित कलात्मक छवियों का ऐसा व्यापक प्रयोग ब्राह्मण या किसी भी अन्य धर्म में बहुत बाद की चीज़ है। अमूर्त को मूर्त करने वाले, अनभिव्यक्त को सर्वजन के लिए कला भाषा में उतार देने वाले बौद्ध प्रथम थे।

गान्धार कला

भारत में बौद्धकला का यह दूसरा चरण है। ईसा पूर्व छठी शती के अभिलेखों से पता लगता है

कि गान्धार क्षेत्र भारत के उत्तर पश्चिम से अफ़गानिस्तान तक प्रसरित था। यह वह भूभाग था जो अलेक्सांडर के आक्रमण के काल से प्रत्यक्षतः यवनों के प्रभाव में था—बल्कि यह उस काल तक यवन आधिपत्य में रहा जब तक कुषाणों ने उन्हें अपदस्थ न कर दिया।

कुषाणों ने यवन-रोमीय संसार से अपने रिश्ते तोड़े नहीं—वरन् वहाँ के कलाकारों और स्थपतियों को अपने निर्माण कार्य में महत्त्वपूर्ण स्थान दिया। और यों दो संस्कृतियों के अद्भुत मेल वाली विश्व प्रसिद्ध गान्धार कला का जन्म हुआ जिसने पहली सदी ईसवीं से पाँचवीं सदी ईसवीं तक चार सदियों तक विकास किया।

इस काल में बौद्धकला का महान प्रणेता कनिष्क प्रथम था जिसे विद्वानों ने बौद्धों के उत्तर निकाय में सम्राट अशोक के समकक्ष माना है। कनिष्क के सिक्कों पर पहली बार यवन एवं रोमीय देवों की जगह बुद्ध की छवि उभरी जिसमें यवन लिपि में 'Boddo' अंकित था। इस छवि की जो खास लाक्षणिकताएँ थीं—उन्होंने शिल्पकला में बुद्ध मूर्ति की रूढ़ियाँ रचीं। इन शिल्पशास्त्रीय लक्षणों में था—बुद्ध शीर्ष पर बालों का जूड़ा जो

जावा का बोरोबदूर स्तूप

बाद में शैलीगत प्रतीक के रूप में 'उश्नीष' कहलाया। बुद्ध का लम्बा चोगा तथा उनके मुख के गिर्द बड़ा प्रभामंडल था।

भारतीय कला के विद्वानों में विदेशी विद्वान तो मानते हैं कि बुद्ध की मानव रूप में अभिव्यक्ति की शुरुआत का श्रेय गान्धार कला को ही जाता है। और यह कुषाणों के समय में ही हुआ। प्रतीकों में बुद्ध के अंकन की परम्परा का त्याग सम्भवतः कुषाणों ने ही पहले पहल किया। विद्वान इसके तीन बड़े कारण बताते हैं—प्रथम, कुषाण विदेशी थे, भारत आकर ही वे बौद्ध हुए थे और उनमें बुद्ध के मानव रूप को वर्जित मानने के भारतीय संस्कार न थे। दूसरे बौद्ध धर्म भी विकसित होकर सिद्धान्त से भक्तिपरक एवं जनप्रिय उदारता का आँचल थाम रहा था—यानी थेरवाद के बाद महायान की भक्तिपरकता उत्तर भारत में विकास पा गयी थी—अतः पुरानी रूढ़ियाँ टूट रही थीं। तीसरे कुषाणों ने यवन-रोमीय प्रभाव वाले मानुषी रूप देवों की तरह ही बुद्ध को भी रूपायित करना चाहा।[11] शिवराम मूर्ति कहते हैं कि बुद्ध की गान्धार शैली की मूर्तियों कम-से-कम मथुरा और अमरावती की देशी प्रणालियों के समकक्ष थीं।

इस कला में शास्ता को मानवीय सौन्दर्य से अंकित किया गया था क्योंकि यवन कला में सौन्दर्य का सर्वोच्च बिन्दु मानव देह ही रही थी। अतः यहाँ बुद्ध प्रतिमा में ग्रीक देव अपोलो का सौन्दर्य दिखता है। इनके चोगे की सलवटें भी यवन-रोमीय कला की विशेषता थीं। इन्हीं में बुद्ध की एक प्रसिद्ध मूर्ति बेहद क्षीण काय, कंकालवत् भी है जो उनके अति तपस्या वाले चरण की बड़ी उदग्र प्रस्तुति है।

शिवराम मूर्ति गान्धार कला में बुद्ध के सहवर्ती एवं अंगरक्षक वज्रपाणि के चित्रण को ग्रीक वीर हरकुलीज़ की कल्पना से जोड़ते हैं। अफ़गानिस्तान में पूर्ववर्ती गान्धार कला के आधार पर पर्वतों को काट कर दो विराट बुद्ध मूर्तियों (175, 120 फुट ऊँची—बामियान बुद्ध) बनायी गयी थीं, जिनका दर्शन युआन-च्वांग ने अपने रास्ते में किया था। यह पूरा इलाका बौद्ध विहारों और चैत्यों से, बुद्ध और बोधिसत्वों की असाधारण सुन्दर मूर्तियों से भरा था। इन्हीं महानतम बामियान बुद्धों को कुछ वर्ष पहले ही तालिबानी अफगानों ने तोप के गोलों से ध्वस्त कर दिया है।

बुद्ध और बोधिसत्वों की गान्धार मूर्तियों में अर्धवर्तुलाकार धारियों वाला वस्त्र, जिसमें बहुधा दोनों

काँधे और पूरा शरीर आवृत रहता, मस्तक पर लहरदार बाल, भरे हुए तथा नुकीले नेत्र तथा ऊपर की पलकें भारी तथा कुछ नवीन अभिप्राय जैसे मालधारी यक्ष, गरुड़, द्राक्षलता तथा मदिरापान के दृश्य थे।

इस कला में बुद्ध मूर्तियों के अलावा मूर्तिफलक भी पाये गये हैं जिनमें बुद्ध जीवन रिलीफ़ में अंकित है। पर भरहुत-साँची-अमरावती से इनका भेद यह है कि इनमें एक फलक पर एक ही दृश्य है। श्री आनन्द गुरुगे इनमें लौरिया-तांगाई से प्राप्त बुद्ध के महा परिनिर्वाण सुत्त में अंकित अन्तिम क्षणों को अंकित करनेवाले दृश्य को बेहद प्रभावी मानते हैं। इस कला के प्रसिद्ध स्थान हैं शाह जी की देरी (तक्षशिला), तख्त-ही-बाही तथा लौरिया तांगाई। ह्यूएनसांग के दस्तावेजों से लगता है कि शाहजी की देरी का महान स्तूप कनिष्क के समय का है और यह तेरह मंज़िलों वाला 700 फीट ऊँचा था।

मूर्तियों में बेग्राम से प्राप्त बुद्ध और तख्त ही बाही के समाधिस्थ बुद्ध उल्लेखनीय हैं।

मथुरा की भारतीय कुषाण कला

एक ओर कुषाणों ने भारतीय एवं यवन कला का समन्वय किया था तो दूसरी ओर पूर्व में मूल भारतीय कला को प्रोत्साहित किया। मथुरा उत्तराखंड के इस विशिष्ट कला-निकाय का केन्द्र थी अतः वहाँ की कला को कुषाणों की माथुरी कला कहा जा सकता है। इस कला-आन्दोलन का संरक्षक भी कनिष्क प्रथम था। यह सम्प्रदाय प्रथम शती से लेकर गुप्त युग अर्थात् चौथी-पाँचवीं सदी तक चला।

माथुरी कला का भारतीय कला को महत्त्वपूर्ण योगदान तो बुद्ध प्रतिमा का विकास ही है। गान्धारकला से माधुरी कला तक का विकास दरअसल परिष्कृति और आन्तरिक आध्यात्मिक उजास को पा लेने का विकास है। और माथुरी कला में सुन्दर देह के लक्षण भी वे हैं जो क्लासिकल संस्कृत काव्यों में स्त्री की सुकोमल एवं नमनीय देह के वर्णन में प्रयुक्त हुए हैं।

बुद्ध मूर्ति के बारे में नीलकंठ पुरुषोत्तम जोशी का कहना है कि बुद्ध की प्रथम प्रतिमा गान्धार नहीं अपितु मथुरा में बनी। क्योंकि यहाँ ऐसी लेखांकित प्रतिमाएँ

मिली हैं जिन पर स्पष्टतया कनिष्क के राज्य संवत्सर का उल्लेख है। गान्धार कला में ऐसी सुनिश्चितता का अभाव है। फिर यहाँ महासंघिकों का परिवर्तनवादी सम्प्रदाय ज़ोर पकड़ चुका था और बुद्ध की भी बोधिसत्व रूप में प्रतिमा गढ़ी जा रही थी और आगे चलकर तो महायान में एक बुद्ध ही नहीं शताधिक देवी-देवताओं की मूर्तियों का निर्माण एवं पूजन आरम्भ हो गया। न. प. जोशी बुद्ध मूर्ति की शिल्पकला का विस्तृत विवेचन करते हैं जिनमें उनकी देह यष्टि ही नहीं, देह मुद्रा, हस्त मुद्रा और मुख मुद्रा तक का वर्णन एवं वेशभूषा-आसन आदि के उद्‌भवों की चर्चा करते हैं। और आनन्दकुमार स्वामी के इतिहास ग्रन्थ के हवाले से बुद्ध मुंडित मस्तक, दो भौंहों के बीच उर्णा, अभय मुद्रा, चौड़ी छाती, पूरी खुली आँखें तथा स्मितयुक्त मुख, हस्तिनखों वाले प्रभामंडल की चर्चा करते हैं।[12]

शिवराम मूर्ति भी माथुरी मूर्तियों में बुद्ध के प्रसन्नवदन और नमित अवलोकन कर बात करते हैं जो सब प्राणियों के प्रति बुद्ध की करुणा को प्रकट करने में समर्थ है।

माथुरी कला की अन्यतम बौद्ध अभिव्यक्तियाँ मथुरा, सारनाथ और बिहार से प्राप्त बुद्ध मूर्ति में हैं। इनमें सारनाथ बुद्ध तो विशेष सुन्दर हैं। इसमें बुद्ध पद्मासन मुद्रा में प्रथम उपदेश या धर्म चक्र प्रवर्तन कर रहे हैं। यहाँ उनकी मुखमुद्रा में अद्‌भुत प्रशान्ति है और उसे प्रथम उपदेश के साथ जोड़कर देखा जाना चाहिए। कत्रा में भी ऐसी ही मूर्ति मिली है जिसमें बुद्ध की भावव्यंजना मानो पूरे संसार को सान्त्वना देने की सी है। सभी में बुद्ध की करुणा का प्रतीकन हुआ—और इतनी मन्दस्मित से भी मुख ऐसा प्रकाशित हो गया है कि देखते ही बनता है। स्मित है भी या नहीं हम बार-बार परखते से हैं। ये ऐसे मिश्रित भाव से उपजी है जिनमें दुखों के प्रति करुणा, दुख मूल को समझने का भाव और प्रशान्ति एवं स्थिरता का समतोलन है। अतः इनमें शैल्पिक रूपाकार एवं भावव्यंजना का अद्‌भुत मिलन है।

दूसरी ओर मथुरा के स्थानक बुद्ध (गुप्त युग) भी अन्यतम हैं जिसमें बुद्ध के केश, वेश

(चीवर) तथा प्रभामंडल का पुष्प आकल्पन अद्वितीय है।

मथुरा में ही यक्ष-यक्षिणियों की ललित मूर्तियों के साथ-साथ बुद्ध जीवन के रिलीफ़ दृश्यफलक भी हैं। इनमें बुद्ध जीवन की घटनाओं के लिए प्रतीकों का विकास भी दिखता है। जैसे घोड़ा बुद्ध के महात्याग से जुड़ा है तो खड्ग लिए मानवाकार बुद्ध उनके मारसंघर्ष को द्योतित करता है, हाथ से धरती का स्पर्श करना बुद्धत्व प्राप्ति का सूचक है। आनन्द गुरुगे वेंजामिन रोलैंड को उद्धृत करते हुए कहते हैं कि जातक कथाओं एवं स्वयं बुद्ध जीवन कथाओं के सन्दर्भ में माथुरी शिल्पकार ने प्रस्तुति की एक शार्टहैंड पद्धति विकसित की थी।

पश्चिम-भारत का गुहा स्थापत्य

भारत में बौद्धकला के विकास क्रम का चौथा पड़ाव पश्चिम भारत के गुहा स्थापत्य में देखा जा सकता है। यद्यपि चट्टान को कोरते हुए गुहाएँ बनाना और उनमें स्तम्भ, स्तूप आदि आकार छोड़ते जाना वस्तुतः बौद्धों का आविष्कार नहीं। अशोक ने गया के करीब बाराबर पर्वत पर जो लोमश ऋषि की गुहाएँ बनायी थीं वह नागा साधुओं के हित थीं। (चित्र)

लेकिन भारत के पश्चिमी भाग में अरब सागर के किनारे के पश्चिमी घाट की आग्नेय चट्टानों को कोर कर अनेक गुहाएँ बनाई गयी। यह पश्चिमी महाराष्ट्र के सह्याद्री पर्वत शृंखलाओं में हैं जिनमें भज या भाजा, कोण्डाणे, पितलखोरा, अजन्ता, बेदसा, नासिक, कार्ला, कान्हेरी और एलोरा अधिक महत्त्वपूर्ण हैं। इस स्थापत्य को अन्तिम रूप से बौद्धों ने ही साधा—न केवल इन ज्वालामुखी चट्टानों को कोरा बल्कि उत्कीर्णन की सम्भावना का भी भरपूर प्रयोग किया।

पर्वत माला के हृदय में यह एक ऐसे प्रासाद की सृष्टि थी जिसमें विराट स्तम्भ, छतें, भित्तियाँ, कक्ष, उपकक्ष चट्टान को खोद-खोद कर बनाये जाते थे। यह स्थापत्य से अधिक मूर्ति तक्षण की क्रिया के निकट पड़ता था। यहाँ शून्य में ठोस सामग्री ला कर आकार खड़ा करने के बजाय पाषाण में छिपे रूपाकार को प्रकट करना होता था। अनावश्यक पाषाण को काटते हुए उसमें कैद आकृति को अभिव्यक्त करना होता था।

धीरेन्द्रनाथ वर्मा बताते हैं कि पहले पत्थर पर बाह्य रेखाएँ खींच ली जाती थीं। और नीचे से ऊपर जाने के ठीक उल्टा खुदाई का काम छत की ओर से शुरू होता था और धीरे-धीरे नीचे की ओर काटते चले आते थे। पत्थरों को काटने के लिए पहले फावड़े जैसे औज़ारों से नालियाँ

बना लेते और फिर दो नालियों के बीच पत्थर के टुकड़ों को हथौड़ी जैसी भारी वस्तुओं से तोड़ कर निकाल लेते थे। और पूर्व योजना के अनुसार स्तम्भों, स्तूपों तथा अन्य वस्तुओं के लिए प्रस्तर खंडों को छोड़ देते थे। फावड़े के बाद छेनी और हथौड़ी से महीन काम किया जाता—अर्थात् अलंकरण और मूर्तिकरण का काम। लेकिन बहुत बार पत्थरों को तोड़ना, परिष्कृति, समाप्ति एवं सज्जा सब कुछ साथ-साथ चलता रहता था।

अजन्ता के आधार पर वे लिखते हैं कि खुदाई का काम जैसे ऊपर से नीचे की ओर चलता था वैसे ही बाहर से भीतर की ओर चलता था। पहले द्वार मुख बनता, फिर दालान, मंडप, अन्तराल (मंडप और मुख्य मूर्तिवाले प्रकोष्ठ के बीच एक गैलरी) और गर्भगृह या प्रकोष्ठ बनाते थे। सभी अंग उसी तरह ऊपर से नीचे की ओर खोदे जाते थे।[13]

ये गुहाएँ या शैलगृह पहले के काष्ठ से बने प्रासादों या स्मारकों के स्थापत्य के अध्ययन का अच्छा अवसर देती हैं—क्योंकि उन्हीं की प्रतिकृति इनमें उतारी गयी हैं। भाजा एवं कोण्डाने आदि आरम्भिक गुहाओं में काष्ठ के प्रचुर प्रयोग के संकेत आज भी देखे जा सकते हैं। निर्माण के सिद्धान्त की भी अनुकृति दिखती हैं जैसे पाषाण स्तम्भ छत तक पहुँचकर भीतर की ओर मुड़े हैं मानो काष्ठ स्तम्भों की तरह वह छत को थामने का प्रकार्य कर रहे हैं। इन गुहाओं में 10 गुहाएँ ऐसी हैं जिनका समय द्वितीय शती ई.पू. से दूसरी शती ई. तक का है। इनमें हैं भज, कोण्डाने, पितलखोरा, अजन्ता की गुहा 9-10, नासिक, कार्ले, जुन्नार तथा कान्हेरी।

बंगाल की परवर्ती कला

सातवीं शती में जब श्रीहर्ष का शासन समाप्त हुआ तो भारत में बुद्ध धर्म का पतन शुरू हो गया। पहले हूणों के राजनीतिक उपद्रवों से और फिर मुस्लिम आक्रमणों ने बुद्ध धर्म के कदम उखाड़ दिये थे। ऐसे में बंगाल के पाल राजवंश ने बुद्ध धर्म को अवलम्ब एवं आश्रय दिया। उन्हीं की प्रेरणा से भारत में बौद्धकला का परवर्ती चरण विकसित हुआ।

इस कला का केन्द्र बौद्ध शिक्षण का प्रसिद्ध आधार—नालन्दा था। वहाँ की कला से आभास होता है कि न केवल बौद्ध-संघ वरन् बौद्ध-संस्कृति में भी पतन के संकेत एवं लक्षण झलकने लगे थे। यद्यपि खँडहर इमारतें भव्य हैं, तथा मूर्तियों और तरह-तरह की मूर्तियों का वहाँ कोई अभाव नहीं हैं—पर चेहरे पर की भावात्मक जीवन्तता बिछल गयी है।

यद्यपि शिल्पशास्त्र की दृष्टि से यह समय नये बौद्ध देवों के उद्भव एवं विकास का काल है। महायान के अनेक देव एवं अपदेव भारतीय कलाकार के लिए एक चुनौती थे।

यद्यपि बुद्ध धर्म के भारत से लुप्त होने पर कला भी अदृश्य परतों में समा गयी और कोई सात शताब्दियों के बाद पुरातात्विकों के प्रयत्न से प्रकट हुई। पर यह परम्परा आसपास के अनेक देशों में जिन्दा रही। उत्तर में काश्मीर एवं नेपाल से कोरिया और जापान तक, दक्षिण में श्रीलंका एवं मालदीव द्वीपों से जावा तक, पूर्व में बर्मा से वियतनाम तक भारत की बौद्धकला ने अपना प्रभाव प्रसरित किया।

पश्चिम-भारत के गुहा स्थापत्य के कुछ प्रमुख केन्द्र

भज अथवा भाजा

भज में द्वितीय शताब्दी ई.पू. का प्राचीनतम बौद्ध चैत्य भवन पाया जाता है और यह गुहाएँ पश्चिम के तमाम गुहा मन्दिरों में सबसे पुरानी है।

इसके स्थापत्य और शिल्पांकनों में वैसा परिष्कार नहीं है और यह उसकी पुरातनता की गवाही देता है। दूसरी ओर इसका स्थापत्य काष्ठ प्रासाद की बेहद सच्ची अनुकृति है।

सह्याद्री पर्वत शृंखलाओं की जीवित ग्रेनाइट चट्टान में खोदी गयी गुहाओं का यह मानो पहला पृष्ठ है।

इसका चैत्यगृह और इसका मुख कान्हेरी से काफ़ी मिलता जुलता है। इसके मुहार (फसाड) पर जो वेदिकाएँ उत्कीर्ण हैं तथा द्वार के आसपास भारी गहने पहने जो द्वारपाल हैं, वे इसे भरहुत का समकालीन घोषित करते हैं। यह बात प्राप्त सिक्कों (मुद्राओं) एवं अभिलेखों से भी सिद्ध होती है। रूप विधान एवं शैली की दृष्टि से भी यह समान हैं।

स्त्री-पुरुष मूर्तियों के मुख, दैहिक लक्षण, वस्त्रांकन एवं अलंकरण तथा निम्न रीलीफ़ (low relief) में एक पारिवारिक सादृश्य साफ़ है।

भज के दो रिलीफ़ अंकन एक ओर भज की गरिमा दूसरी ओर प्रारम्भिक भारतीय कला के परिचायक हैं। इनमें अवचेतन की एक तरह की आदिम गहनता है और ऊर्जा सीमा के बाहर छलकी सी पड़ती है। एक रथारूढ़ राजपुरुष का बड़ा चर्चित रिलीफ़ है जिसके इर्दगिर्द दो स्त्री छवियाँ हाथ में चामर और छत्र लिए हैं तथा यह राजपुरुष अपने रथ के तले एक विशालकाय दानव को कुचल रहा है। इसे कुछ विद्वानों ने ईरानी प्रभाव कहकर अन्धकार को रौंदते सूर्य का रथ कहा है। इसी तरह हाथी पर सवार राजपुरुष को इन्द्र कहा गया है। हाथी की सूंड में उखाड़ा गया वृक्ष का तना है। क्या ये बरसाती तूफ़ान का अंकन है! इनके नीचे दो दृश्य हैं—एक में एक राजकीय दम्पति नृत्यगान के कार्यक्रम से आनन्द ले रहे हैं तथा दूसरे में अश्वमुखी यक्षी एक पुरुष को रिझाने एवं वशीकरण की कोशिश कर रही है। इन तमाम दृश्य में मूल एवं आदिम भारतीय अवचेतन व्याप्त सा है। निम्न रिलीफ़ होते हुए भी यह छवियाँ आयतन

में भारी हैं तथा आकार के अनुपात में बड़ी। लगता है कि अपनी भीतरी शक्ति से ये पत्थर में भी आगे की ओर बढ़ रही हैं। इनमें रेखाएँ आड़ी (डायगनल) हैं—जिसके कारण छवियाँ चट्टान में से बाहर आती लगती हैं। फिर इनका रूपाकार कठोर चट्टान के बजाय माना गूँधी गयी नर्म मिट्टी के बड़े-बड़े टुकड़ों से रचित होने का आभास देता है।[14]

पीतल खोरा

पीतलखोरा की गुहाएँ विस्तृत एवं सुन्दरता से कोरी गयी हैं। इनमें 3 एवं 4 संख्या की गुहाएँ यद्यपि क्षरण एवं विघटन के कारण उदासी में डूबी हैं तो भी रिलीफ़ अंकनों का एक वैविध्यमय कोष यहाँ से मिला है। और यह भरहुत, बोधगया या साँची के समान ही है।

चैत्य गवाक्ष के बिखरे अवशेष, द्वारपालों की प्रतिमाएँ, चामर-धारिणियाँ, सपक्ष किन्नर, यक्ष-यक्षियाँ, पद्म एवं नागकेशर के पुष्प (हनी सकल) अभिप्राय, प्रेम भाव में लीन दम्पति, संगीतज्ञ, पुष्प एवं पल्लव, वेदिकाएँ, स्तूप वगैरह इस दृष्टि से कोई सन्देह नहीं रहने देते।

गुहा संख्या 3 के दो स्तम्भों पर दो दान विषयक अभिलेख प्रतिष्ठान के लोगों के हैं (आधुनिक पैठन—जिसका उल्लेख एरीथ्रियन सी के पेरीपल्स में पश्चिमी तट की एक विकसित बन्दरगाह के रूप में हुआ है तथा जिससे इसका समय दूसरी या पहली सदी ईसा पूर्व ठहरता है। यह अभिलेख संकेत करता है कि पीतल-खोरा समय-समय पर सुदूर या निकटवर्ती (विदेशी भी) लोगों द्वारा बनाई गयी। भग्नावशेषों में एक ऐसा रिलीफ़ मिला है जिसमें एक विदेशी दम्पति का अंकन है। द्वारपालों की वेशभूषा भी विदेशी सम्पर्क की कथा सुनाती है। यद्यपि मुखाकृति एवं दैहिक लक्षणों में वे खासे भारतीय हैं।

भरहुत, बोधगया और साँची के समरूप होकर भी तकनीकी रूप से पीतल खोरा की कला उनसे ज़्यादा विकसित और उन्नत है। यहाँ कलाकार की छेनी ने पत्थर को गहरे काटा है अतः अंकन ज़्यादा भास्वर, उदग्र एवं ऊर्जावान् हैं। रूपाकारों में ज़्यादा गोलाइयाँ और शक्ति है और अपनी शैल्पिक अभिव्यक्ति में इनकी तुलना साँची स्तूप के पहले और तीसरे तोरण द्वार के रिलीफ़ से की जा सकती है। गुफ़ा संख्या चार में द्वारपालों की प्रतिमाएँ तथा दरवाज़े के चौखटे पर गजलक्ष्मी इसी ओर संकेत करती है।

कोण्डाने

कोण्डाने की बौद्ध गुफ़ाएँ भज की गुफ़ाओं से कुछ बाद की हैं। यहाँ 16 खुदाइयाँ हुई हैं। कोण्डाने एक छोटा-सा गाँव है। लोनावला से 33 किलोमीटर उत्तर में है और मध्य रेलवे के ठाकुरवाड़ी से पूर्व में 5 कि.मी. है। यह गुफ़ाएँ उन्हीं पर्वतों पर हैं जहाँ राजमाची एवं श्रीवर्धन किले हैं। यह गुफ़ाएँ समुद्र तट से लगभग 30 मीटर ऊपर है तथा एक दुर्गम पर्वतीय रास्ता इन तक जाता है। पश्चिमी

घाट के घने जंगलों में यह छिपी सी हैं। चट्टानों के खिसकने से, तथा मानसून की बौछारों के दीर्घ प्रहारों से, तथा कुछ चट्टानी ख़राबियों के कारण इन गुहाओं को ख़ासा नुक़सान पहुँचा है।

कोण्डाने की पहली गुहा एक चापाकार चैत्य है और काफ़ी भग्नप्राय है, कारण चट्टान की निचली परतें ख़राब हैं। इसके मुख (फसाड) पर भाजा का प्रभाव स्पष्ट है तथा चैत्य के बाहर दोनों तरफ़ एक बहुमंज़िला प्रासाद का आभास दिया गया है जिसका चरम सौन्दर्य कार्ला में प्राप्त होता है। सुत्तपिटक में ऐसे छज्जों, खिड़कियों वाले ऊँचे महल को 'हत्थनख प्रासाद' कहा गया है कि उसके द्वार पर हाथी भी वामन सा लगता है। चैत्य की छत गजपृष्ठाकार (मानो हाथी के पेट में बैठ कर देखें) है और छत पर लकड़ी की कड़ियाँ आज भी अवशिष्ट हैं। यह काष्ठ-स्थापत्य की योजना का मानो जीवित प्रमाण हमें देती हैं।

चैत्य में एक स्तूप है जिसमें मेधी, वेदिका, अंड, हर्मिका और छत्र सभी भाग हैं और उसके गिर्द प्रदक्षिणा पथ के संकेत हैं। बाहर अंकित बहुमंज़िले प्रासाद में जो पीपल पत्रनुमा चैत्य वातायन बनाये गये हैं वे मुख्य चैत्य वातायन के ही प्रतिरूप हैं।

कोण्डाने के दो शिल्पांकन सातवाहन कला के गौरव हैं। गुहा मुख के बायीं ओर एक यक्ष प्रतिमा का केवल शिर भाग शेष है और उसका आकार मानवाकृति से लगभग दुगना है। गहरे रिलीफ़ में कोरा गया यह बेहद सुन्दर एवं परिष्कृत शिल्पांकन है जो शायद इस स्थान का संरक्षक दैवात्म रहा गया। पीतल खोरा के यक्ष की तरह इस पर शिल्पकार का परिचय देने वाला अभिलेख भी है। *'कान्हासा अन्तेवासिना बलकेन कतम्'* कि कान्हा के (कृष्ण) शिष्य बलकः द्वारा बनाया गया। कान्ह ने पीतल खोरा का यक्ष बनाया था। कोण्डाने के यक्ष का एक कान शंकुकर्ण है जो महाभारत के वनपर्व में उल्लिखित सन्दर्भ से मेल खाता है।

शिल्पकला का दूसरा गौरव इसके ऊपर नाचते, स्त्री-पुरुषों की लम्बी पट्टिका है। इनका शिल्पांकन, इनकी देहों की मुद्राएँ एवं लय सातवाहन कला की कान्ति बढ़ाती हैं। हाथों में ढाल लिए ये नाचती युगल मूर्तियों अतिभंग वाली और प्रसन्न वदन हैं।

यह हीनयानी चैत्य है और शायद महायानियों का आगमन यहाँ नहीं हुआ। यह भाजा के बाद की पुरानी गुफ़ाओं में एक है और इसमें चैत्य का विकास देखा जा सकता है।

इसके साथ में काफ़ी ऊँचाई पर एक विहार है (निचली परत को छेड़ा नहीं गया है) जिसमें स्तम्भों वाला आयताकार मंडप है तथा साथ ही रहने के कक्ष बने हैं। इसकी छत पर चित्रकारी के संकेत अवशिष्ट हैं—पुष्प और रेखागणित के से आकार। तीसरी गुहा 9 कक्षों वाला एक सादा विहार है। फिर यहाँ एक अधभरा पानी का भंडार या पोढ़ी है, दो छोटे कक्ष और अन्ततः दो पानी पोढ़ियाँ हैं।

अजन्ता

सघन वनों में सह्याद्रि पर्वत शृंखला इंध अद्रि स्थित है। इन्हीं पहाड़ियों में दो सौ पचास फीट ऊँची अर्धवृत्ताकार चट्टानों को खोद कर अश्मगृहों का निर्माण हुआ है। घाटी में बघीरा नदी बहती है। कुल तीस गुफ़ाएँ हैं।

औरंगाबाद से 64 मील उत्तर में स्थित ये गुफ़ाएँ अपनी महानतम चित्रकला के लिए दुनिया भर में जानी जाती हैं। अतः यह भारतीय समाज एवं संस्कृति, धर्म दर्शन एवं कला का महत् एवं गौरवमय केन्द्र है। यह एक ऐसा केन्द्र है जिसका प्रभाव सागर की सीमाओं के परे, अफ़गानिस्तान, रेतीले मध्य एशिया और सुदूर चीन में तुनह्वांग गुफ़ाओं तक पहुँचा था। इस ऊँची घाटी में कम-से-कम

दो सदियों तक महान कला का, धर्म के आकलन का मौलिक ताना बाना बुना गया और उसने बौद्ध कला को गहराई से प्रभावित किया।

अजन्ता के प्राचीनतम पाँच विहार (रहने की गुफ़ाएँ) 3, 8, 12, 13 और 15वीं वस्सावास के लिए बनी थीं। बाद में तो ज़्यादा दिन एक जगह न रहने के नियम शिथिल होने लगे थे और श्रमण वहाँ रहकर ग्रन्थों का संकलन इत्यादि किया करते थे। सबसे बढ़कर वहाँ भारत का सांस्कृतिक जीवन फल-फूल रहा था।

अजन्ता के 10वीं गुहा विराटतम चैत्यग्रहों में एक है—100 फीट लम्बी, 40 फीट चौड़ी और 33 फीट ऊँची। पर नौवीं गुहा अपने चैत्य वातायन के चरम विकास एवं सौन्दर्य के कारण उल्लेखनीय है। पीपल पत्र के आकार की यह खिड़की अजन्ता मात्र का प्रतीक बन गयी है। इस गुहा की छत चित्रमय है।

इनमें गुहा 9 और 10 सबसे पुरानी हैं और इन्हीं में पुरातनतम कला के नमूने मिलते हैं। श्री धीरेन्द्रनाथ के अनुसार ये गुहाएँ सम्भवतः ई.पू. पहली या दूसरी सदी में खोदी गयीं। नौवीं गुहा के प्रवेश द्वार के कुछ ऊपर चैत्यवातायन है। मुहार के (फसाड) बगल की दीवारों पर वरदहस्त मुद्रा में बुद्ध की दो विशालकाय प्रतिमाएँ खुदी हैं जो निश्चय ही बाद की हैं। क्योंकि ईसा पूर्व प्रथम सदी में बुद्ध की मनुष्य रूप में मूर्ति न होती थी।

धीरेन्द्रनाथ वर्मा लिखते हैं कि इस गुहा में चित्रों की दो तहें हैं। वे बताते हैं कि पुराने समय में पुराने चित्रों को नष्ट न किया जाता था। जब चित्र भंग होने लगते तो उन्हें बिना नष्ट किये उनके ऊपर चित्रों की एक दूसरी परत चित्रित कर दी जाती थी। जहाँ-जहाँ ऊपरी चित्रों की तह बिगड़ी है, वहाँ निचली तह के चित्र दिखाई पड़ते हैं।

इस गुहा में स्तूप की पूजा को जाते लोगों के दल चित्रित हैं—स्तूप का आकार ई.पू. के साँची और भरहुत के जैसा अर्धवृत्ताकार है। लोगों के पहनावे भी समसामयिक मूर्तियों से मेल खाते हैं। उनकी पगड़ियाँ कार्ला की मूर्तियों से तुलनीय हैं (आध्र मूर्तियों में भी मुरेठेदार साफ़े हैं)। चेहरे भारी हैं, आभूषणों में बड़ी बड़ी मोती-मालाएँ हैं—जिनमें चौकोर नग हैं, कानों के आभूषण बड़े, हाथों के मोटे कड़े और कमरबन्द प्रमुख हैं। इनमें गुप्तकालीन एवं वाकाटककालीन चित्र भी हैं। इसमें बुद्ध की धर्मचक्र प्रवर्तन मुद्रा के चित्र भी हैं।

गुफ़ा संख्या 10 में छदन्त और श्याम जातक के चित्रों की रेखाएँ मानो तमाम पूर्व की सम्पत्ति हैं। कलाकार का प्रकृति से गहरा अनुराग, आन्तरिक आह्लाद चित्र में समाया हुआ है। छदन्त जातक जिसमें बोधिसत्व हाथी के रूप में है, अनुपम कृति है। इसमें हाथी की पत्नियों, उनकी ईर्ष्या और फिर अगले जन्मों की कथा में प्रतिशोध और पश्चात्ताप का मार्मिक वर्णन हो पाया है। पेचीदा कहानी को यों चित्र में ढालना कथात्मक चित्रकला का बेजोड़ नमूना है। इस गुफ़ा में जो बुद्ध मूर्तियाँ बाद में बनी हैं—वे मध्य एशियाई और गान्धार शैलियों के निकट हैं।

अजन्ता की महिमा का सबसे बड़ा आधार पहली गुफ़ा में पद्मपाणि बोधिसत्व का चित्रांकन है। अपनी क्लासिक रंगयोजना में, सौम्य एवं करुणा से भरी दृष्टि में, त्रिभंगी मुद्रा की कोमलता में, रेखाओं के अविरल बहाव में और बोधिसत्व के चहुँ ओर के संसार में पहाड़ियाँ, वानर, मयूर, गन्धर्व, किन्नर और एक श्यामल राजकुमारी का सम्पूर्ण प्रभाव बहुत सुन्दर है।

गुहा संख्या 16 में बायीं वीथी में सौन्दर नन्द की कथा चित्रित है। इसी वीथी की भित्ति पर मृण्मय राजकुमारी का प्रसिद्ध चित्र है। शय्या पर गिरी राजकुमारी अवसाद में डूबी है। उसके

हाथ-पैर मानो बेजान हो चुके हैं—शायद यह मूर्च्छा का अंकन है। दासियाँ और सेवक उसके गिर्द हैं, चिन्तित हैं, एक मयूर भी सिर झुकाए उदास भंगिमा में है, यह मरण नहीं, आजीवन विरह का ज्ञान है।

पहली गुहा के अन्तराल में बायीं भित्ति पर मारविजय का बेहद वैविध्यमय दृश्य है जिसमें गौतम का भूमिस्पर्श मुद्रा में भू देवी को साक्षी रूप में बुलाना, मार की सेना का उन्हें घेर कर खड़े रहना, उन्हें भयभीत करने का प्रयत्न, तथा बुद्ध के पास मारकन्याओं की कामुक एवं लोलुपतापूर्ण हावभाव से रिझाने की कोशिशों की सफ़ल अभिव्यक्ति हुई है।

यों अजन्ता के चित्रों पर लिखना तो एक स्वतन्त्र ग्रन्थ का विषय है क्योंकि एक-एक चित्र स्वयं में बेजोड़ है। कला एवं समाज का तत्कालीन रूप, सौन्दर्य के आदर्श, दर्शन, धर्म एवं नैतिकता की कथाएँ, मनुष्य मन के गहरे भाव, वस्त्राभूषण इत्यादि सब इन चित्रों में समाए हैं।

गुहा संख्या 19वीं अपनी मूर्तियों के कारण प्रसिद्ध है और इसे मूर्तिकार का कोष कहा जाता है।

कुल मिलाकर ओवेन सी. कैल की इस धारणा से हम सहमत हैं कि इन गुहा-भित्ति-चित्रों की रचना धर्म प्रचार के लिए ही हुई होगी—पर देखने वाले के हृदय पर जो छाप पड़ती है वह एक धर्मनिरपेक्ष संसार और प्रकृति की है। यहाँ इस संसार में महलों में राजकुमार हैं, अपने निजी कक्षों में रमणियाँ हैं, वाहक एवं दास हैं, वैरागी एवं योगी हैं, भिखारी हैं, किसान हैं तथा भारत

भूमि के तमाम पशु, पक्षी और फूल पौधे हैं।[15] यह पूरा संसार इन मन्द रौशनी वाली गुहा-भित्तियों पर न जाने कब से झिलमिला रहा है, झाँक रहा है अतीत के जल में से। न जाने कितने कलाकारों के मननशील एवं धैर्यवान हाथों का स्पर्श, उनका अन्तर, इन भित्तियों पर उभरा हुआ है।

एलोरा

अगर अजन्ता बौद्ध चित्रकला का तीर्थ है तो एलोरा की गुफ़ाएँ एक दूसरा पक्ष प्रस्तुत करती हैं—अर्थात् मूर्तिशिल्प का पक्ष। एलोरा की बौद्ध गुहाओं का स्थापत्य अजन्ता से भिन्न है। इनमें कहीं गहरे वैराग्य एवं संन्यास का भाव छिपा है। इससे लगता है कि ये गुफ़ाएँ पहले थेरवादी भिक्खुओं का आवास थीं। एलोरा की बौद्ध गुहाओं में हिन्दू एवं जैन गुहाओं जैसी सुन्दरता और कला पूर्णता नहीं हैं।

कुछ उल्लेखनीय मूर्तिशिल्पों में गुहा संख्या चार में बोधिवृक्ष के तले बुद्ध तथा हाथ में कमल लिए बोधिसत्व की प्रतिमा है। गुहा संख्या 9 के द्वार की चौखट के अलंकरणात्मक अभिप्राय, गुहा संख्या आठ में राजा शुद्धोधन एवं रानी तथा राजकुमार सिद्धार्थ तथा दसवीं गुहा की मूर्तियाँ उल्लेख्य हैं।

इसी तरह विश्वकर्मा गुहा के नाम से जानी जाने वाली गुफ़ा भी भारतीय स्थापत्य का सुन्दर नमूना है। गुहा संख्या 12 में दो ऊपरी मंज़िलें हैं—सीढ़ियों और कक्षों वाले चैत्य तथा विहार। लगता है कि ये बौद्ध कृतियाँ तीसरी एवं सातवीं शती ई. के पश्चात् की हैं।

कार्ला

कार्ले का चैत्यभवन यों तो भज के समान है और विद्या देहीजा के शब्दों में यह बेदसा चैत्य की

योजना का ही विस्तार है। कार्ले की चैत्य गुहा सबसे बड़ी है—124 X 45 तथा इसकी गजपृष्ठाकार (हाथी की पीठ जैसी) छत 46 फीट की ऊँचाई तक उठती है।

एक अभिलेख में इसे चट्टान काट कर बनाया गया जम्बू द्वीप का सर्वश्रेष्ठ प्रासाद कहा गया है। कार्ले की गुहाओं को शैल गृह भी कहा गया है। डी.डी. कौसांबी इस शब्द से बरामदे के पाँच मंज़िला रिलीफ़ प्रासाद का संकेत पाते हैं।

मालवली रेलवे स्टेशन के 5 कि.मी. उत्तर की ओर तथा मुम्बई से इनकी दूरी 91 किलोमीटर है। कार्ले की गुफ़ाओं तक बौद्धों ने सीढ़ियों का निर्माण भी किया है। यहाँ एक विराट चैत्य तथा कई खँडहर हो चुके विहार हैं। कार्ले के अभिलेखों का ही ऐतिहासिक मूल्य नहीं—वरन् उसका भव्य स्थापत्य, उसके जीवन्त शिल्पांकन भी उसे विश्व के महत्त्वपूर्ण स्मारकों में से एक का दर्ज़ा सहज ही दे देते हैं।[16]

विद्या देहिजा कहती हैं कि यहाँ के स्तम्भों का स्थापत्य पूर्ण विकसित है—यहाँ घंटाकृति के या कमलदल बेदसा की तरह स्पष्ट नहीं। वृषभ वाले स्तम्भशीर्ष का यह दूसरा चरण है। अब स्तम्भों के ऊपर एक पशु पर एक एक सवार (बेदसा) की जगह यहाँ स्त्री-पुरुष अर्थात् दम्पति हैं।[17]

मुहार (फसाड) के दोनों और मूलतः एक-एक स्वतन्त्र स्तम्भ था। यह सिंह स्तम्भ लगभग 15 मीटर ऊँचे अर्थात् सारनाथ के अशोक स्तम्भ जितने रहे होंगे। दायें हाथ का स्तम्भ अब भंजित हो चुका है और उस जगह अब एकवीरा का मन्दिर है।

कार्ला में मुहार के आगे स्क्रीन है। मुहार पर के अलंकरण विराट एवं अद्भुत हैं। इनमें हैं चैत्य वातायनों के आकल्पन, शिल्पित आकृतियाँ। बरामदे में और आर्च के दोनों ओर अनेक पट्टियाँ हैं—एक के ऊपर एक—जिनमें चैत्य वातायन एवं वेदिकाओं की पट्टियाँ हैं, गज पंक्तियाँ हैं।

यहाँ महायानी बौद्धों द्वारा कई संशोधन किये गये थे।

हाथियों के ऊपर की पट्टिका को काट कर उनमें बुद्ध एवं उनके संरक्षकों की मूर्तियाँ बनाई गयी हैं। द्वार के दोनों ओर के दम्पति यद्यपि कान्हेरी की ही तरह मूल योजना का ही हिस्सा थे। हालाँकि बीच की जगह में पद्मपाणि और मंजुश्री के बीच सिंहासन में बैठे बुद्ध बाद के हैं, उनके पैर कमल पर हैं, जो कि एक चक्र पर है और चक्र के नीचे दो मृग हैं (ईसी पत्तन के मृगदाँव का सूचक जहाँ बुद्ध ने अपना प्रथम उपदेश दिया था।

आनन्दकुमार स्वामी, जेम्ज़ फर्ग्यूसन, नीहाररंजन राय, विद्या देहिजा आदि तमाम विद्वानों ने कार्ले के शिल्पांकनों की भूरि-भूरि प्रशंसा की है।

विद्या देहिजा कहती हैं कि कार्ले के मिथुन विराट, प्रशान्त, बेहद सन्तुलित और भव्य हैं कि बरामदे में कदम रखते ही ध्यान अपनी ओर खींच लेते हैं। यह शिल्पांकन गहन रिलीफ़ में काटे गये हैं तथा शिल्पी का ध्यान देह की गोलाइयों, रेखाओं और आयतन का प्रभाव दिखाने की और है—ऊपरी सज्जात्मक बारीकियों की ओर कम। तमाम आरम्भिक बौद्ध गुहाओं में ये आकृतियाँ सबसे सुन्दर हैं—यद्यपि वहीं कमतर सौन्दर्य के मिथुन भी हैं। ये भेद कारीगरों की प्रौढ़ता एवं हाथों का है। वक्र रेखाओं के बीच में अतिभंग वाले नृत्य करते मिथुन को समा देना कलाकार की कुशलता का परिचायक है। इन्हें मिथुन कहें या दानी दम्पति, यह बहस विद्वानों में चलती आयी है। मिथुन हैं तो उद्दाम शृंगारिकता का भाव होना चाहिए और अगर दानी दम्पति है तो अभिलेख में यह दर्ज़ होना चाहिए, कारण दान विषयक अभिलेख लिखे जाते थे ही।

चैत्य मंडप का प्रवेश-द्वार तीन भागों में बँटा है, ओवेन कैल लिखते हैं कि बीच का द्वार महत्त्वपूर्ण राजसी लोगों और पुरोहितों के लिए था; मुख्य द्वार के दोनों ओर फर्श का नीचे होना एक अनुमान को प्रेरित करता है कि उसमें जल भरा रहता था और उपासक उस जल से गुज़र कर भीतर प्रविष्ट होते थे।

भीतरी चैत्यभवन तो भव्य है ही कि उसकी खामोश भव्यता में डूबे खड़े हमें आभास होता है कि कैसे भिक्खुओं और उपासकों की पदचापों से, पीले चोगों में भिक्खुओं के गम्भीर मन्त्र घोष से यहाँ की खामोशी टूटती थी। लगभग 37.8 मीटर लम्बे और 13.9 मीटर चौड़े और 14 मीटर ऊँचे इस मंडप को कार्ले का महान चैत्य कहना गलत नहीं। दोनों ओर पन्द्रह पन्द्रह स्तम्भ मटके के आधार वाले हैं ऊपर घंटाकृति शीर्ष है, हस्तियों पर दम्पति बैठे अंकित हैं। भीतर हाथी की जगह घोड़े हैं—लगता है, ये सब राजसी वैभव के सांस्कृतिक प्रतीक हैं, अपने राजसी हस्तियों पर सवार ये लोकपालक स्वयं बुद्ध के चैत्य के सम्मुख श्रद्धा एवं विनम्रता से झुके हुए हैं।

दायें हाथ के आठवें स्तम्भ पर एक स्तूप (एक दागोबा) अंकित है जिसके एक ओर चक्र प्रतीक तथा दूसरी ओर सिंह स्तम्भ है।

ओवेन कैल के अनुसार यह सम्भवतः मौर्य के बाहर के सिंह स्तम्भ का डिज़ाइन था। दागोबा के पीछे के सात स्तम्भ सादे अष्टकोणीय स्तम्भ हैं, पर प्रवेश गैलरी के चार स्तम्भ सबसे अलग हैं।

चैत्य मंडप के इन शिल्पांकित स्तम्भों के शीर्ष से गजपृष्ठाकार छत की उठान शुरू होती है—जहाँ काष्ठ की पट्टियाँ अभी तक हैं—जबकि उनके वहाँ होने का प्रयोजन समझ में नहीं आता—अवलम्ब का प्रकार्य तो वे यहाँ करती नहीं—शायद मन्त्रों की अनुगूँज को समा लेने के लिए उन्हें लगाया गया हो।

इस चैत्य मंडप की सबसे बड़ी विशेषता इसका चैत्य वातायन है जिस पर प्रकाश का जादू भरा खेल था। कार्ले में प्रकाश की किरणें सबसे पहले चट्टान की स्क्रीन से छनती थीं। तब

खिड़की की ग्रिल से भंजित होकर स्तूप पर समान रूप से पड़ती थीं—जबकि शेष मंडप अँधेरे के धुँधलके में डूबा रहता था। चौड़े स्तम्भों के कारण दीवारें तो दिखती भी न थीं—और दीवारों में कोई सूराख भी न था।

कार्ला के अभिलेखों में नहपान और उषाभदंत के नाम ज़मीन के सिलसिले में आते हैं, जिसके लगान को भिक्खुओं के हित खर्च किया जाता था। यह सम्पूर्ण कार्य के समाप्त होने पर ही लिखा गया होगा और 120 ई. पश्चात् की सीमा तय करता है। दो और अभिलेखों में (पोर्च के हाथियों और सिंह स्तम्भ पर) राजा भूतपाल (शुंगकुल के देवभूमि) का उल्लेख है जो लगभग 70 ई.पू. के काल का निदर्शक है।

इस चैत्य के साथ हीनयानी पाषाण गुहा का स्थापत्य अपने चरम पर पहुँच गया था—क्योंकि इसके बाद जो इसके अनुगामी प्रतिरूप बने उनमें शैलीगत पतन दिखने लगा—अनुपात बिगड़ने लगे, शिल्पांकनों की भीड़ बढ़ने लगी जो भव्यता और बोध की सादगी को भंग करने लगी।[18]

कार्ला के शेष स्थापत्य ज़्यादातर तो विहार हैं—सादे किस्म के, और उनमें कुछ में बैठने या लेटने की आसंदिकाएँ (बेंच) हैं, जल के कुंड या पानी पोढ़ियाँ हैं।

पादटिप्पणियाँ

1. कुमार स्वामी, ए.के., हिस्ट्री ऑफ़ इंडियन एंड इंडोनेशिया आर्ट, (लन्दन : लीपजिग, गोल्डस्टन, 1927) पृ. 12-14)
2. हर्बट मारक्यूज़, एन एस्से ऑन लिबरेशन (इंग्लैंड : पेंग्विन बुक्स, 1969) पृष्ठ 33-37
3. जूलिया क्रिस्तेवा, द ब्लैक सन (न्यूयॉर्क : कोलम्बिया यूनिवर्सिटी प्रेस, 1992) पृष्ठ 15-18
4. आनन्द डब्ल्यू.पी. गुरुगे, बुद्धिज़्म—द रिलीजन एंड इट्स कल्चर (मद्रास : एम शेष चलम एंड कम्पनी, 1975) पृष्ठ 105
5. पी.बी. बापट एवं नलिनाक्ष दत्त (बौद्ध धर्म के 2500 वर्ष) (दिल्ली : पब्लिकेशंस डिविजन, 1956) पृ. 125
6. राधाकमल मुखर्जी, उद्धृत (मज्झिम निकाय) द कल्चर एंड आर्ट ऑफ़ इंडिया (नयी दिल्ली : मुंशीराम मनोहरलाल, 1984) पृष्ठ 85
7. आनन्द वी. गुरुगे, बुद्धिज़्म—द रिलीजन एंड इट्स कल्चर (मद्रास : एम शेष चलम एंड कम्पनी, 1975) पृष्ठ 125
8. हरमन गोएत्ज़, फाइव थाउजेंड ईअर्स आफ इंडियन आर्ट (लन्दन : मेथ्यून, 1958) पृष्ठ 53-54
9. सी. शिवराम मूर्ति—बौद्धकला का संक्षिप्त पर्यवेक्षण (बौद्ध धर्म के 2500 वर्ष) (दिल्ली : पब्लिकेशंस डिविजन, 1956) पृष्ठ 196
10. आनन्द वी. गुरुगे—द रिलीजन एंड इट्स कल्चर (मद्रास : एम शेष चलम एंड कम्पनी, 1975) पृष्ठ 117
11. नीलकंठ पुरुषोत्तम जोशी, मथुरा की कला (मथुरा : पुरातत्व संग्रहालय, 1965) पृष्ठ 15
12. न.प. जोशी, मथुरा की कला (मथुरा : पुरातत्व संग्रहालय, 1965) पृष्ठ 21
13. धीरेन्द्र नाथ वर्मा, अजन्ता की गुहाएँ (हैदराबाद : मिलिंद प्रकाशन, 1961) पृष्ठ 54-55
14. निहार रंजन राय, मौर्य एंड पोस्ट मौर्य आर्ट (नयी दिल्ली : इंडियन काउंसिल ऑफ़ हिस्टारिकल रिसर्च, 1975) पृष्ठ 76
15. ओवन सी. कैल, बुद्धिस्ट केव टेम्पल्ज़ ऑफ़ इंडिया (मुम्बई : तारापोरवाला, 1975) पृष्ठ 80
16. ओवेन सी. कैल, बुद्धिस्ट केव टेम्पल्ज़ ऑफ़ इंडिया (मुम्बई : तारापोरवाला, 1975) पृष्ठ 108
17. विद्या देहिजा, अरली बुद्धिस्ट रॉक टेम्पल्ज़ (लन्दन : थेमज़ एंड हडसन, 1972) पृष्ठ 87
18. ओवेन सी. कैल, बुद्धिस्ट केव टेम्पल्ज़ ऑफ़ इंडिया (मुम्बई : तारापोरवाला, 1975) पृष्ठ 110

चित्रावली

भैज्ञष गुरु (थंका चित्र)

अर्हत नागसेन एवं अभेद तिब्बती चित्र

महासिद्ध कृष्णपाद की मूर्ति

चित्र © ट्रस्टी, छत्रपति शिवाजी महाराज वास्तु संग्रहालय

ताड़पत्र की पाण्डुलिपि, बंगाल, 12वीं सदी

चित्र © ट्रस्टी, छत्रपति शिवाजी महाराज वास्तु संग्रहालय

थंका चित्र पर बौद्ध सन्त मिलारेपा

भरहुत – सिरीमा देवता

सांची : तोरण

सांची : तोरण का एक भाग (वृक्षका)

स्नातरत स्त्रियों का रिलीफ फलक – अमरावती

नागार्जुनकोंडा : बुद्ध जन्म

बोधिसत्व – गांधार कला

तपस्यारत बोधिसत्व – गांधार कला

मथुरा : स्थानक बुद्ध

भज – चैत्यमुख

कार्ला : चैत्य के बाहर का स्थापत्य

कार्ला : स्तम्भशीर्ष पर राजषी दम्पति

कार्ला के मिथुर

अजन्ता – चैत्य गवाक्ष

अजन्ता – नाग दम्पति

अजन्ता : भित्ति चित्र

अजन्ता : पद्मपाणि अवलोकितेश्वर

एलोरा : बौद्ध गुफाएँ

एलोरा : विश्वकर्मा गुफा

एलोरा : अतीत बुद्ध

नालन्दा

नालन्दा : बुद्ध

कान्हेरी का देश और काल

भारत के पश्चिमी घाटों में मनुष्य के हाथों कोरी गयी बारह सौ से भी अधिक गुहाएँ हैं। इनमें कान्हेरी का बौद्ध केन्द्र सौ से भी ज़्यादा गुहाओं वाला एक बड़ा और महत् केन्द्र है जो लगभग दस शताब्दियों तक पल्लवित होता रहा और जीवित रहा। बौद्ध धर्म के इतिहास के तीनों क्रमिक चरणों—थेरवाद, महायान तथा वज्रयान को भी यहाँ के गुहा-स्थापत्य, मूर्तिकला एवं अभिलेखों में पढ़ा जा सकता है।

कान्हेरी की कला भारतीय संस्कृति का एक महत्त्वपूर्ण अभिलेख है जो कृष्णगिरि शैल की चट्टानों पर अंकित है। संस्कृति के इस महत्त्वपूर्ण अभिलेख को पढ़ने से पहले इसके देश एवं काल को समझना होगा। अर्थात् इसकी ऐतिहासिक या राजनीतिक पृष्ठभूमि को विद्वानों की खोजों के आधार पर जान लेना होगा।

कान्हेरी : राजनीतिक परिपार्श्व

इस बौद्ध केन्द्र के इतिहास का उल्लेख ग्रन्थों में नहीं है। लेकिन इतिहास के स्रोत कई होते हैं। जिनमें इतिहास प्रत्यक्ष रूप ग्रहण कर लेता है। भारत के अवशिष्ट स्मारक, महान स्थापत्य, पुरानी मूर्तिकला, पुराण, भित्तिचित्र, अभिलेख स्वयं साक्षात् इतिहास हैं—जो वरदान की तरह हमारी आँखों के आगे प्रकट हुए हैं और हमें हमारे देश काल से परे ले जाकर एक अविच्छिन्न शृंखला का हिस्सा बना देते हैं। तुच्छताओं और भवचक्र में फँसी हमारी आत्मा के पंख निकल आते हैं और हम इन गुप्त चाबियों से संस्कृति एवं इतिहास के रहस्यमय दरवाज़े खोल कर एक भिन्न संसार में प्रविष्ट हो जाते हैं।

हमारे पास इतिहास के स्रोत के रूप में पाषाणों पर, गुहा की भित्तियों पर अंकित अभिलेख हैं—जिनके अर्थों को पढ़ा जाता है और इतिहास के दिये जलने लगते हैं। यही नहीं इन शिलालेखों में लिपि के (भाषा तो है ही) रूप भी समय एवं काल का पता देते हैं (एपीग्राफ़ी)। इतिहास का दूसरा स्रोत बहुत बाद में आये विदेशी तीर्थ यात्रियों के वर्णन हैं। ह्वेनसांग ने पश्चिमी भारत की यात्रा सांतवीं शती में की थी और यहाँ उसे विहार मिले थे। हीनयान और महायान दोनों सम्प्रदायों का भी उसने उल्लेख किया है। तीसरा स्रोत स्थापत्य के रूप हैं, उनमें आने वाले परिवर्तन हैं, उनका पदार्थ है, पदार्थ को ढालने वाले कौशलों का विकास है। तमाम गुहा समूहों के चैत्य वातायनों के रूपों का ही विकास देखें तो उसके क्रमिक विकास का बोध होता है। विहार, स्तम्भ, प्रांगण, स्तूप सबके आकल्पनों में एक विकास दिखता है। और फिर मूर्तियों के रूप, अभिप्राय, उनकी रेखाएँ, आयतन और शैलियों में भी तो कला के इतिहास की, सौन्दर्यबोध के विकास की कथा छुपी रहती है। और फिर सौन्दर्यबोध, उसमें छिपे विचार, भाव और दर्शन भी अपने समय की तमाम परिस्थितियों एवं सामाजिक दशाओं से नाभिनालबद्ध होते हैं।

श्री धीरेन्द्र नाथ वर्मा प्रारम्भिक चैत्यगृहों की निर्माण शैली के परिवर्तन या विकास से बौद्ध

धर्म की विकसनशील प्रवृत्तियों की चर्चा करते हैं। वे लिखते हैं कि भाजा, कोण्डाने, पीतलखोरा और नासिक में लम्बे समय तक यह निर्माण कार्य चला। यह कार्य लगभग ईसवी सन् से पहले शुरू होकर पहली शती ई. तक चला। यह सातवाहन राजाओं का काल था। दूसरा दौर वाकाटक राजाओं का काल था जब विहारों की लाक्षणिकताएँ कुछ बदलीं। भीतरी दीवारों पर साज सज्जा का वैभव उतरा और मूर्ति-विरोध की जगह मूर्ति- पूजा ने ले ली। कुछ इस कदर कि चैत्यों के स्तूप पर भी बुद्ध की

अजन्ता की गुहा संख्या 26 का भीतरी भाग, स्तूप का महायानी रूप

मूर्तियाँ बनाई जाने लगीं (देखिए चित्र)।

भिक्षुओं के आवास के अलावा अब विहार पूजन का प्रकार्य भी पूरा करने लगे। धीरे-धीरे स्तूप या दागोवा जो बुद्ध का सबसे बड़ा प्रतीक था, पीछे हटने लगा और उसका स्थान बुद्ध मूर्ति लेने लगी तो चैत्य का चापाकर (एपसाइडिल) स्वरूप भी बदलने लगा।[1]

ओवेन सी. कैल तथा शोभना गोखले दोनों ने कान्हेरी के देश को सोपारा से जोड़ा है जिसका प्राचीन नाम सुपारक था। वहाँ से सम्राट अशोक के आठवें और नौवें शिलालेख के अवशेष मिले हैं तथा एक विशाल स्तूप के अवशेष भी जो तीसरी शती ई.पूर्व में सोपारक के महत्त्व को रेखांकित

करते हैं। वहाँ ईंटों के विराट स्तूप के अवशेष मिले हैं जिन्हें वहाँ के लोग 'बुरुदा राजाचा कोट' कहते हैं। इसके भीतर एक के भीतर एक कई मंजूषाएँ मिली हैं—यह मंजूषाएँ ताम्र, चाँदी, पत्थर, स्फटिक एवं स्वर्ण की हैं। सबसे भीतरी स्वर्ण मंजूषा में सोने के फूल और मिट्टी के 13 भंजित टुकड़े हैं जिन्हें बुद्ध के भिक्षा पात्र के हिस्से माना जाता है। शेष तमाम मंजूषाओं में स्वर्ण फूल, चमकते पत्थर तथा सिक्के हैं तथा ताम्र मंजूषा के गिर्द ताँबे की आठ मूर्तियाँ हैं। इनमें सात मानुषी बुद्ध, तथा एक भविष्य के बुद्ध मैत्रेय हैं।

कान्हेरी ही से एक रास्ता दहिसर नाले से घूमता हुआ तुलसी तथा विहार झीलों से आगे मरोल और फिर महाकाली तक जाता है। सोपारक का यह बौद्ध अवशेष मौर्य शासन का असंदिग्ध पुरातात्विक सबूत है। यानी सोपारा एक महत्त्वपूर्ण प्रशासनिक केन्द्र रहा होगा। कान्हेरी के चैत्यभवन से प्राप्त अभिलेख में सोपारकाहार नाम से इसका उल्लेख है। लेकिन कान्हेरी के अभिलेखों में मौर्य काल जितना पुराना अभिलेख शायद कोई नहीं है।

कैल बताते हैं कि सोपारा एक महान बौद्ध केन्द्र ही न था—बल्कि एक सक्रिय बन्दरगाह भी था जहाँ रेड सी तथा पर्सियन गल्फ़ तथा भारत के दक्षिणी भागों, श्रीलंका तथा सुदूर पूर्व तक बीच के समुद्र व्यापार का केन्द्रीय पड़ाव पड़ता था। जुन्नर तथा कल्याण द्वारा चलने वाले ज़मीनी या मैदानी व्यापार का भी यह केन्द्र था। जब समुद्र पीछे हटा तो सोपारा का महत्त्व भी खिसक गया। तो भी कान्हेरी का विराट और फैला हुआ भिक्षु केन्द्र चौथी-पाँचवी शती तक बौद्ध तीर्थयात्रियों को खींचता रहा और यों महायान के आगमन का साक्षी बना जिन्होंने अशोक के पुराने स्तूप का संवर्धन एवं सज्जा कर जीर्णोद्धार किया।[2]

तो यह कान्हेरी पुरातन बन्दरगाहों (समुद्री मार्ग) तथा मैदानी व्यापार केन्द्रों (नासिक, तेर, प्रतिष्ठान—आज का पैठन—जो सातवाहनों की राजधानी था) से दूर न था। और यों आदर्श भौगोलिक स्थिति के कारण बौद्ध धर्म के प्रचार का महत् केन्द्र बन गया था।

सातवाहन काल

इसी काल में, अर्थात् पहली सदी ईसवी में ही कान्हेरी ने महत्त्व प्राप्त किया। विंध्याचल पार के भारत में सातवाहन राजा मौर्य साम्राज्य के बिखरने के बाद प्रखर एवं प्रबल होते गये। सातवाहनों को **दक्षिणाधिपति** कहा गया है। मौर्यों के बाद इनका विशेष अभ्युदय हुआ यद्यपि मौर्य काल में भी आन्ध्रों की प्रसिद्धि थी।

प्राकृत भाषा के महान श्रृंगार ग्रन्थ और ललित पदों के कोष **गाथासप्तशती** के रचयिता या संकलनकर्ता को **हाल सातवाहन** कहा जाता है जो दक्षिणापथ के आन्ध्रभृत्य वंश का एक राजा था। उसी ने शक संवत् की शुरुआत की थी और वह स्वयं प्राकृत कवियों का आश्रयदाता भी था। उसकी राजधानी प्रतिष्ठानपुर या आधुनिक पैठन थी। यह गाथा सप्तशती (शालिवाहनसप्तशती) ई. प्रथम शताब्दी की रचना है—(शालिवाहन शब्द के 'सालाहण' अथवा 'हालाहण' के रास्ते संक्षिप्त होकर हाल बनने की सम्भावना की गयी)। अतः 'सातवाहन' का ही दूसरा रूप 'शालिवाहन' है। **पुराणों** में इस वंश का नाम आन्ध्र है। परन्तु आजकल के आन्ध्रप्रदेश में सातवाहनों के राज्य का कोई अवशेष या लेख प्राप्त नहीं। सब ऊपरले गोदावरी कांठें अर्थात् महाराष्ट्र से प्राप्त हुए हैं। उनके लेख प्राकृत में हैं अर्थात् सातवाहन राजाओं का प्राकृत भाषी तथा महाराष्ट्र होना तो प्रमाणित है पर आन्ध्र होना सही अर्थ में विदित नहीं। शायद आन्ध्रप्रदेश को जीतने अथवा उनमें द्रविड़ रक्त का मिश्रण होने

के कारण वे आन्ध्र कहलाये हों। कर्नाटक के वेल्लारि जिले से पाये गये एक सातवाहन अभिलेख में उस प्रदेश को सातवाहनि-हार कहा गया है, वही सातवाहनों का अभिजन था। गोत्र नामों से वे ब्राह्मण प्रतीत होते हैं। अनुश्रुति (द्वात्रिंशत्पुत्तलिका) के अनुसार वे मिश्रित ब्राह्मण और नागवंश के थे। उनके सिक्कों पर उनके तेलगु या कन्नड़ी उपनाम पाये जाते हैं।[3]

पश्चिमी इतिहासकार प्लिनी ने ईसा के बाद की दूसरी शताब्दी में इनका जिक्र किया है—शायद मेगस्थनीज के वर्णनों के आधार पर—जो उसके समय से बहुत पहले हो चुका था। प्लिनी ने पूर्वी दक्कन के आन्ध्र राज्य की शक्ति का वर्णन उसकी सैन्य शक्ति, दीवारों से घिरे तीस नगरों और ग्रामों तथा दो राजधानियों के रूप में किया है। पुराणों में और बौद्धग्रन्थ 'सुत्तनिपात' में औरंगाबाद के समीप प्रतिष्ठानपुर की चर्चा है।[4]

पुराणों के अनुसार इस वंश में तीस राजा हुए जिन्होंने लगभग 400 वर्षों तक राज्य किया। शिलालेखों और सिक्कों से इनमें से केवल कुछ राजाओं की पुष्टि होती है। (पहली सदी ई.पू. से तीसरी सदी ईसवी तक ये शासक रहे। हालाँकि आरम्भिक सीमा को लेकर विद्वानों में तीन मत मिलते हैं। नीलकंठ शास्त्री, डीसी. सिरकार तथा विद्या देहिजा) इस वंश को क्रमशः तीसरी शती ई.पू., 30 ई.पू तथा 120-110 ई.पू. से शुरू हुआ मानते हैं।

इस वंश का संस्थापक सिमुक (पुराणों में शिशुक, सिन्धुक आदि) था। सिमुक के बाद उसके भाई कन्ह या कृष्ण ने राज्य किया और बाद में उसके पुत्र सातकर्णि ने। वह शक्तिशाली राजा रहा होगा क्योंकि धीरेन्द्र वर्मा बताते हैं कि इसकी और इसके पिता शिमुक की मूर्ति पूना जिले की नानाघाट की गुफ़ाओं में खुदी हुई है। मूर्तियाँ तो काफ़ी नष्ट-प्राय हैं पर नीचे लिखी लिखावट (एपीग्राफ़ी) के आधार पर उसे ईसापूर्व दूसरी शती का माना जा सकता है। सातकर्णी ने कई यज्ञ किये (अश्वमेध तथा राजसूय भी) और दान दाक्षिण्य भी दिया। उसकी रानी नयनिका उसके बाद भी जीवित रही तथा उसके धार्मिक कार्यों का उल्लेख भी नासिक से मिले एक अभिलेख में मिलता है। पैठन में रहने वाले एक राजवैद्य के पीतलखोरा से प्राप्त शिलालेख से भी अनुमान होता है कि वह ई.पू. दूसरी शती में राज्य करता था। इस शिलालेख में राजवैद्य द्वारा दान में दिये विहार का उल्लेख है।

इस वंश के सत्रहवें राजा हल या हाल साहित्यिक कारणों से जाने जाते हैं—सतसई के रचयिता या संकलनकर्ता के रूप में। तेइसवें राजा गौतमीपुत्र सातकर्णी ने क्षत्रप नहपान को हराया था। शोभना गोखले नासिक गुहा के अभिलेख के साक्ष्य से कहती हैं कि उसमें उसके द्वारा क्षरात जाति को उखाड़ कर सातवाहन वंश की महिमा के पुनरुद्धार का अंकन है। मालवा और राजपूताना के अतिरिक्त उसने शकों से उत्तरी महाराष्ट्र (अपरान्तक) को भी जीत लिया था। उसका साम्राज्य विदर्भ से दक्षिण में वनवासी तक फैला था।

कान्हेरी में क्षत्रपों या क्षरातों के बीच में आने का साक्ष्य तो नहीं पर जूनागढ़ के रुद्रदमन के अभिलेख में दक्षिणापथ के स्वामी सातकर्णी को दो बार हराने का उल्लेख है।

शोभना गोखले क्षरातों और सातवाहनों के आवागमन और अभ्युदय-पतन की जटिल ग्रन्थि खोलती लगती हैं। सातकर्णी के पुत्र विशिष्ठी पुत्र पुलमवी द्वितीय ने उसके बाद 24 साल तक राज्य किया जिसके (वशिष्ठीपुत्र शतकर्णा) छोटे भाई का विवाह-सम्बन्ध महा क्षत्रप रुद्रदमन की बेटी से हुआ था। शोभना गोखले बताती हैं कि नासिक में ही 'कान्हागिरि' नाम भी दर्ज़ है। क्षत्रपों और सातवाहनों के सम्बन्ध सिक्कों तथा लिपि में प्रतिबिम्बित होते हैं। कान्हेरी में जो बाँध बनाया गया था उसकी नींव के पत्थर में भी यह सम्बन्ध उल्लिखित हैं और पश्चिमी भारत में बाँध बनाने की

तकनीक का यह पुरातनतम सुबूत है।

पुलमवी की बौद्ध गतिविधियों के प्रमाण भी शोभना गोखले कान्हेरी के अभिलेखों में पाती हैं। अन्तिम प्रसिद्ध सातवाहन राजा यज्ञश्री सातकर्णी था जिसने ईसवी सदी एक सौ सत्तर से उनतीस वर्षों तक राज्य किया। तब कान्हेरी एक विकासशील बौद्ध केन्द्र बन चुका था। चैत्य का निर्माण भी इसी के शासन काल में हुआ। सोपारा स्तूप के अवशेषों में प्राप्त एक चाँदी के सिक्के पर गौतमीपुत्र यज्ञश्री का पोर्ट्रेट मिलता है। इससे तटीय प्रदेशों में उसकी गतिविधि के संकेत मिलते हैं।

सातवाहनों का काल भारत से विदेशियों के सम्बन्धों का, उसके पल्लवन का काल था। शक, पल्लव, यवन भारत में इसी समय आये, बसे और तीन पीढ़ियों के बाद पूरे भारतीय बन गये। रुद्रदमन अभारतीय ही था पर हिन्दू हो गया था। वह शब्द-अर्थ, गन्धर्व, संगीत, न्याय आदि भारतीय विधाओं का गम्भीर अध्ययनकर्ता था।

इनके काल में व्यापार के समुद्री एवं मैदानी मार्ग खूब विकसित हुए—और व्यापार का प्रसार होने से धन-वैभव बढ़ा और फिर धर्मकार्य और दान भी खूब हुआ। इसी बूते पर कला की भी अभिवृद्धि हुई।

शोभना गोखले सातवाहन काल में महारथी और महाभोजियों के राजनीतिक महत्त्व की भी बात करती हैं। गुहा संख्या 98 में अपरान्त की भोजिकी दामिला के दान का उल्लेख है। गुहा संख्या 59 में नागमुलनिका के दान की चर्चा है जो महाभोजी की पुत्री और महारथी की पत्नी थी।

आभीर : सातवाहनों के बाद आभीरों ने नासिक और कान्हेरी क्षेत्रों पर अधिकार किया। पुराणों और अभिलेखीय साक्ष्य के अनुसार सम्भवतः ईसा की तीसरी शती में उनका प्रभुत्व था। पुराणों में दस आभीर राजाओं का उल्लेख है जिन्होंने 67 वर्षों तक राज्य किया। नासिक में ईश्वरसेन का अभिलेख (शिलालेख) नासिक पर उसके प्रभाव का संकेत देता है और ईश्वरसेन 248 ई. के कलचुरि युग का संस्थापक सूत्रधार माना गया है।

कान्हेरी में गोखले गुहा संख्या 74 में माधरी-पुत्र सकसेन के दो शिलालेखों की चर्चा करती हैं। भगवानलाल इन्द्रजी उसे सातवाहन मानते हुए वशिष्ठी-पुत्र पुलमवी का पुत्र या वंशज कहते हैं।

शोभना गोखले कहती हैं कि वह कई बार कृष्णा और गोदावरी क्षेत्रों से प्राप्त कुछ सिक्कों को चलाने वाला माना जाता है। राजा शक सातकर्णी के कुछ सिक्के मिले हैं। लेकिन दो अभिलेखों के आधार पर इनका सम्बन्ध सातवाहनों या आभीरों से स्थापित करना कठिन है।

त्रैकूटक : आभीरों के बाद त्रैकूटकों का आना हुआ। उन्होंने आभीरों द्वारा शुरू किये संवत् का ही प्रयोग किया। डी.सी. सिरकार का मत है कि त्रैकूटक आभीरों के ही वंशज थे तथा उनके उपराजसी परिवार से थे। उन्होंने आभीर राजाओं के अधीनस्थ के रूप में अपरान्त के कुछ भागों पर राज्य किया तथा बाद में इस प्रदेश को सुरक्षा एवं स्थिरता भी दी। इस वंश के दो प्रखर नरेश दाहरसेन तथा व्याघ्रसेन थे जिनकी अपनी मुद्राएँ (सिक्के) थीं। कान्हेरी में एक त्रैकूटक ताम्रपट्ट मिला है जिस पर समय तो अंकित है पर K. 245 (अर्थात् 495 AD) पर राजा का नाम दर्ज़ नहीं। यह ताम्रपट्ट बुद्धरुचि द्वारा चैत्यनिर्माण का हवाला देता है जो (बुद्धिरुचि) सिन्धु विषय के कानंक (Kanaka) ग्राम का निवासी था। पश्चिम भारत के सिन्ध से सम्बन्धों का संकेत भी यहाँ है। मैरीलिन एडवर्ड लीज़ (उद्धृत शोभना गोखले) कान्हेरी के त्रैकूटक चरण को लेकर यह मत रखती हैं कि नाम न होने पर भी त्रैकूटक राजा व्याघ्रसेन ही उस समय अपरान्त के शासक थे। वाकाटकों के अधीनस्थ रहकर वह वाकाटकों का प्रतिनिधित्व कर रहे थे या वहाँ के समुद्री व्यापार

को संचालित कर रहे थे।

अभी तक त्रैकूटक वंश का अन्तिम ज्ञात प्रमाण कान्हेरी से प्राप्त ताम्रपट्ट ही था। लेकिन रत्नागिरी से प्राप्त मध्यमसेन के ताम्रपट्ट मिलने से इतिहास में त्रैकूटकों का यह रहस्यभरा दौर रौशन हो गया है। इसमें वह खुद को अपरान्त का स्वामी कहता है और शिवस्वामी नामक एक ब्राह्मण को तालिकटिहार के गाँव मंडीकलनी को दान में देता है। तालिकटिहार तालघाट का पुराना नाम है जो सोपारा, नासिक और नानाघाट के दर्रों से जुड़ा था।

वाकाटक : अजन्ता की गुहा संख्या 16 में जो अभिलेख हैं उसमें वाकाटक राजा हरिसेन का ज़िक्र है। उसने त्रेकूटकों को हराया, पर किसे हराया यह नहीं कहा गया। हरिसेन ने सम्भवतः चार सौ पैंसठ ईसवी से चार सौ नब्बे ईसवी तक राज्य किया। धीरेन्द्रनाथ वर्मा के अनुसार, इसके साम्राज्य में गुजरात मालवा, दक्षिण कोशल, कुंतल और बरार के भाग भी सम्मिलित थे। उनकी विजयपताका अवन्ति, कोशल, कलिंग, आन्ध्र, लाट त्रिकूट और कुंतल पर युद्ध के बाद फहरी थी। धीरेन्द्रनाथ वर्मा अजन्ता की गुफ़ाओं पर लिखते हुए कहते हैं कि वाकाटकों का शासन विदर्भ में लगभग दो सौ पचास ईसवी में आरम्भ हुआ। ये लोग लगभग तीन सौ सालों तक सत्ता में रहे और पूर्व के बंगाल की खाड़ी से लेकर पश्चिम में अरब सागर तक उत्तर में नर्मदा से दक्षिण में तुंगभद्रा तक इनका साम्राज्य था। पुराणों में इसके संस्थापक का नाम विन्ध्यशक्ति आया है। अजन्ता की 16वीं गुहा में उसका बहुत महत्त्वाकांक्षी वर्णन है—

> *—क्रोधित हो जाने पर देवता भी उसे सँभाल नहीं पाते और जब वह अपने रण बाँकुरे अश्व पर सवार हो जाता था, तो उस घोड़े के खुरों से उठी धूल से सूर्य देवता छिप जाते थे।*

एक अन्य वाकाटक नरेश प्रवरसेन संस्कृत का विद्वान माना जाता है जिसने सेतुबन्ध नाम का नाटक लिखा है।

अजन्ता की तमाम महायान गुफ़ाएँ हरिसेन के समय में ही खोदी गयी हैं। यद्यपि कान्हेरी में वाकाटकों के विषय में कोई प्रत्यक्ष शिलालेखीय प्रमाण नहीं है पर शोभना गोखले कहती हैं कि वाकाटक संस्कृति के निशान एवं चिह्न इन शिलालेखों में धड़क रहे हैं। गुहा संख्या तीन (3) के तीन अभिलेख संस्कृत में हैं जो ब्राह्मी की कीलशीर्ष नुमा और Box headed शैली वाले हैं। एक अभिलेख बुद्धघोष के दान को दर्ज़ करता है जो महागन्धकुटिवारिका था। कान्हेरी में बरियल गैलरी या—निर्वाण वीथी के सामने की घाटी से जो समाधि लेख मिले हैं, वे बौद्ध शिक्षकों के हैं और ब्राह्मी की खास शैली में लिखे गये हैं। शायद वाकाटकों का अंश छोटा था और त्रैकूटक वाकाटक नरेश हरिसेन के अधिनायकत्व में सक्रिय बने रहे (इसलिए त्रैकूटक ताम्रपत्रों पर राजा का नाम नहीं है)। अतः वाकाटकों के अस्थाई चरण के बाद त्रैकूटकों की शक्ति 505/506 ई. में लौटी थी। वाकाटक और त्रैकूटक गुप्त राजाओं के ही अन्तर्गत इस भूभाग पर राज्य कर रहे थे।

कलचुरि : उनके बाद ईसवी सन् पाँच सौ बीस के लगभग कलचुरि इस भाग में सबसे शक्तिशाली हो गये। कलचुरि पाशुपत थे और शिव की लकुलीश के रूप में पूजा करते थे। कलचुरियों को हूणों ने आक्रान्त किया था और उत्तरी भारत का राजनीतिक माहौल पूर्णतया विक्षुब्ध हो गया था।

उत्तर में गुप्तों के साम्राज्य के विखंडन के बाद उत्तरी भारत में राजनीतिक अस्थिरता व्याप्त हो गयी। यशोवर्मन ने हूणों को पराजित भी किया। दक्षिण में भी कई शासक परिवार आये और अन्ततः बादामी के शक्तिशाली चालुक्यों का अभ्युदय हुआ।

अपरान्त जो त्रैकूटकों के आधिपत्य में था, अब मौर्यों के हाथ चला गया और इस राजनीतिक

अस्थिरता ने कान्हेरी के अभिलेखों को भी प्रभावित किया।

बादामी के चालुक्यों के राजा कीर्तिवर्मन ने मौर्य को विनष्ट किया था। अतः शक्तिशाली-चालुक्यों ने कलचुरियों को आक्रान्त किया।

कान्हेरी के आधुनिक सन्दर्भ : मुम्बई के गज़ट में कान्हेरी गुहाओं के बारे में पुर्तगाली यात्रियों के सन्दर्भ हैं। सबसे पहले 1534 ई. में गार्सिया डी. ओर्ता ने इसे मूर्तियों वाले तीन सौ घर कहा है। 1539 ई. में डॉम-जोआओ-डीकास्त्रो को वहाँ महलों जैसी इमारतें, मूर्तियाँ, घर, स्तम्भ, तथा पानी के कुंड नज़र आये। वह पत्थर में तराशा गया एक शहर था जिसमें सात हज़ार लोग समा सकते थे।

डिआगो-डीकोतो 1603 में कान्हेरी आया और उसने दर्ज़ किया कि इन गुहाओं में योगियों का डेरा था। फ्रेयर 1675 में यहाँ आया था और उसने कान्हेरी के खँडहर हो चुके शहर की भव्यता को सराहा था। एक इतालवी यात्री गेमेल्ली कारेरी 1695 में आया और फिर कई योरुपीय यात्री आये।

19वीं शती के मध्य में कान्हेरी के ब्राह्मी अभिलेखों ने योरुपीय विद्वानों को आकर्षित किया। और फिर कान्हेरी के अभिलेखों को पढ़ने के प्रयत्न आरम्भ हुए। इनमें 1847 में बर्ड, 1852 में स्टेवेंसन, 1853 में ले. पी एफ ब्रेट ने 19 अभिलेखों (त्रैकूटक ताम्रपट्ट के साथ) को छपवाया। वेस्ट ने 60 अभिलेखों की प्रतिलिपियाँ बनाईं—और उसी ने कान्हेरी की वरियल गैलरी की खुदाई करवाई। 1853 में रॉयल ऐशियाटिक सोसायटी के जर्नल में उसकी रिपोर्ट प्रकाशित हुई। गुहा संख्या 10 में तो वेस्ट ने रोमन लिपि को पढ़ा कि एन बटफेर, कैथरीन बेक्स तथा जॉन बटफर और जॉन शॉ 1678 में वहाँ आये थे। और यों बरजेस, भगवान जी लाल इन्द्रजी वगैरह ने इसके अभिलेखों पर काम शुरू किया।[5]

पादटिप्पणियाँ

1. धीरेन्द्र नाथ वर्मा, अजन्ता की गुफ़ाएँ (हैदराबाद : मिलिंद प्रकाशन, 1961) पृष्ठ 58
2. ओवेन सी कैल, बुद्धिस्ट केव टेंपल्स ऑफ़ इंडिया (मुम्बई : तारापुरवाला, 1975) पृष्ठ 46
3. शोभना गोखले, कान्हेरी इन्स्क्रिप्शन्स (पुणे : डक्कन कालेज, 1991) पृष्ठ 7
   गाथासप्तशती (वाराणसी : चौखंभा संस्कृत सीरिज, 1967), भूमिका से, पृष्ठ 17
4. धीरेन्द्र नाथ वर्मा, अजन्ता की गुफ़ाएँ (हैदराबाद : मिलिंद प्रकाशन, 1961) पृष्ठ 59
5. शोभना गोखले, कान्हेरी इन्स्क्रिप्शन्स (पुणे : डक्कन कालेज, 1991) पृष्ठ 1 एवं 2

कान्हेरी : समाजार्थिक पृष्ठभूमि

कान्हेरी की बौद्धकला संकेतों की भाषा बोलती है। यों देखें तो दो हज़ार साल पहले का समय बीत चुका है। उसे कभी भी पुनः उसी रूप में पुनरुज्जीवित नहीं किया जा सकता। पर फिर भी इस महान कला ने अपने समय के जीवन एवं समाज के निशान पत्थरों की आत्मा पर छोड़ दिये हैं। वे किसी जादुई और तिलस्मी रोमांच कथा की तरह हमें कई ओर इशारा करते हैं। कभी ये कहते हैं कि मूर्ति छवियों की बारीक, फिर भी सहज भाषा को पढ़ो, जिसमें मनुष्य के रूपाकार से लेकर वेशभूषा, भाव, दर्शन तक छैनी की कलम से लिखा गया है। यहाँ पशु समाज भी है। मनुष्य की कल्पना से रूपान्तरित मिथक भी हैं। इन निशानों में पत्थर के अभिलेख हैं जो उस समय के कई नाम बुदबुदाते हैं—लोगों के, राजाओं के, भिक्षुओं के, व्यापारियों के—उनके उपनाम जो उनके व्यवसाय एवं कर्म को साकार करने लगते हैं। ये नाम जगहों की ओर भी तो इशारा करते हैं। कान्हाशैल, सोपारक, कलियान, पतित्थान, धेनुकटक, सफाऊ, मतवन। अभिलेखों की भाषा भाषाशास्त्रियों के लिए उस समय के समाज का सूत्र बन जाती है तो लिपि के विशेषज्ञों के लिए लिपियाँ, उनकी विभिन्न शैलियाँ समय एवं स्थान के रहस्य खोलने बुनने लगती हैं। वास्तु रूपों और शैलियों के विकास में भी तो उस समय के वास्तु रूपों की, नगर निवेश की, आदर्शों और सौन्दर्य प्रतिमानों की झलक झलकने लगती है। और इन सब को जोड़कर एक समय और समाज मानो जल में छिपे किसी नगर या बस्ती की तरह उभरने लगता है। वह अपने लिए अन्य स्रोतों की खोज करवाता है। पुराण, उस समय का साहित्य, अंकित सिक्के, धर्म दर्शन का इतिहास, ये सब मिलकर अतीत को हमारे सम्मुख ले आते हैं। अतीत हमें छूता है। हम से बात करने लगता है। अपने अनुभव बाँटने लगता है।

अतः हम बरजेस तथा शोभना गोखले के कान्हेरी के अभिलेखीय अध्ययनों, विद्या देहिजा के मूर्ति एवं वास्तु के अध्ययनों, राधाकमल मुखर्जी के कलाभाषा में छिपे सांस्कृतिक निवर्चन तथा रीज़-डेविड्ज़ के बौद्ध भारत के विभिन्न सामाजिक पक्षों के सहारे हम कान्हेरी की समाजार्थिक पृष्ठभूमि का एक स्वरूप निरख सकते हैं, इन तमाम अध्येताओं के प्रति कृतज्ञ होते हुए।

यह सातवाहन काल का एक महान बौद्ध केन्द्र है जहाँ बौद्ध परम्परा का सर्वाधिक दीर्घ एवं अटूट चरण प्राप्त होता है। ओवेन सी कैल ने तमाम बौद्ध गुहा मन्दिरों की काल क्रमिकता के साथ-साथ इतिहास में उनके अस्तित्व और जीवन को भी एक चार्ट में अंकित किया है। 150 से 100 ई.पू. से शुरू होकर यह समय 1000 ईसवी तक अखंडित रूप से चलता है।

सातवाहनों के वंश में एक थे शालिवाहन हाल या सातवाहन हाल, जिनके नाम से प्राकृत की शृंगार मुक्तकों की रचना गाथासप्तशती काफ़ी प्रसिद्ध है। ग्राम जीवन की पृष्ठभूमि में यह प्रणय के संसार का वाहक ग्रन्थ है। घोर लौकिक एवं शृंगारिक (फिर वह गृहस्थ जीवन का प्रेम हो या गृहस्थ जीवन के बाहर का) वर्णन होकर भी इसमें बौद्ध भारत का एक बिम्ब अपने तमाम रंग रूप

में उभर आया है। हाल की यह रचना प्रथम शती ईसवी की मानी जाती है। गाथा के चतुर्थ शतक में यह गाथा है—

कीर मुहसच्छहेहि रेहइ व सुहा पलास कुसुमेहिं।
बुद्धस्स चलण वन्दणपडिएहिं व भिक्खुसघेहि (8)

अर्थात् सुग्गे के ठोर (चोंच) की भाँति पलाश के फूलों से पृथ्वी ऐसे शोभा पा रही है जैसे बुद्ध के चरणों की वन्दना में गिरे हुए भिक्षुसंघ हों।[1] यों तो इस वचन में नायिका की व्यंजना कई तरह की है, तो भी गदराए पलाश पुष्पों की उपमा बौद्ध भिक्षुओं से देना, उपमा के इतिहास में एक क्रान्ति है। ऐसी उपमाएँ जो एक सामाजिक वातावरण या माहौल को लाकर खड़ा कर देती हैं, कम ही मिलती हैं। बौद्ध भिक्षुओं का चीवर रक्तवर्ण होता है। इसी तरह द्वितीय शतक की एक गाथा में भिक्षु रूप में अपने प्रेमी को देखकर नायिका के ठगे खड़े रह जाने का वर्णन है और दोनों को जड़ीभूत देख कौए एक की कठडुलती (चटुक) से और दूसरे के भिक्षा करङ्क से दाने ले भागते हैं।[2] इसी तरह बौद्ध साहित्य एवं ग्रन्थों में चीनी यात्रियों द्वारा बौद्ध केन्द्रों के वर्णन हमें अतीत के कई आशय दे जाते हैं।

सबसे पहले ऐतिहासिक दृष्टि से सर्वाधिक महत्त्वपूर्ण स्रोत अभिलेखों को लेते हैं, जिस पर शोभना गोखले ने अद्‌भुत कार्य किया है। उन्होंने कान्हेरी के प्राप्त अभिलेखों का संग्रह कर उनमें छिपे कई सामाजिक आयामों को खोला है। यह अभिलेख ज़्यादातर दान विषयक हैं। उन्होंने इन अभिलेखों में विभिन्न जातियों, गोत्रों, समुदायों, दान के सन्दर्भ में पारिवारिक सम्बन्धों का अध्ययन करते हुए एक सुगठित एवं सुसम्बद्ध समाज का स्पर्श पाया है।

गोत्र संकेत : गोत्र किसी व्यक्ति को पूर्वजों की शृंखला में स्थित करने वाला भाषिक या नामिक चिह्न है। इससे कोई भी व्यक्ति अपने वंश को पहचान सकता है। यह गोत्र राजनीतिक दृष्टि से एक समय में बेहद महत्त्वपूर्ण थे। जैसे सावित्री सातवाहन के वंशज इतने फैले कि उनका गोत्र पंजाब का सावित्री पुत्र संघ हुआ। पाणिनि के समय में पंजाब में संघ बनाने की परम्परा थी। कान्हेरी के सातवाहनों के राजकीय अभिलेखों में गौतमी पुत्र एवं वाशिष्ठी पुत्र नाम के मातृकुलों का नाम आता है। सातवाहनों में गौतमी राजमहिषी थी। अतः कान्हेरी में वशिष्ठ और गौतम गोत्र के नाम दर्ज़ हैं। यद्यपि सातवाहन खुद को एक ब्राह्मण (नासिक अभिलेख में) कहते हैं। कान्हेरी में ही शाक्य भिक्षोर शब्द भी आता है यानी भिक्षु अपने शाक्य कुल के होने को वहाँ दर्ज़ करता है।

डेविड-रीज़ बौद्ध भारत में गोत्रों से ही कबीले और कबीलों से उनके क्षेत्र या देश की ओर संकेत करते हैं। जैसे बुद्ध स्वयं शाक्य गोत्र के थे। रीज़ डेविड ने कबीले के खेतों, ग्रामों, वनों, पशुओं और कृषकों की चर्चा की है, जिनकी उपज पर कबीला पलता था और उन्हीं के गिर्द ग्राम बनते थे। वहाँ कृषकों के अलावा अन्य दस्तकार, विशिष्ट व्यापारी भी होते थे। ये ग्राम बड़े-बड़े जंगलों (महावनों) से अलगाए होते थे और जब आसपास के राजाओं ने इन कबीलों को नष्ट किया तो उन छोटी-छोटी सभ्यताओं के अवशेषों पर जंगल उग आये, जिनमें भागे हुए गुलाम तथा लुटेरे रहा करते।[3] कान्हेरी के बोधिसत्व के पैनलों में दो जगह जहाँ अष्टभय से त्राण दिलाने का अंकन है। (गुहा संख्या-2 तथा गुहा संख्या 90 में), वहाँ डाकू लुटेरों का भी रिलीफ़ अंकन उस समय की इस बाधा को दर्ज़ करता है (मिलिन्द पन्हों में इसका वर्णन आता है)। इन ग्रामों का अपना निजी शासन तन्त्र था। वज्जियानों के गोत्र या कबीले में तो अपराध के विषय में नियम कानून बनाये गये थे और न्याय करने वाले अधिकारी भी थे। इन्हीं का उपगोत्र लिच्छिवी वंश था। भल्लों में भी ऐसे

पुलिसकर्मी थे। ऐसे ही गोत्रों या कबीलों में शाक्यों के अलावा थे, सुसुमार पर्वत के भग्ग, केशपुत्त के कलमा, रामगाम के कोलीय, कुशीनर के मल्ल, पावा के भल्ल, पिप्पलिवान के मोरीय, मिथिला के विदेह तथा वैशाली के लिच्छवी। कबीले या गोत्र में जब सत्ता वंशानुगत हो जाती तो किसी प्रकार की कानूनी सीमाओं के बिना वह राजतन्त्र में तब्दील हो जाता था। पुरातन ग्रन्थों में प्राचीन भारत के 16 राजनीतिक खंड या देश कहे गये हैं और यह रोचक है कि ये 16 नाम देशों के नहीं लोगों के हैं। अर्थात् यह क्षेत्र भौगालिक से ज़्यादा कबीलों पर आधारित थे। इनमें अंग, मागध, कासी, कोशल, वज्जी, मल्ल, चेति, वंस, कुरू, पांचाल, मच्छ, सूरसेन, असक्क, अवन्ती, गान्धार, काम्बोज जैसे नाम हैं जो अपने-अपने स्थानों पर रहा करते थे।

रीज़ डेविड इन विशेष गोत्रों की बस्तियों के स्थानों या क्षेत्रों का खुलासा करते हैं। सुत्त निपात में (976) में दक्षिणापथ संज्ञा आती है, जो वर्तमान दक्षिण का संकेत नहीं बल्कि गोदावरी के ऊपरी कांठे की दूरदराज़ की बस्तियों की ओर इंगित है। इस संज्ञा का अर्थ है दक्षिणी मार्ग। बौद्ध समय का सबसे दक्षिणी शहर पतित्थान था। इसके अलावा निकायों में समुद्री यात्राओं का भी जिक्र है, कलिंग के वनों का भी, उनके किनारों पर बसी बस्तियों का भी जिनकी राजधानी दंतपुर थी। विनय ग्रन्थों में सम्भवतः भरुकच्छ का तथा उदान में सुप्पारक का जिक्र मिलता है। यह तमाम भौगोलिक बिन्दु एक साथ लिए जाएँ तो एक भूगोल उभरता है।[4]

परिवार की छवियाँ : कान्हेरी में अधिकतर अभिलेख गुहाओं, पानी पोढ़ियों, विहारों, स्तूपों, सीढ़ियों के दान विषयक हैं। इसलिए इनमें इतिहास के बड़े और जटिल तथ्य, संज्ञाएँ और तिथियाँ तो दर्ज़ नहीं हैं, हाँ दानी लोगों के नाम हैं। इन्होंने अपने धन से यह सत्कार्य या पुण्य कर्म किया और इस पुण्य का भागी होने के लिए उन्होंने अपने परिवार जनों का नाम भी उत्कीर्ण करवाया है। यहाँ बहुत बार यह भी दर्ज़ है कि ये लोग कहाँ किस समाज के निवासी हैं। अतः इन अभिलेखों में तत्कालीन परिवार की छवियाँ उभर आती हैं। व्यक्तियों, ग्रामों, जगहों के नाम उभरते हैं। अतः शोभना गोखले ने कई कान्हेरी अभिलेखों में भारतीय संयुक्त परिवार की सुन्दर झलक देखी और दिखलाई है। सामाजिक जीवन की यह लघुतम इकाई थी जिसमें पति-पत्नी के बीच सम्बन्ध बड़े ईमानदार और मूल्यवान थे। परिवार की महत्ता का अहसास अभिलेखों में आने वाले शब्दों जैसे गाहापति, घारिनी, कुटुंबिनी इत्यादि से होता है। कान्हेरी के चैत्य (गुहा संख्या 3) के द्वार स्तम्भों पर गजसेन और गजमीत नाम के दो भाइयों का उल्लेख है जिन्होंने अपने मृत माता-पिता, अपनी पत्नियों, बेटों, बेटियों, सौतेली माँओं (?) बहनों तथा कई नाते-रिश्तेदारों के सम्मान में यह चैत्यभवन बनवाया। अपने बृहत्तम परिवार के प्रति ऐसा गहन लगाव इसी अभिलेख में मूर्त हो पाया है। गुहा संख्या 50 में एक व्यक्ति का अपनी मां नन्दनिका के सम्मान में पानी-पोढ़ी खुदवाने का उल्लेख है जिसके पुण्य के भागी उनके पुत्र, भतीजे, बेटियाँ, प्रपौत्र, प्रपौत्रियाँ, बहुएँ तथा सम्पूर्ण परिवार था। फिर चाहे वे पृथ्वीलोक से जा चुके हों, जीवित हों, या अभी अजन्में हों। और सभी जीवितों के कल्याण का भाव भी इन अभिलेखों में गूँजता है। पारिवारिक प्रेम एवं राग के अलावा इसमें भूत वर्तमान भविष्य तक के जीवन की लय प्रार्थना में समा गयी है। चौल के रोहिणीमीत के परिवार के तीन अभिलेख हैं जिसमें उसके पुत्र सुलदत्त और धमनक तथा पत्नी द्वारा तीन भिन्न दान—एक पानी पोढ़ी, एक पथ तथा एक स्तूप—उल्लिखित है। गुहा संख्या 21 में कान्हाशैल पर्वत पर एक गुहा और सभाकक्ष का दान, चारों दिशाओं से आनेवाले श्रमणों के लिए उल्लिखित है।

शोभना गोखले इन अभिलेखों में एक और पारिवारिक परम्परा भी खोज लाती हैं। अर्थात् पिता

के नाम पर पुत्र का नाम रखने की परम्परा, जो आमतौर पर राजसी परिवारों में हुआ करती थी।

कान्हेरी की निर्वाण-वीथि (बरियल गैलरी) : यह अपने आप में एक अपूर्व चीज़ है और यद्यपि बौद्ध स्थानों पर स्थविरवादी शिक्षकों के रहने का पता चलता है पर ऐसी समाधियाँ और उन पर समाधिस्थ व्यक्ति के नाम, पदनाम इत्यादि का उल्लेख होना बौद्ध इतिहास का एक मार्मिक पक्ष है। ऐसी समाधियाँ साँची में भी हैं। शोभना गोखले लिखती हैं कि साँची में सूतातिक, विनयक तथा पंचनिकायक शिक्षक थे। भाजा में भी ऐसे स्मृतिपरक स्तूप पाषाण में बनाये गये हैं। लेकिन ईंटों से बने समाधि स्तूपों की विधि तो कान्हेरी की ही विशेषता है। इनसे एक ओर तो बौद्ध मठ के होने का सबूत मिलता है, दूसरे **शिक्षण और शिक्षकों की परम्परा** का पश्चिमी गुहा मन्दिरों में पाया जाना साबित होता है। यह परम्परा राष्ट्रकूटों के समय से ही थी। कान्हेरी के पुल्लशक्ति (जो अमोघ वर्ष का अधीनस्थ था) के अभिलेख में एक बौद्ध विहार के दान का उल्लेख है, जिसका कुछ भाग पुस्तकें खरीदने में प्रयुक्त होता था।

थेरों के नाम : इनमें थेरानाम आय्य विजय, विजयसेन, आय्य महानम जैसे स्थविरवादी आचार्यों के अलावा सामान्य अभिलेखों में जो नाम हैं, वे है थेरा भदंत सेऊमल, थेरा भदंत बोधिका, थेरा भदंत घोष, थेरा भदंत हालक, त्रैपिटकोपाध्याय धर्मवत्स आदि।

ये व्यक्तिवाची नाम इस बात के प्रबल गवाह हैं कि कान्हेरी की सांस्कृतिक हलचल में समाज के विभिन्न भागों से आये लोगों का योगदान था।

सातवाहनों के समाज में स्त्री की उच्च स्थिति थी। यह बात मातृकुलात्मक नाम गौतमी पुत्र तथा वाशिष्ठी पुत्र विशेषणों से ज्ञापित होती है। आभीरों में भी यह चलन था क्योंकि दो आभीर अभिलेखों में माधरी पुत्र स्वामी सकसेन का उल्लेख है। खासतौर पर नाम से पहले मातृकुल का लिखा जाना मातृसत्तात्मक समाज के प्रभाव की सूचना देता है।

कान्हेरी में **भिक्षुणियों के संघ** में होने का भी अभिलेखीय प्रमाण मिलता है। यह भी पता चलता है कि स्त्रियाँ अपनी इच्छा से वैराग्य धारण कर दर्शन एवं धर्म की शिक्षा की भागीदार होती थीं। कान्हेरी में प्रवतिका शब्द आया है। जिसका अर्थ है प्रवज्या या वैराग्य धारण करने वाली स्त्री।

गुहा संख्या 21 में उपासक अपरेणुक ने अपने पुत्र का नाम आनन्द पिता आनन्द के नाम पर रखा प्रतीत होता है। पिता और पुत्र की पत्नियाँ क्रमशः जुवारिनिका तथा धाम देवी हैं। जुवारिनिका उनके अनुसार नासिक के करीब जोरबे की निवासनी रही होगी। यह भी एक रेखांकनीय भारतीय परम्परा है जहाँ स्त्रियों के नाम स्थान से जुड़े होते हैं। जैसे अवन्ती से अवन्तिका, मालवा से मालविका, गान्धार से गान्धारी इत्यादि। इसी अभिलेख में पर्वत का नाम कान्हाशैल दर्ज़ है। यह अपरेणु कल्याण का एक व्यापारी था जिसने दो सौ कार्षापण का शाश्वतदान दिया था जिसका मासिक ब्याज एक कार्षापण होता था। पिता के नाम पर पुत्र का नाम रखने का सन्दर्भ सिलहर नरेश कपर्दिन के पुत्र पुल्लशक्ति और उसके पुत्र कपर्दिन द्वितीय के रूप में अंकित है।

शोभना कान्हेरी में उल्लिखित व्यक्तियों के नामों के आधार पर भी कुछ सामाजिक समूहों और धार्मिक आस्थाओं को खोजती है। उनके अनुसार अभिलेखों में विशेषकर निर्वाण वीथि के समाधि लेखों में बुद्ध विषयक कई नाम आते हैं जैसे बुद्धघोष (जो एक शिक्षक हैं), बुद्धका तथा बुद्धरक्खित (जो दानी है)।

धर्म के महत्त्व को दर्शाने वाले कई नाम यों हैं—धम (नैगम) धामदेवी (गृहिणी), धम्मपाल (उपरखित), धम्मनक, धर्मगुप्त, धर्मवत्स। इनमें धम तो एक व्यापारी या नैगम हैं। दो नाम उपासकों

के हैं और ज़्यादातर बौद्ध स्थविर या त्रिपिटक के आचार्यों के हैं। साफ़ दिखता है कि बौद्ध धर्म केवल संन्यासियों का ही धर्म नहीं बल्कि सामान्य जन का धर्म बन चुका था। धम्म के साथ-साथ संघ शब्द से जुड़े नाम भी उपलब्ध हैं जैसे संघनन्द जो अर्हत है, संघदेवनिका जो आर्यघोष की पुत्री है। फिर कान्हेरी के समाज में शिव, विष्णु, स्कन्द आदि हिन्दू देवों से जुड़े नाम भी हैं। शिव से सम्पृक्त नामों में हैं शिवमीत, सुलसदत्त तथा शिवपालितनिका। विष्णुपरक नाम हैं वेन्हुनन्दी तथा कृष्ण। स्कन्द से जुड़े हैं खंडरखी तथा खंडनागस्तक। भारतीय समाज में नामों की एक बेहद रोचक श्रेणी वो भी है जहाँ जन्म के समय प्रबल नक्षत्रों के प्रभाव से जुड़े नाम रखे जाते हैं। ऐसे नामों में हैं पुनरवसु, पुषमीत, रोहिणीमीत।

बौद्ध धर्म अभिजनों के अतिरिक्त गिरिजनों, वनवासियों, आदिवासियों के बीच भी खूब पल्लवित हुआ था। नाम एक ऐसा ही अद्‌भुत genome या पुरातात्विक कूट है जिसमें कई शतियों का इतिहास ही नहीं प्रागैतिहास भी छिपा रहता है। कान्हेरी के अभिलेखों में एक नाम आता है मुण्डपाल—जो कि मुण्डा कबीले की ओर संकेत करता है। बौद्ध धर्म बड़ी तेज़ी से गिरिजनों, आदिवासियों, वनों में रहने वाले कोटिशः जन के हृदय का हार बन चुका था। और जहाँ यह सत्य है कि कान्हेरी जैसे तमाम बौद्ध केन्द्रों के पीछे राजकीय संरक्षण के अलावा श्रेष्ठि वर्ग का, व्यापारियों का अवलम्ब था। तथापि समाज के विभिन्न विभागों से भिक्षुओं के हित दान दिया जा रहा था।

अभिलेख में कहा गया है कि मुंडपाल ने एक खेत दान में दिया। कान्हेरी में ब्राह्मण नाम भी हैं जैसे भानु, भास्कर, भारवि, बोधई, सुवई इत्यादि (गुहा संख्या 2 के पहले अभिलेख में)। इनमें भारवि नाम संस्कृत के महाकवि भारवि की स्मृति जगा देता है और शोभना गोखले अपने अर्थ गौरव के लिए प्रख्यात भारवि के कान्हेरी आने की सम्भावना को परखती दिख पड़ती हैं। अहिओल अभिलेख में कालिदास और भारवि से रविकीर्ति अपनी तुलना करते हैं। वैसे भी कृष्णमाचारी के अनुसार भारवि के पूर्वज आनन्दपुर (उत्तर-पश्चिम भारत) में रहा करते थे और बाद में नासिक्य में आ बसे थे।

इन्हीं नामों में कई व्यवसाय भी उभरते हैं जैसे नाना वैद्य नाम। व्यापारी श्रेणियों के तीन नाम बारम्बार कान्हेरी अभिलेखों में आते हैं—प्रथम है सेठी (श्रेष्ठि), द्वितीय है नैगम (निगम) तथा वानिज। सेठी यानी सम्पन्न व्यापारी। सेठी पुष्यमित्र ने गुहा का दान किया तथा सेठी पुनाक ने कान्हेरी में बाँध बनवाया था। निगम या नैगम कई व्यापार केन्द्रों में कार्य करने वाला व्यापारी था। फिर व्यापारियों के अलावा इन अभिलेखों में सुवर्णकार, मणिकार (सोपारा का नागपालिता) लोहार तो हैं ही, अन्य भी बड़े रोचक व्यवसाय उभरते हैं जैसे—नवकर्मिसा जो काम करने वालों का नेतृत्व करता था, उपरक्खिता जो सम्पूर्ण कार्य पर नज़र रख़ता था, शैलवर्धकी जो पत्थर काटता था, मिथिका जो पॉलिश कर के ओप या चमक पैदा करता था। इतने नाम होकर भी किसी श्रेणी का यहाँ श्रमिक संघ (guild) का नाम दर्ज़ नहीं है। जिन दो भाइयों ने कान्हेरी का चैत्य बनवाना शुरू किया उन्हें वानिजक गजसेन और गजमीत नाम दिया गया है। तीन अभिलेखों में चौल के हेरानिका परिवार के दान का जिक्र है (गुहा संख्या 4)। हेरानिका राजसी कोषकार था। उसके पिता रोहिणीमीत भी हेरानिका थे। और फिर बौद्ध शिक्षकों के नाम तो निर्माण वीथि में भी दर्ज़ हुए हैं। (गुहाओं में भी, दानियों के रूप में भी)। इन नामों में कुछ यो हैं। आचार्य थेरा भदन्त सेऊमला, आचार्य भदन्त बोधिका, भदन्त घोष, भदन्त हालक, त्रैपिटकोपाध्याय धर्मवत्स।

इस तरह नामों की यह वृहद् परिसीमा साफ़ दिखाती है कि समाज के अनेक भागों के लोगों ने कान्हेरी के सांस्कृतिक कर्म में भाग लिया था। शोभना इन अभिलेखों में आये स्त्रीवाची नामों

से भी खासी चमत्कृत हैं। मातृकुलकता के संकेत तो गौतमीपु, वाशिष्ठी पुत्र और माधरी पुत्र में हैं ही, दान में भी पत्नी और बेटियों के नाम का अंकन स्त्री की समाज में और घर में अस्मिता का द्योतक है। यह भी दिखता है कि जिन स्त्रियों ने श्रमण धर्म अपना लिया था (प्रवजिता-पवयतिका पोनाकिसाना) जो थेराघोष की अन्तेवासिनी थी, वे वरिष्ठ भिक्खुओं के अन्तर्गत रहकर (अन्तेवासी बनकर) अध्ययन करती थीं। सपा भदन्त बोधिका की अन्तेवासी थी। स्त्रियों को धार्मिक स्वतन्त्रता रही होगी तभी अपरान्त भोइगी दामिला भिक्खुणी हो गयी थी। यों स्त्रियों के नाम अभिलेखों में अनेक हैं, बेहद सुन्दर और रुचिर जैसे रतिनिका, नागमुलनिका, पोनाकिशाना, जुवारिनिका, लावानिका, धामदेवी, सपा दामिला, शिवपालितनिका इत्यादि। इनमें कई तो गृहिणियाँ थीं।

सांस्कृतिक दृष्टि से भी मूर्तियों के पैरों में झुके हुए उपासकों की छवियाँ, बुद्ध के लिए भगवान आदि विशेषणों का प्रयोग और स्वयं बुद्ध की मानव रूपिणी मूर्तियाँ इस बात की ठोस गवाह हैं कि पहली सदी के बाद से बौद्ध धर्म अपने दार्शनिक रूप को छोड़ एक व्यापक भक्ति सम्प्रदाय का रूप ले चुका था। यों तो जैन धर्म और बौद्ध धर्मों में भावनाओं पर तर्क को प्रश्रय दिया जाता था लेकिन राधाकमल मुकर्जी मानते हैं कि जो बात भारत की जनता के हृदय को छू गयी, वह थी तथागत का मनुष्य के दुख पर विचार करना, असीम करुणा और शान्त अनुकम्पा। बुद्ध के वैश्विक सद्भाव तथा उदारता ने लोगों के हृदय कमल खिला दिये थे। अतः भारत की भावुक जनता को बुद्ध, महावीर, बोधिसत्वों और तीर्थंकरों की हार्दिकता ने छुआ। इन महत् व्यक्तित्वों में उदात्त दया, धैर्य तथा उदारता

एक गुफा का मुख

थी अतः उन्हें भागवत मानकर उनके अवशेषों और प्रतीकों की उपासना होने लगी थी। अभी तक जो जन अनेक तरह के यज्ञों का मूक दर्शक था (उच्च वर्ग एवं उच्च वर्ण के) अब अपने सम्पूर्ण मानस एवं हृदय से इस धर्म से जुड़ने लगा था। जो धर्म शिक्षकों एवं भिक्षुओं के लिए एक महान दर्शन, ज्ञान एवं रहस्य की तरह छाया था, वह आम जन के लिए एक भक्ति सम्प्रदाय बन चुका था।[5]

राजा और व्यापारियों से लेकर अनेक तरह के नाम, अनेक वर्गों और व्यवसायों की बौद्ध धर्म में प्रणत आस्था के सूचक ही हैं। यों तो कान्हेरी का यह महाआवास तत्कालीन छोटी बस्ती से मिलता जुलता-सा है, वहाँ का महाचैत्य बड़े सभाकक्षों का प्रतिरूप है तो विहार, उनके आगे के बरामदे और प्रांगण, वेदिकाएँ, तीन-चार उठी हुई चन्द्रशिलामय सीढ़ियाँ, गरिमापूर्ण स्तम्भ और वातायन सभी पक्ष तत्कालीन नागर वास्तु के पक्षों को दिखाते हैं (देखिए चित्र) :

भरहुत के रिलीफ़ कर्म में भवनों के बाहरी रूप दिखते हैं। देवों के सभाकक्ष को भी अंकित किया गया है। कान्हेरी में भी इन स्तम्भों के, वातायनों के रूप, द्वारमण्डप और वेदिकाओं का सौन्दर्य उभर आया है। ऐसे सभाकक्ष जैसे भरहुत में दर्ज़ हैं या कान्हेरी में दिखते हैं, स्वतन्त्र गणतन्त्रों की विशेषता थी। यह एक ऐसी बस्ती है जहाँ लेणे हैं, मण्टप हैं, चंकम कोढ़ी जो कुटियों तक ले जाते हैं, विहारों के बाहर आसन पेढ़िकाएँ हैं, नहान पोढ़ियाँ हैं, उपथानसालाएँ हैं और सागर परिलोगन

गुहा 11 के बाहर का विस्तारित मंडप

(जहाँ से सागर आलोकन हो सकता था) जैसे विहार हैं (गुहा संख्या 99)।

मूर्तिकला में भी चपटे रिलीफ़ से लेकर गहनता की श्रेणियाँ बढ़ती गयी हैं। उनमें एकतानता तो है पर धीरे-धीरे मुद्राओं और देह मुद्राओं में ज़्यादा स्वतन्त्रता और गरिमा आती दीखती है।

भारतीय समाज की अर्थव्यवस्था के तीन स्तम्भ थे। किसान, कारीगर और व्यापारी। जब मगध नरेश अजातशत्रु का संवाद बुद्ध से हुआ था तो उसने बुद्ध से पूछा था कि आपके त्यागमय धर्म से क्या प्राप्त होगा, जबकि दूसरे लोग (कारीगरों की एक सूची देते हुए) अपने अभिकर्मों से परिवार को पालते हैं। तब उन्होंने हस्तिवाहकों, घुड़सवारों, रथवानों, धनुष चलाने वालों, हलवाइयों, मालाकरों, बुनकरों, कुम्हारों के नाम गिनाए थे। तब बुद्ध ने अपने उत्तर में उन्हें कृषक का स्मरण करवाया था (दीघ्य निकाय) जिसके लगान पर राजकोष निर्भर करता था। खैर! कान्हेरी में कृषकों का जिक्र तो नहीं पर खेतों के दान की बात ज़रूर है। उस समय के अन्य ग्रन्थों में कारीगरों की श्रेणियों का उल्लेख है और सम्भवतः उनकी संख्या 18 तक है। इनमें काष्ठ का काम करने वाले, धातुकार, पाषाण का काम करने वाले, बुनकर, चर्मकार, कुम्हार, हस्तिदंतकार, रंगरेज, मणिकार, मछुआरे, कसाई, शिकारी, रसोइये, और पकवानकार, नाई और इत्र बनाने वाले, मालाकार तथा फूल बेचने वाले, नाविक और चित्रकार थे।[6]

कान्हेरी में खदरकी, मिथिका, स्वर्णकार, हैरानिका, कम्हार, शैलवधकी, वैद्य, वणिज, निगाम, कमिस आदि शब्द आये हैं। अतः इनमें कारीगरों में चित्रकार से लेकर पाषाण पर काम करने वालों का प्रकृत दखल कान्हेरी में हुआ ही है। व्यापारी वर्ग इन गुहाओं की रीढ़ ही रहा है। ये व्यापारी अपना सामान या तो नदियों या समुद्र के किनारे किनारे नावों में ले जाते थे या फिर ज़मीन पर कारवां की सूरत में ले जाते थे। कान्हेरी में सेठी, निगम एवं वाणिज शब्द बार-बार आया है।

खेत के दान के तीन अभिलेख हैं एक मुण्डपाल के नाम से, दूसरा मागलथान गाँव के आधापणा के खेत और एक गुहा संख्या 73 में सफाऊ (वर्तमान का सफ़ाले (विरार के करीब)) से। लेकिन इन अभिलेखों में खेत का माप नहीं दिया गया है।

दान के ही सन्दर्भ में **मुद्रा** के भी कई संकेत हैं। यह मुद्राएँ शाश्वत दान के रूप में संघ को सौंप दी जाती थीं ताकि भिक्खु संघ की आवश्यकताओं की पूर्ति हो सके। यह मुद्रा कार्षापण और द्रम्म थी। दो सिलहर अभिलेखों में द्रम्मों के दान का वर्णन है। (आठवीं शती)[7] एक अन्य अभिलेख में 100 द्रम्मों के दान का जिक्र है। इनमें दान के हेतुओं का उल्लेख भी है जैसे 20 द्रम्मों का उपयोग बुद्ध की उपासना हित, तीन वहाँ विहार की देखरेख के हित, भिक्खु संघ के लिए पाँच द्रम्म और धार्मिक ग्रन्थों के लिए एक द्रमण।

कान्हेरी में कई **व्यापारिक शहरों का उल्लेख** है जिनमें हैं चौल, कल्याण, नासिक और सोपारा। इनके अलावा कल्याण की एक बस्ती गंधारिका भामि शब्द आया है जो गान्धार से आये लोगों की बस्ती का सूचक है। इनके अलावा भी जो महत्त्वपूर्ण जगहों के पुरातन नाम आये हैं, वे हैं पतित्थान (आज का पैठन—या पुराना प्रतिष्ठानपुर—सातवाहनों की राजधानी), राजतालक (जो पैठन के पास एक झील) है, सफाऊ जो विरार के निकट सफ़ाले है, अंबालिका विहार जो कल्याण में अंबीवली गुहाओं के आसपास रहा होगा, धेणुकटक जो आज का धारिणीकोट है, स्वयं कान्हाशैल शब्द कान्हेरी का सूचक है, नासिक तथा मंगलथाना इत्यादि है।

व्यापार : सातवाहनों का काल आर्थिक दृष्टि से बहुत पल्लवित काल था जिसकी सूचना पुराणग्रन्थों (मत्स्य, ब्रह्मानन्द पुराण, वायु पुराण आदि में है), विदेशी यात्रियों के वृत्तान्तों, सिक्कों पर, अभिलेखों तथा पुरालेखशास्त्र में मिलती है। इन जगहों से सातवाहन तथा क्षरात काल के सिक्के काफ़ी संख्या में मिले हैं। तथा सातवाहन नरेशों में सिमुक, शतकर्णी प्रथम की तो नानाघाट में बासरिलीफ़ आकृतियाँ भी हैं। तमाम बौद्ध गुहाओं का भौगोलिक दृष्टि से अध्ययन बताता है कि यह गुहाएँ या

केन्द्र प्रमुख व्यापार मार्गों पर ही बने हैं जो बन्दरगाहों से भीतर के व्यापारिक नगरों को जाते हैं। इनमें तीन-चार दर्रे हैं। भोरघाट, नानाघाट, थालघाट तथा शेरघाट। अतः नौकाओं के ज़रिए व्यापार विदेश तक प्रसरित हो चुका था। विद्या देहिजा अरबों से सातवाहनों के व्यापार का जिक्र करती हैं। और नाहापण अभिलेखों में तो भरुकच्छ, दशपुर, गोवर्धन, सोपारणा पर विश्रान्तिगृहों का उल्लेख भी करती हैं।[8] हो सकता है ये व्यापारी भी इन विहारों में ठहरते हों और उनके पल्लवन के लिए दान देते हों। गान्धारभामि या भूमि का जिक्र साफ़ संकेत करता है कि गान्धार के लोग यहाँ बस चुके थे, सम्भवतः गान्धार के व्यापारी। यवनों से सातवाहनों के व्यापारिक सम्बन्ध मुद्राओं पर अंकित हैं। राजा यज्ञश्री ने ऐसी मुद्राएँ बनवाईं जिन पर समुद्री नौकाएँ या जहाज अंकित हैं (गुहा संख्या 32)। पैथन से प्राप्त एक मृण्मूर्ति में यज्ञश्री का रूप काकपक्ष केशशैली वाला तथा बूढ़े यज्ञश्री का चित्र घुँघरवाले केशों का है। यज्ञश्री ने सीसे के सिक्के चलवाए थे जिनमें भारतीय जहाज दो पालों के साथ अंकित है। ब्रिटिश संग्रहालय में एक मुद्रा पर पाँच समुद्री जहाज अंकित हैं। ये उस समय के समुद्री व्यापार के द्योतक अभिप्राय हैं। Periplus of Erythrean sea में भी यह दर्ज़ है कि रोमीय जहाज वैभव (मदिरा धातुएँ इत्यादि) से भरे हुए कल्याण, सोपारा और बारीगाज़ा पर आकर उतरते थे। यह यवन प्रभाव भारतीय संस्कृति के अनेक पक्षों पर दिखता है। मुद्राओं पर तो इसका विशेष प्रभाव है।

कान्हेरी में वास्तुमूलक शब्द एवं पक्ष

एक सौ चार गुहाओं का यह विराट बौद्ध केन्द्र बौद्ध सौन्दर्यबोध और स्थापत्य की तकनालजी का

सीढ़ियाँ और वर्षा जल को पानी पोढ़ी तक लाने की नाली

स्वर्णिम पृष्ठ है, जहाँ चारों दिशाओं से बौद्ध उपासक एवं भिक्षु आया करते थे। चैत्य का ऊँचा गजपृष्ठाकार वास्तु, घट आधारवाले स्तम्भ, स्तूप और वेदिकाओं का विकास बारीकी से अध्ययन करने का विषय है। लेकिन मोटे तौर पर चैत्य, लेण, उपथानशाला, कुटी, विहार, ताल एवं पानी-पोढ़ियाँ, पर्वत की पीठ पर काट कर बनाई गयी सीढ़ियों के पथ, चूल्हे, आसनपेढ़िकाएँ सब अपने आप में दो हज़ार साल पहले का फासला समाप्त कर उस समय जीये गये जीवन को साकार कर देते हैं। ये सब उस समय के घरों और प्रासादों के रूपों का भी प्रतिबिम्बन है।

जल व्यवस्था : सबसे अद्‌भुत है इतनी ऊँचाई पर बनाई गयी कान्हेरी का जल प्रबन्धन। पर्वत के ऊपर ताल में पानी एकत्र कर पानीपोढ़ियों तक धाराओं से लाया जाता था। सोपारा के सेठी पुणक ने कान्हेरी में पानी को रोक कर बाँध बनवाया था जो शायद महाराष्ट्र में बाँध के निर्माण का प्राथमिक सुबूत है। इन पानी के छोटे-छोटे जलाशयों को पोढ़ी (अभिलेखों में) या पानी भाजन कहा गया है। नहाने के लिए भी पानी एकत्र किया जाता था और उसे नान्ह पीढ़ी (स्नानपोढ़ी) कहा जाता था। कान्हेरी में मुक्त आकाश के नीचे नहाने की बावड़ी थी। सीढ़ियाँ उस तक ले जाती थीं। अनुराधापुर में इस तरह का सीढ़ियों वाला विराट स्नानागार मिलता है। कान्हेरी में तमाम विहारों के आसपास यह जल भंडारण की व्यवस्था देखी जा सकती है जिसे पत्थर से ढक दिया जाता था। (देखिए चित्र)

आवासीय गुहाओं को लेण, कोढ़ी या ओवरक कहा जाता था। ओवरक एक बरामदा है। मराठी में ओअरी शब्द आज भी चलता है। कोढ़ी कमरा था। कुटी शब्द ध्यान से जुड़ा था। कई बार लेण के साथ मंडप भी होता था अर्थात् एक विस्तारण। एक lattice window या प्रवाढ़ भी रहती थी। बैठने के लिए विहारों के बाहर आसन पेढ़िकाएँ (बेंच) थे। कान्हेरी की ज़्यादातर गुहाएँ सीढ़ियों के ज़रिए परस्पर सम्बद्ध हैं। यह सीढ़ियाँ सबसे ऊपर की निर्वाण वीथि तक भी जाती हैं। दान अभिलेखों में पथ के दान विषयक तीन अभिलेख हैं। इन सीढ़ियों के लिए गुहा संख्या 32 में चणकम शब्द आता है, जिसका अर्थ होता है अध्यात्म का पथ। गुहा संख्या 99 के अभिलेख में गुहा का नाम 'सागर पालोगनम' कहा गया है। यह उस गुहा का नामकरण था क्योंकि वहाँ से वसियन खाड़ी और उसके बाद समुद्र का दृश्य दिखता था। दीघ्घ निकाय में यह दर्ज़ है कि बुद्ध ने शिष्यों को डूबते हुए सूर्य पर ध्यान केन्द्रित करना सिखाया था। यह गुहा मीतभूति थेरा के नाम से जोड़ी गयी है।

गुहा संख्या 11 के बाहर की पानी पोढ़ी

अन्य विहारों का नामोल्लेख : कई बौद्ध

गुहाओं के अभिलेखों में अन्य विहारों का नामोल्लेख हुआ है जैसे जेतवन विहार, जिसका रूपचित्र भू दृश्य के साथ श्री केव की पुस्तक रुइन्ड सिटीज ऑफ़ सिलोन से रीज़ डेविड ने उद्धृत किया है। जेतवन के अलावा घोषितराम भी दर्ज़ मिलता है। स्वयं कान्हेरी या कृष्णगिरी शब्द इन अभिलेखों में कई बार दर्ज़ हुआ है।

भाषा : यह अभिलेख मुख्यतः प्राकृत भाषा में है। इनके अलावा इनमें समय के साथ-साथ हायब्रिड संस्कृत (बौद्ध संस्कृत) के भी दर्शन होते हैं। प्राकृत के सामान्य अभिलेख कुछ यों हैं :

नासिकासा नाकांनकासा सत देय धम्म

अर्थात् नासिक के निवासी नाकनका द्वारा प्रदत्त सत (भोजनालय)। यह गुहा संख्या 2 की दीवार की आसनपोढ़िका के ऊपर ब्राह्मी लिपि का प्राकृत अभिलेख है, जो एपिग्राफिक अध्ययनों के अनुसार ईसा की दूसरी शती के प्रारम्भिक वर्षों का लगता है। ऐसा ही एक और ब्राह्मी लिपि का प्राकृत अभिलेख गुहा संख्या 2 में छोटे से जल भंडार के पास है–

कलियाना सुवानको रस सामीदत्तसा साधा ना पानीयक देय धम्म

अर्थात् यह पानीपोढ़ी श्रमणों तथा साधारण जन के संघ के साथ कल्याण के सुवर्णकार सामीदत्त का पुण्यमय उपहार है। गुहा संख्या 12 (कपर्दिन II के शक संवत् 799 का) और गुहा संख्या 3 में संस्कृत के अभिलेख भी हैं। इन अभिलेखों का समय लगभग ईसवी पाँचवीं सदी है जैसे यह–

देय धर्मोयमा आचार्य बुद्धरक्षितस्याननेन सर्वस्व। बुद्धा भवन्तु।

गुहा संख्या 33 में संस्कृत और प्राकृत के अद्भुत मेल वाली भाषा का अभिलेख प्राप्त होता है जिसे हायब्रिड संस्कृत कहते हैं। यह तीसरी शती की ब्राह्मी में लिखा गया है (लिपि का दक्षिणी संस्करण और प्रारम्भिक रूप)। भाषा के ये परिवर्तन भी बड़े रोचक हैं। यों तो व्युत्पत्ति की दृष्टि से संस्कृत सबसे पुरानी है। अर्थात् पालि-प्राकृत से पहले की प्राचीन भाषा है। पर अभिलेखों की भाषा का सम्बन्ध समय-समय में बदलने वाली भाषिक संस्कृति के दौरों से है। इसीलिए मौर्यकाल के सम्राट के आदेश लोक भाषा (lingua franca) पालि में लिखे गये थे (पुरातनतम ब्राह्मी अभिलेख) जिसने पाटलिपुत्र की भाषा (बोली) को संस्कृत की जगह भारत की जनभाषा बना दिया था। जनता में, जनतान्त्रिक साहित्य तथा बौद्ध धर्म में प्राकृत चलती रही जबकि संस्कृत ब्राह्मणों के दायरे में रही (उच्चवर्गीय)। पतंजलि ने संस्कृत बोलनेवालों को 'शिष्ट' माना। रामायण में एक ब्राह्मण तथा आमजन की भाषा में अन्तर किया गया था तो अश्वघोष (पहली-दूसरी सदी) के नाटकों में ब्राह्मण, श्रमण एवं राजकीय लोग संस्कृत बोलते थे तथा स्त्रियाँ तथा निम्न वर्ग के लोग प्राकृत बोलते थे। हालाँकि यह दोनों भाषाएँ अन्तर्निर्भर थीं। कीथ (Keith) ने इसी तरफ़ इशारा किया है, जब वे कहते हैं कि यह वर्गीय सच्चाई थी। अभिजन वर्ग संस्कृत बोलता था जबकि निम्न जातियाँ वह भाषा बोल रही थीं, जो ध्वन्यात्मक रूप से ज़्यादा विकसित हो चुकी थीं। बुद्ध ने इन्हीं प्रचलित बोलियों (anti establishment) को अपनाया था। इन्हीं में उपदेश दिये। पालि ऐसी ही एक बोली थी। कुछ समय तक यह चलती रही। फिर भिक्षुओं ने ऐसी बोली बनाई जो कुछ-कुछ संस्कृतनुमा थी (ब्राह्मणों की प्रतिष्ठित भाषा की नकल में)। फ्रेंकलिन इगरटन द्वारा दिया गया नाम है बौद्ध हायब्रिड संस्कृत।

शुंगों के ब्राह्मण पुनरुत्थान के बाद संस्कृत लोक प्रचलित भाषा बनी। यद्यपि प्राकृत तीसरी-चौथी शती तक चलती रही। इस समय जैन, सर्वास्तिवादिन बौद्ध (जो काफ़ी पहले से संस्कृत में लिख रहे थे) तथा ब्राह्मण से बौद्ध बने अश्वघोष ने बौद्ध विषयों को अपनी भाषिक निपुणता में प्रस्तुत किया। सबसे पहले महा संघियों ने यह मिश्रित भाषा इस्तेमाल की। **अभिलेखीय लिपियों का अध्ययन**

गुहा संख्या 34 की भीतरी छप पर भूमि स्पर्श मुद्रा में बुद्ध का भित्तिचित्र

और उनकी शैलियाँ काल एवं देश की सूक्ष्म जानकारियां देती हैं। ज़्यादातर अभिलेख ब्राह्मी के हैं।

गुहा संख्या 90 में तीन पहलवी अभिलेख भी प्राप्त हुए हैं, जो तिथियों समेत हैं और उन पारसियों के नामों के सूचक हैं जो 11वीं शती में कान्हेरी आये थे। यह अक्षर आधुनिक पर्शिया में पाए जाने वाले अक्षरों सरीखे हैं और प्रलम्ब दिशा में लिखे गये हैं। लिपियों में नागरी और रोमन के भी अभिलेख प्राप्त होते हैं। शोभना गोखले के अनुसार कान्हेरी में तीन नागरी लिपि के अभिलेख हैं जिनमें एक सिल्हर राजा पुल्लशक्ति के सन्दर्भ में है, जो लगभग ई. 843-44 का है। दो अन्य सिल्हर राजा कपर्दिन II के हैं (ई. 853-54) जो परमभट्टारक महाराजाधिराज अमोघवर्ष I के बाबत हैं (राष्ट्रकूट) जिसके राज्य में कई ब्राह्मण और जैन लेखक थे।

चित्रकला के अवशेष

कान्हेरी की गुहा संख्या 34 में कहीं-कहीं अभी भी छत पर चूने की पुताई के बाद मंद पड़े हुए चित्र के अंश दिखते हैं, जो अजन्ता की जगत् प्रसिद्ध चित्रकला के जन्मदाता कहे जा सकते हैं। यों घरों का वास्तु पदार्थ चाहे लकड़ी रहा हो या ईंट का, वह भीतर बाहर से चूने के लेप से मसृण किया होता था। उस पर बेहद चमकीले सुन्दर रंगों के चित्र, आकृतियाँ या आकल्पन बनाये जाते थे। विनय ग्रन्थों में इस तरह के मसृण चूने के लेप की विधि के निर्देश दिये गये हैं, जिन पर चित्र अंकित हो सकें। उनमें जो सामान्य आकल्पन होते थे वे भी दिये गये हैं। जैसे लता अभिकल्पन, व्याल या मकर के अंकन इत्यादि।

कान्हेरी की भट्ठियाँ : गुहा संख्या 22 और 25 को पुरातात्विक एस. आर. राव ने जब

खुदवाया तो उन्हें वहाँ लोहार की भट्ठी के दर्शन हुए। लगता है कि कान्हेरी में धातुओं की गलाई इत्यादि की विद्याओं का भी पालन या प्रशिक्षण होता है। उन्होंने माना है कि कान्हेरी स्वयं में एक जाग्रत केन्द्र था जहाँ बहुत-सी विद्याएँ फलित हो रही थीं। ओवेन सी कैल ने भी इस बात की पुष्टि की है और यह भी सम्भव है कि जिन ईंटों का यहाँ स्तूप (समाधियों) में प्रयोग हुआ है, उन्हें यहीं पकाया जाता हो।

श्रीमती गोखले के अनुसार कान्हेरी में कल्याण से लगभग 10 दानों का उल्लेख है। लगता है कि शासक-व्यापारी और पुरोहितों में से कान्हेरी का कार्य व्यापारियों के बल पर अधिक हुआ है।

चैत्य के आगे की सपाट खुली भूमि एक और कल्पना और जगाती है कि रात्रि की वेला में आकाश के तारों के तले भिक्षु जातकों की कथाओं का या बुद्ध जीवन के प्रसंगों को मशाल की रौशनी में अभिनीत करते होंगे। श्री एच.वी. शर्मा ने बौद्धों के नाट्य पर अनुसन्धान किया है जिसमें लोकनाट्य और प्रसिद्ध बौद्ध नाटकों की दो कोटियाँ थीं। लेखक ने आन्ध्र, दक्षिण, लंका, एवं तिब्बत में बौद्ध नाट्य परम्परा की चर्चा की है। तिब्बत में तो यह आनुष्ठिनक नृत्य से जुड़ जाता है। नागार्जुन कोंडा में उत्खनित एक प्रेक्षागृह मिला है।

सच तो यह कि भारतीय संस्कृति की जड़ें बौद्ध परम्पराओं में उतनी ही गहराई से डूबी हुई हैं जितनी ब्राह्मण या अन्य परम्पराएँ। बौद्धों में महायान की तो एक जीवन्त सभ्यता ही थी। उसी में हमें बौद्ध अन्तर्वस्तु, बौद्ध आकांक्षाओं और स्वप्नों का (बोधि चित्त का उदय) तथा प्रशान्त एवं उच्च जीवन तथा संस्कृति की वाहक मूर्तिकला एवं वास्तुकला का विस्फोट मिलता है।

कान्हेरी में बौद्ध धर्म के माध्यम से एशियाई एकता के संकेत : सातवाहन काल में समुद्री मार्ग से व्यापार के साथ-साथ बौद्धकला एवं धर्म की लहरें भी फैली थीं। यूँ तो ई. पू. 65 में ही धर्मरत्न एवं मातंग बौद्धधर्म को चीन में ले गये थे।

राधाकमल मुखर्जी के अनुसार भारत ने एशिया को जो सांस्कृतिक अवदान दिया है, उसके तीन चरण हैं। पहला चरण प्रथम सहस्राब्दी की शुरुआत से चौथी सदी ई. तक का चरण है जब गान्धार और फिर सम्पूर्ण भारत-ईरानी सीमा यानी कांधार से बैक्ट्रिया (यवनों ने जिसे सफेद भारत कहा) के बाद बौद्ध धर्म मध्य एशिया अथवा रेशम मार्ग और उत्तरी चीन पहुँचा। दूसरी बार गुप्तों के स्वर्णकाल में (चौथी से आठवीं सदी ई.) जब महायान बौद्ध धर्म जालंधर और गान्धार से पश्चिमी एशिया तक—तुर्कीस्तान और चीन में गया और हिन्दू राज्य एवं उपनिवेश दक्षिण पूर्वी एशिया में सुवर्ण द्वीप से काम्बोज तक फैले। तीसरा चरण वह तान्त्रिक नवजागरण था जो गौड़ प्रदेश में आठवीं से तेरहवीं सदी के अन्त तक रहा और उसका प्रभाव नेपाल के पालों, तिब्बत, शेष भारत और इंडोनेशिया तक हुआ।

बौद्ध धर्म ने एशिया में उसी तरह सांस्कृतिक-आध्यात्मिक एकता कम से कम हजार वर्षों तक स्थापित किये रखी जैसे यूरोप में ईसाई धर्म ने की थी। एशियाई देशों में अनेक शिक्षा केन्द्र—भारत में नालन्दा, विक्रमशिला और वलभी, बल्ख में नव संघाराम, खोतान में गोमती विहार, चीन में चांआंग-अन, लो-यांग तथा नानकिंग, श्रीलंका में अनुराधपुर, सुमात्रा में श्रीविजय, स्याम में द्वारावती—एक भाषा (संस्कृत) में एक जैसे कथा मिथकों की चर्चा में रत थे।

और यही क्यों, भारत के सारनाथ, पश्चिमी गुहा मन्दिरों (अजन्ता आदि), मथुरा, गान्धार और अमरावती में, चीन में युन-कांग और तुन-हुवांग में, जापान में होर्युजी, कम्बोडिया में अंगकोर थॉम, जावा में बोरोबदूर, बर्मा में पैगान और श्रीलंका में सीगरिया (श्रीगिरि) में सौन्दर्य और करुणा

की एक सी उदात्त दृष्टियाँ पत्थर में मूर्त हुईं।[4]

आनन्द के. कुमारस्वामी तो एशियाई कला की बात करते ही हैं और भारत को प्राचीन पूर्व के व्यापक सन्दर्भ में रखते हैं। जहाँ भारत और पश्चिम एशियाई कला के तन्तु जुड़े हुए थे। अनेक तरह के फूल, पत्ते, घंटाकृति स्तम्भ, पशु अभिप्राय, नाग और यक्ष थे जो दूर-दूर तक मिलते रहे।[5]

विद्या देहिजा और अन्य विद्वान भी यह रेखांकित करते हैं कि पश्चिमी भारत की बौद्ध गुहाएँ न केवल प्राचीन व्यापार मार्गों से बल्कि समुद्री व्यापार मार्गों से भी जुड़ी रही हैं। पश्चिमी घाटों के तीन दर्रों (शेर एवं ताल घाट, नाना घाट और भोर घाट) के शीर्ष पर ये गुहाएँ स्थित हैं। और फिर यज्ञश्री सातकर्णी ने समुद्री जहाजों के छवि वाले सिक्के चलाए थे जिनमें दो पालों वाली नावें भी अंकित हैं। ये पश्चिमी संसार से उनके व्यापारिक रिश्तों का पुख्ता सुबूत हैं।

कान्हेरी की बौद्ध बस्ती में राधाकमल मुखर्जी द्वारा बताये गये भारत एशियाई एकता के तीनों चरण—थेरवादी, महायानी और वज्रयानी बौद्ध चरणों में समा गए हैं। कान्हेरी के मुख्य चैत्य के बाहर संरक्षक नाग एवं भारवाहक यक्ष हैं जो कम्बोडिया, जावा, बर्मा और चीन तक व्याप्त हैं। मुख्य चैत्य की वेदिका पर पशुओं की एक पंक्ति उकेरी गयी है जो अब क्षरित सी है। इनमें हाथी, बैल के अलावा दो कूबड़ वाला विशिष्ट ऊँट का अभिप्राय है जो इस कला केन्द्र को बैक्ट्रिया से भी जोड़ देता है।

हम चैत्य के कुछ भीतर जाते हैं तो बुद्ध (स्थानक) की दो विराट मूर्तियों के चरणों पर प्रणत होते हैं। इनकी विराटता ने हाथीगुंफा (एलिफेंटा) की विराट शिव मूर्तियों को भी प्रेरित किया होगा—लेकिन हिन्दुकुश और कोही-बाबा की घाटी में 120 से 175 फुट ऊँची, गुप्त काल की बामियान बुद्ध-मूर्तियों की छवि भी उभर आती है। इन्हीं बामियान बुद्धों ने आगे चीन के युनकांग और लंगमेन के विराट बुद्धों को और जापान में नारा के बुद्ध का रूप गढ़ा होगा।

फिर इसी चैत्य के बाहर दानी दम्पतियों (अथवा मिथुनों) की मूर्तियों से दर्शक का सामना

इदफू मन्दिर, मिश्र का चित्र

होता है। छत्रपति शिवाजी महाराज वस्तु संग्रहालय के पूर्व निदेशक श्री गोरक्षकर इन स्त्री मूर्तियों के केश कलाप में पर्थियन, मिस्री या पहलवी प्रभाव पाते हैं। यही क्यों, गुहा संख्या 41 में नभचारियों की केशरचना पर भी मिस्री केशरचना का प्रभाव झलकता है।

गान्धार से भारत का सम्बन्ध बहुत पुराना था। गान्धार की यवन-भारतीय कला का प्रसार बामियान, बैक्ट्रिया, खोतान, मीरान, कूचा और तुर्फान तक हुआ था। महायान का जन्म, ही कनिष्क के राज्योकाल में कुंडलवन विहार में (78-101 ई. पू.) हुआ था—पुरुषपुर या पेशावर जिसकी राजधानी थी। इस तरह कान्हेरी में गान्धार का प्रभाव ही नहीं, गान्धार नाम भी गुहा संख्यार 32 की बाहरी दीवार पर पानी-पोढ़ी के ऊपर के अभिलेख में दर्ज है। अभिलेख में कलियान (कल्याण) के 'गान्धारिकाभामी विहारे' शब्द आया है। सम्भवतः यह गान्धार के व्यापारियों की बस्ती रही होगी। यों भी 'जुन्नार' का सम्बन्ध 'यवन नगर' से जोड़ा जाता है और कुछ वर्ष पूर्व ही यवन-रोमीय मिट्टी के मदिरापात्रों की पाँतें खुदाई में हासिल हुई हैं। (चित्र)

देवी तारा की मूर्ति जिसे शोभना गोखले दीपतारा कहती हैं और अनेक विद्वानों के विचारों के सहारे उसे नौकायन (नेविगेशन) की देवी मानती हैं। भारत के पश्चिमी तट स्थित व्यापारी समुदायों में उसकी पूजा प्रचलित थी। क्योंकि वह उन्हें दूर-दूर की समुद्री यात्राओं जैसे भूमध्य सागर के देशों की यात्राओं के दौरान संरक्षा प्रदान करती थीं।

सबसे बढ़कर तो है गुहा संख्या 41 के मुख पर अमिताभ बुद्ध के साथ एकादशमुखी अवलोकितेश्वार की मूर्ति। (अगले पृष्ठ का चित्र) इस तरह के बोधिसत्व तिब्बत, नेपाल और चीन में तो बहुप्रचलित हैं पर भारत से मिलने वाली अभी तक की यह इकलौती प्रतिमा है और सर्वाधिक पुरानी भी। इसका समय छठी सदी आँका जाता है। एकादश यानी ग्यारह मुखों वाले अवलोकितेश्वर। चीन में सातवीं-आठवीं सदी की कुआन-यिन प्रतिमा मिलती है। दस सिर बुद्धत्व की दस भूमियों के प्रतीक हैं। अतः यह प्रतिमा सीधे इस केन्द्र को चीन, नेपाल और तिब्बत से जोड़ देती है।

अनुराधपुर से लेकर, मध्य एशिया के चित्रित बौद्ध-स्मारकों और चीन की लंगमेन और तुंग-हुआंग गुफाओं पर अजन्ता के भित्ति चित्रों का प्रभाव दर्शाया जाता है। लेकिन अजन्ता के चित्रों से पूर्ववर्ती हैं कान्हेरी की गुहा संख्या 34 के चित्र जिसमें बुद्ध भूमि स्पर्श मुद्रा में दिखाए गए हैं। (चित्र) अतः अजन्ता के प्रभावों की कथा को हम थोड़ा और पीछे ले जा सकते हैं।

एकादशमुख अवलोकितेश्वर

पादटिप्पणियाँ

1. गाथासप्तशती, (वाराणसी : चौखम्भा संस्कृत संस्थान, 1969) पृष्ठ 178
2. गाथासप्तशती (वाराणसी : चौखम्भा संस्कृत सस्थान, 1969) पृष्ठ 111 एवं 112
3. रीज़ डेविड, बुद्धिस्ट इंडिया (कलकत्ता : सुशील गुप्ता इंडिया लिमिटेड, 1950) पृष्ठ 15
4. रीज़ डेविड, बुद्धिस्ट इंडिया (कलकत्ता : सुशील गुप्ता इंडिया लिमिटेड, 1950) पृष्ठ 22 एवं 23
5. राधाकमल मुकर्जी, कल्चर एंड आर्ड ऑफ़ इंडिया (लन्दन : जॉर्ज एलेन एंड अन्विन लि.) पृष्ठ 106
6. रीज़ डेविड, बुद्धिस्ट इंडिया (कलकत्ता : सुशील गुप्ता इंडिया लिमिटेड, 1950) पृष्ठ 56 से 60
7. शोभना गोखले, कान्हेरी इन्स्क्रिप्शन्स (पुणे : डक्कन कालेज, 1991) पृष्ठ 15
8. विद्या देहिजा, अर्ली बुद्धिस्ट रॉक टैम्पल्स (लन्दन : थेम्ज एंड हडसन, 1972)
9. मुखर्जी, राधाकमल, द कल्चर एंड आर्ट ऑफ़ इंडिया, (नयी दिल्ली : मुंशीराम मनोहरलाल, 1984) पृष्ठ 380-381
10. कुमारस्वामी, ए.के. हिस्ट्री ऑफ़ इंडियन एंड इंडोनेशियन आर्ट (लन्दन : गोल्डस्टन, 1927) पृष्ठ 13-14

कान्हेरी की मूर्तिकला

कान्हेरी की मूर्तिकला चट्टानी गुहा स्थापत्य का अंग है। भारतीय कलाओं की कहानी कुछ-कुछ युगलात्मक रही है। एक कला किसी दूसरी कला की छाया में साँस ले रही है। दो कलाएँ एक-दूसरे से संवाद में रत हैं। उदाहरण के लिए नृत्य एवं नाट्य, काव्य एवं संगीत, नृत्य एवं संगीत, चित्र एवं काव्य तथा मूर्ति एवं वास्तु के युग्म कलाओं में ऐसे ही रहते आये हैं—जैसे भारतीय दर्शन में प्रकृति और पुरुष, देवता और उसकी शक्ति, अमूर्त एवं मूर्त, निष्क्रिय एवं सक्रिय ऊर्जाएँ रहती आयी हैं। भारतीय दर्शन में ही उनके द्वैत का एकीकृत रूप भी आया जब एक ही मानुषी मूर्ति में दो पक्ष नर और नारी के रूप सायुज्य हो गये। ऐसा न था कि इन कलाओं का अपना स्वतन्त्र अस्तित्व न था पर यह रहते हुए भी वह कभी भी दूसरी कलाओं की परिधि में प्रविष्ट हो जाती थीं और दोनों एक-दूसरे के प्रकाश में और अधिक सुन्दर, प्रभावी और अर्थ की व्यंजना की दृष्टि से संजटिल एवं समृद्ध बनती थीं। नृत्य नाट्य के मूल तत्त्व अभिनय का आश्रय न ले तो नृत्त यानी अंग संचालन भर बन कर रह जाए, दूसरी ओर अभिनय देह की भाषा (नृत्य) के प्रयोग के बिना क्या है? फिर एक स्तर वह भी है जहाँ एक कला किसी भी अन्य कला में पर्यवसित होती जान पड़ती है। नृत्य की मुद्राएँ ठहर कर मूर्ति हो जाती हैं, मूर्ति आयतन की क्षय-वृद्धि एवं रेखाओं के बहाव से एक संगीत (फ्रोज़न म्यूज़िक) रचती है। रिलीफ़ में व्यक्त होने वाली शिल्पकला कैनवस की पृष्ठभूमि की द्विआयामी चित्रकला के निकट पहुँच जाती है। अपने अंगों के ढलावों में प्रकृति की सादृश्यताओं और उपमाओं को मूर्त करती वह कविता भी हो जाती है।

पर पश्चिमी गुहा स्थापत्य और उनकी भित्तियों, द्वारों, स्तम्भों, प्रांगणों पर कोरी गयी शिल्पाकृतियाँ अर्धनारीश्वर की धारणा को मूर्त कर उठी हैं। क्योंकि यहाँ वास्तुकला तथा मूर्तिकला दोनों एकीकृत हो गयी हैं। यहाँ वास्तुकला हर दृष्टि से वास्तु के रूपों का अनुगमन तो करती है पर है यह पाषाण को कोर कर बनाया गया विराट शिल्प रूप ही। गुहा को कोर कर बनाया गया खुला आँगन जो वेदिका से घिरा है, बाहर से पदार्थ ला कर संरचित प्रांगण बनाने की प्रक्रिया से भिन्न है। यह पर्वत एवं चट्टान में प्रांगण के वास्तु रूप की अनुकृति है। सीढ़ियाँ जो एक गुहा को दूसरी से, निचली सतहों को ऊँचाइयों से जोड़ती हैं, कान्हेरी में धीमी सुन्दर उठान वाले पर्वत के अनुरूप बढ़ती जाती हैं, उठती हैं, उतरती जाती हैं। पर्वतीय पृष्ठाधार पर कोरे गये चित्र की तरह। एक खिड़की का रूप ठोस पत्थर को काट कर बनाया जाता है। स्तम्भ खड़े दिखते हैं। उसका रूप अनघड़ चट्टान के अनावश्यक पदार्थ को कोर देने से उभर आता है, जो शिल्प कला की अनिवार्य रचना प्रक्रिया है।

अतः यह कह सकना मुश्किल है कि कान्हेरी में गुहा भित्ति पर कोरी बुद्ध प्रतिमा मूर्तिकला के दायरे में है या वह स्तम्भ, स्तूप, द्वार, चैत्यवातायन, वेदिका, सीढ़ियाँ, सभागृह, विहार, आसनपेढ़िका भी मूर्तिकला का अंग हैं, जिन पर आगे रूपों एवं आकल्पनों का क्रम सर्जित हुआ है।

खैर! तो यह बात सिद्ध हो गयी कि कान्हेरी की मूर्तिकला चटटानी गुहा स्थापत्य का अंग है। हम कितने हिस्से को अपना विषय बनाएँ—सोचना होगा। ओवन कैल और कई सौन्दर्यशास्त्रियों और कलामर्मज्ञों के लिए यह सुन्दर लेणें, विहार, प्रार्थनागृह उनके रूप एक बृहत्तर मूर्तिकला का अंग हैं। पर फिर भी सुविधा के लिए वे स्थापत्य कला के दायरे में रखे जाएँगे क्योंकि वे स्थापत्य या वास्तुकला के रूपों और प्रयोजनों की सिद्धि करते आये हैं। कोरी गयी आसनपोढ़िका भिक्षुओं के बैठने के हित है। कोरा गया द्वार लेण के एक भीतरी संसार में प्रविष्ट कराता है। वातायन से सूर्य की उदयाचल एवं अस्ताचल किरणें भीतर जाती हैं। चैत्यगृह धम्म की शरण में आये लोगों की प्रार्थनाओं के गम्भीर एवं मार्मिक स्वर से गूँजता है। ओवरक या लेण या विहार में भिक्षु वास करता है। दिन-रात, सोते-जागते, सोचते-पढ़ते, लिखते या फिर ध्यानमग्न।

अतः हम कान्हेरी की मूर्तिकला में उन रूपों को ही लेंगे जो इन स्थापत्य रूपों के पृष्ठाधार पर कोरे गये मूर्त रूप हैं। फिर वे चाहे मानवरूप हों, मिथकीय या काल्पनिक रूप हों, पशु, पक्षी, वनस्पति या वस्तुएँ हों, अर्थात् जागतिक रूपों की अनुकृतियाँ हों। कान्हेरी की मूर्तिकला की चर्चा कई तरह से की जा सकती है। प्रचलित परिपाटी के अनुसार कान्हेरी की गुहाभित्तियों की तमाम मूर्तियों का वर्गीकरण कर के उनका वर्णन एक बारगी कर सकते हैं। या फिर एक-एक गुहा का सम्पूर्ण वर्णन किया जा सकता है। लेकिन तीसरी पद्धति सौन्दर्यबोध शास्त्र के सामान्य मॉडल पर आधारित है जिसे मेरे गुरु प्रो. रमेश कुंतल मेघ ने विकसित किया है। यह मॉडल थोड़े बहुत संशोधनों से किसी भी कलाकृति पर लागू किया जा सकता है। इसके तीन मुख्य खंड हैं। कलाकार और उसकी रचना प्रक्रिया, कलाकृति और उसके रूप और अन्तर्वस्तु के पक्ष और फिर सहृदय या प्रेक्षक की आशंसा के तत्त्व हैं।

कान्हेरी की 109 कोरी गयी गुहाओं वाला या विराट संघाराम, यह बौद्ध बस्ती, यह अध्ययन एवं शिक्षण केन्द्र या महाविहार दक्षिणापथ के अपूर्व एवं महान गुहा स्थापत्य की एक उज्ज्वल नीलमणि है।

नागराजु बताते हैं कि पश्चिमी घाट की पर्वत माला का यह क्षैतिज विस्तार गुहाओं के कोरने के लिए आदर्श था। और 1200 के लगभग जो गुहाएँ अलग-अलग समूहों के रूप में व्यापार मार्गों पर बनी हैं, उनमें कुछ पर्वतों के बीच के हिस्से में, कुछ ऊपरी तो कुछ निचले हिस्सों में कोरी गयी हैं। कान्हेरी की गुहाएँ कृष्णगिरि पर्वत के ऊपरी हिस्से में खोदी गयी हैं। यह गुहाएँ एक विराट बौद्ध शिक्षण केन्द्र का अंग थीं। श्रीमती शोभना गोखले को यहाँ की निर्वाण वीथि के समाधि लेख इस बात का प्रमाण देते हैं कि प्राचीन समय में कान्हेरी ज्ञान का महत् केन्द्र रहा था।

पश्चिमी घाटों के विभिन्न गुहा समूह—भाजा, कोण्डाने, पीतलखोरा, अजन्ता, बेदसा, नासिक, जुन्नार, कान्हेरी एलोरा, औरंगाबाद आदि विभिन्न आकारों और शैलियों के हैं। इनमें कुछ सम्पूर्ण हैं तो कुछ अपूर्ण। इन गुहा-गुच्छों में संख्या का भी भेद है। इस सम्पूर्ण ऐतिहासिक-सांस्कृतिक प्रघटना का काल विद्वानों ने दूसरी सदी ई.पू. से 9वीं सदी ई. तक माना है। यों तो वैरागियों का गुहाओं के एकान्त का प्रयोग भारतीय स्मृति में दर्ज़ है। फिर पहाड़ को कोर कर उसमें मनुष्य निर्मित आश्रय बना लेना भी एक पुरातन परम्परा है। गया के पास बिहार में बाराबर पर्वत पर आजीविकों के श्रमण सम्प्रदाय के हित अशोक ने ऐसी ही गुहा दान दी थी। फिर जहाँ तक मनुष्य निर्मित गुहा में मूर्ति रूपों को कोरने की परम्परा का प्रश्न है, प्रथमतः लोमश ऋषि गुहा के मुख पर, द्वार के ऊपर, अंकित स्तूप के दोनों ओर हाथी प्रणत मुद्रा में उकेरे गये थे।[1] (देखिए चित्र)

लगभग ई.पू. 483 में अशोक ने बौद्ध मिशनरियों को बौद्ध धर्म के प्रचार हेतु चहुँओर भेजा था

लोमश ऋषि गुहा के मुख

तब अपरान्त (उत्तर कोंकण) और दक्खन भी उनमें थे। यवन भिक्खु धर्मरक्खित तथा महाधम्मरक्खित को क्रमशः अपरान्त और दक्षिण में भेजा गया था।

दूसरी सदी ई. पू में उत्तर में शुंगों का राज्य था, दक्षिण एवं कोंकण में आन्ध्रों का। वहीं प्रचार हेतु घूमते हुए भिक्खुओं के लिए बरसात के चार मासों में आश्रय स्थलों के निर्माण (वस्सावास) की धारणा आयी। सिलवेन लेवी को उद्धृत करते हुए राधाकमल मुखर्जी कहते हैं। "भिक्षु वस्सावास के दौरान प्राकृतिक आश्रय स्थलों पर रहा करते थे। गुहाओं और कन्दराओं में। पर जैसे-जैसे मठ और संघ विशाल से विशालतर होता गया तो यह आश्रयस्थल 'विहार' बन गये। गुहाओं को कोर के खाली किया गया, कक्षों में बाँटा गया, सज्जित किया गया। संघ के जीवन के लिए विहारों की ज़रूरत आ पड़ी, और विहारों के लिए एक चैत्य मन्दिर की।" और यों बौद्धों के विस्तार ने अपने मानवतावादी एवं काव्यमय स्वर से भारतीय कला भाव को जाग्रत कर दिया।[2]

इस तरह सह्याद्रि पर्वत माला की निचली पहाड़ियों में ट्रैप रॉक में गुहा कोरने की विधि वे जानते रहे होंगे क्योंकि पाषाण में मूर्ति शिल्पन की परम्परा मौर्य काल से ही विदित थी। शुंग काल में भी भरहुत साँची में (दूसरी सदी ई.पूर्व) काष्ठकर्म की शैलियों को पाषाण में उतारा गया था। इसी पाषाणी बौद्धकला की वंशज कान्हेरी की गुहाएँ एवं मूर्ति शिल्प हैं।

कान्हेरी की मूर्तिकला का पदार्थ

दूसरी शती में 'महाराज महाविहार' कहलाने वाला यह बौद्ध केन्द्र, समाज, धर्म, कला और संस्कृति का अनुपम रत्न है। कान्हेरी के स्थापत्य और फिर मूर्तिकला का पदार्थ ठोस, जीवित चट्टान है। इस कला का पदार्थ वे महान पर्वत खंड हैं जिन्हें काट काट कर, कोर कोर कर उन धैर्यवान एवं श्रमशील कारीगरों और सृजनधर्मी रूपकारों ने चैत्य गृह एवं विहार, भोजनशालाएँ एवं भंडार गृह, पानी के सरोवर एवं बावड़ियाँ बनाईं। यह गुहाएँ कभी भी प्राकृत खोखली गुहाएँ न थीं। जीवित कठोर ठोस चट्टान को काट-काट कर उस समय के स्थापत्य को, सुकोमल काष्ठ के स्थापत्य को, पाषाण में सदा के लिए अमर कर दिया गया।

पहाड़ को प्रलंबवत काट पर उस पर सुन्दर मुख (फसाड) बनाये गये उनमें जालीदार चैत्य वातायन काटे गये, द्वार, प्रांगण, वेदिकाएँ एवं सीढ़ियाँ, आसन पेढ़िकाएँ (बेंच), स्तम्भ और तरह-तरह के आकार वाली छतें कोर ली गयीं। क्षैतिज विस्तार वाली इस ट्रेप ज्वालामुखी (वोलकेनिक) चट्टान में कठोर एवं नर्म चट्टान के एक के बाद एक संस्तर थे। एक ऊँचाई पर तमाम विस्तार में उसका घनत्व एवं खनिज गुण एक से प्राप्त होते थे और उसी नर्म स्तर में कृत्रिम गुहा को कोर लिया जाता था। ऊपर की कठोरतर शिला को नमी और बरसाती जल भेद न सकता था।

पहले के चैत्यों के मुख सबसे बाहर बनाये जाते थे पर पहाड़ से वर्षा का जल शिलामुख पर बहता और इस तरह उन्हें और उनकी कला को घायल कर देता था जैसा कि कोण्डाने में दिखता है। अतः बाद में मुख के आगे स्क्रीन या मंडप सा कोरा जाने लगा। मुख कुछ अवगुंठित और सुरक्षित भी हो गया। यह गुफ़ाएँ एक ओर गर्मी की तीखी धूप से संरक्षित थीं, तो मानसून की धारासार वर्षा से भी बचाती थीं। सुरम्य घने वनों वाली घाटी और समुद्री तट की ठंडी बयारों को अपने भीतर उतारे, ये साँवले पहाड़ प्रकृति के शिल्पांकनों के रूप में खड़े थे।

यह एक ऐसा ठोस एवं आदिम कला पदार्थ था जो घासफूस, ईंट और काष्ठ से निर्मित अस्थाई आश्रय या आवासों में रहने वालों को स्थाई और शाश्वत लगा। वह पर्वत ही की तरह अचल एवं स्थिर था। पत्थर की अपील बड़ी आदिम थी और उसमें जो स्थापत्य एवं मूर्तियाँ ढलीं वे मनुष्य की आत्मा और मानस के विकास, समुन्नत आकाश और चेतना और सौन्दर्यबोध का रूप थीं। सबसे कदीम और आदिम पदार्थ पर यह मनुष्य की विकसित, गम्भीर और मर्मी चेतना के शाश्वत निशान थे। आज भी लगभग 2 हज़ार वर्ष बाद उसी पाषाणी पदार्थ की बदौलत हम अपने पूर्वजों से मानस संवाद करते हैं और मानो उनकी छायाओं के सम्मुख मौन और अवाक् खड़े रह जाते हैं।

ओवन कैल भी मानते हैं कि यह स्थापत्य न होकर अपने बृहत्तम अर्थ में शिल्प ही है। स्थपति पदार्थ को कहीं और से लाकर शून्य में संरचना खड़ी करता है, जबकि यहाँ अमूर्त पदार्थ का रूपान्तरण है। इसीलिए ओवेन कैल को इस महान ऐतिहासिक श्रम के लिए 'केव' या 'गुहा' शब्द का प्रयोग घोर अन्यायपूर्ण लगता है।

कान्हेरी का नाम मूलतः कृष्णगिरि था। इसके प्रमाण अभिलेखों में मिलते हैं। कृष्ण शब्द पालि में 'कान्हा' हुआ। एक अन्य नाम कान्हाशैल भी दर्ज़ है। कान्हेरी में चैत्य के सम्मुख ईंटों वाले स्तूप से जो त्रैकूटक ताम्र पट्ट मिला है उसमें यह नाम दर्ज़ है। इस अभिलेख की भाषा संस्कृत है। क्योंकि त्रैकूटक गुप्तों के प्रतिनिधि थे और गुप्त राजा संस्कृत के आश्रयदाता थे।

... कृष्णगिरि महाविहारे सिन्धु विषयान्तर गत
ग्रामिकानाकावासतव्य..........

कृष्ण का अर्थ होता है—श्याम या साँवला और गिरि या शैल का अर्थ है पर्वत। कृष्ण शैल नाम क्रमशः गुहा संख्या 101, 21, 98 के अभिलेखों में मिलता है। आज जब घने जंगल और दोनों ओर के पेड़ों से ढकी सड़क से हम कान्हेरी पर्वत की ओर जाते हैं तो पर्वत के कुछ करीब रह जाने पर कान्हेरी का पर्वत दृश्यमान हो जाता है। वहीं से नीले आकाश की पृष्ठभूमि में उसका कृष्ण नाम सार्थक हो जाता है। यह वह काली वोलकेनिक (ज्वालामुखी के गर्भ से जल पिघल कर फिर जमी हुई) चट्टानें हैं जिनका भूगोलशास्त्रीय नाम वोलकेनिक ब्रेक्किया (Volcanic Breccia) है। इसमें केक की तरह की सख्त एवं नर्म तहें हैं। मराठी भाषा में ऐसी जली हुई चट्टान को राखड़ कहते हैं।

गृह, मन्दिर, सभागृह, सभा मंडपों का जो स्थापत्य काष्ठ में निबद्ध था, बौद्धों ने इन चट्टानों में उसी की अनुकृति की। काष्ठ का स्थापत्य तो काल कवलित हो गया। कठोर चट्टानों पर उसकी यह प्रतिकृतियाँ बची रह गयीं। अशोक ने अपने राज्य एवं धर्मलेख इसीलिए शिलाओं पर अंकित करवाये थे। यह और बात है कि कहीं-कहीं बरसात के धारासार प्रवाह ने, गरम और ठंडे मौसमों की निरन्तर आवाजाही ने, इस चट्टान को, उन पर उकेरी मूर्ति छवियों को धुँधला एवं क्षरित भी किया है।

कोण्डाने के मूल चैत्य गृह में पदार्थ का महत्त्व पता लगता है। पता लगता है कि पदार्थ कैसे शिल्पन को संचालित करता है। गुहा को काटने और कोरने का काम ऊपर से नीचे की ओर होता

था। चट्टान में कई तहें होती थीं। जिनकी गुणवत्ता या सघनता अलग-अलग होती थी। भीतर के खनिजों, दबाव और ताप के कारण चट्टान के टैक्सचर में भेद होते थे। कोण्डाने के चैत्य के स्तम्भ और गुहा ऊपर से ठीक-ठाक और नीचे से भग्न हो गयी है। यही कारण है कि चैत्य के साथ के स्तूप वाले विहार में नीची तहों को छेड़ा ही नहीं गया और ऊपर ही उसका आधार बनाया गया है। एक गुहा की निचली परत निरन्तर चलती थी। अतः उसकी प्रकृति जान लेने पर भूल को दोहराया नहीं गया है।

अतः कान्हेरी की श्यामल, ज्वालामुखी, तहदार चट्टानों ने कलाकारों को पत्थर में एक स्वप्न सिरजने की चुनौती दी है। कमल के फूल खिलाने की चुनौती, बुद्ध की भावना और दृष्टि को मूर्त करने की चुनौती।

सौन्दर्य का ऐन्द्रिय प्रभाव भी पदार्थ या माध्यम के भौतिक गुण अर्थात् रंगत, खुरदुरापन, चिक्कणता, आन्तरिक टैक्सचर इत्यादि के अनुसार बदलता है। पाषाण में भी अलग-अलग पाषाण भिन्न प्रतिबोध जगाते हैं और हमारी आँख और स्पर्श संवेदनाओं को उत्तेजित करते हैं। इस प्रभाव की तुलना भारतीय काव्यशास्त्र के शब्द गुणों से की जा सकती है।

शिल्प में प्रयोग से पहले माध्यम को स्थायित्व एवं गुण की दृष्टि से परख कर लेना ज़रूरी होता है। खंडित, खुरदुरी, बालूभरी चट्टान के बजाय, पूर्ण, समान अविकला और चतुरश्रा (चौकोर) चट्टान चुनी जाती है।

अतः इस सह्याद्रि शृंखला की नीची पहाड़ियों की यह ट्रैप चट्टानें बौद्धों की धीर-गम्भीर शीलवान संस्कृति में ढलकर जीवन्त हो उठीं। दार्शनिक बन गईं एवं जीवन दृष्टि से आपूरित हो उठीं। इतने गहन दर्शन एवं नैतिक आचारवान् संस्कृति को दुरूह सिद्धान्तों के संसार से उठा कर इन्द्रिय संवेद्य बना देना एक बहुत बड़ी और जनतान्त्रिक क्रान्ति है। यह कलाओं के द्वारा ही सम्भव भी थी। नव्य मार्क्सवादी हर्बट मारक्यूज़ इसे ही समाज की नव संवेदना का कलाओं के माध्यम से जन्म लेना मानते हैं।[3] इसे ही कला मर्मज्ञ सूज़ान लैंगर निर्जीव पदार्थ के मानवकरण (एंथ्रोपोमोरफाइज़िंग) का सिद्धान्त कहती हैं। अपनी पुस्तक 'फीलिंग एंड फार्म' में वे लिखती हैं कि जीवन्त आकार में ढलकर निर्जीव पदार्थ ऐसे जीवन्त हो उठता है कि हम उसे छूना चाहते हैं। यह पाषाण का जीवन में ढलना है। मूर्तिशिल्प में जीवित तो कुछ होता नहीं, तो भी पदार्थ का रूपाकार जीवन का रूपाकार होता है, और वह स्पेस जिसे वह दृश्य बनाता है, जाग उठता है। पदार्थ एक वरचुअल, गतिशील आयतन में बदल जाता है। जीवन की सादृश्यता-गति एवं लय के द्वारा।[4]

कान्हेरी के दरबार हॉल की छत में जगह-जगह काले धब्बे दिखते हैं। कहीं-कहीं छत कोरते-कोरते छोड़ दी गयी है। एक भारी चट्टान मानो छत से लटकी रह गयी है। इनके उत्तर हैं—जला हुआ पत्थर तथा शिला की खराब गुणवत्ता।

कान्हेरी का कलाकार

इन गुहा मन्दिरों का निर्माण एक महान और सामूहिक उद्यम था। इसके तीन पक्ष थे। प्रथमतः, इन रूपाकारों को अपने हाथों से कोरने वाले रूपकार या शिल्पी या कलाकार, दूसरे धन की व्यवस्था कराने वाले संरक्षक तथा तीसरे वे पुरोहित या बौद्ध अधीक्षक जो इन स्थापत्यों का पवित्रीकरण करते थे। अपनी देखरेख में वे धर्म के अनुसार कार्य करवाते थे।

भारत में कलाकार और कारीगर का भेद न था। विभिन्न हस्तकलाओं में डूबे तमाम लोगों

को एक सामान्य अभिधान 'शिल्पी' प्राप्त था। इस शिल्प शब्द में तमाम निपुणताएँ, कलाएँ और व्यवसाय शामिल थे।

वेदों में शिल्प के प्रकारों के सन्दर्भ में तक्षक, रथकार, कर्मार, आदि शब्द मिलते हैं। बाद में संहिताओं और ब्राह्मणों में इनकी संख्या खासी बढ़ जाती है। वैदिक युग में कृषि के लिए औज़ार बनाने के कारण शिल्पी को सम्मान प्राप्त था। जबकि सूत्र ग्रन्थों में इनका सम्बन्ध शूद्रों से जोड़ा गया है। इस तरह आजीविका के अभाव में बहुत से शिल्प वर्ण से जुड़ गये थे।

बौद्ध ग्रन्थों में 'मज्झिमनिकाय' तथा दीघ्घनिकाय, महावास्तु और मिलिन्द पन्हो (लगभग आठ शिल्प एवं व्यवसाय) में शिल्प के प्रकारों की सूचियाँ हैं।

अतः भारतीय शिल्पी जहाँ अर्थव्यवस्था के स्तम्भ थे, वहाँ नागर जीवन शैलियों को भी जन्म दे रहे थे। आर.एन. मिश्र ने शिल्पी या कारीगर पर अपना सुन्दर शोध किया है।

भारत में पाषाण के तक्षण का सबूत हमें मौर्यकला में मिलता है। जबकि इसके पहले कला के अवशेष शायद इसीलिए नदारद हैं कि वह काष्ठ, हस्तिदंत जैसे भंगुर पदार्थों का प्रयोग करती थी। तक्षक, वर्धकी एवं कर्मार इन्हीं पदार्थों के शिल्पी थे जो बाद में अपना कौशल पाषाण पर आज़माने लगे। वास्तु एवं मूर्तिकला के सिद्धान्तग्रन्थ 'मयमतम' में चार तरह के शिल्पी हैं—स्थपति, सूत्रग्रहिन, तक्षक और वर्धकी।

पाषाण के शिल्पियों का प्रमाण मौर्य युग में ही है। कौटिल्य के 'अर्थशास्त्र' में ऐसे कई सन्दर्भ हैं जहाँ शिल्पियों के प्रकार, उनका पारिश्रमिक तथा राज्य द्वारा उनका संरक्षण भी उल्लिखित है।

बौद्ध ग्रन्थ 'मिलिन्द पन्हों' में तो एक ऐसे नागर वास्तुकार का वर्णन है जो एक नगर बनाता है और उसके बस जाने के बाद किसी दूसरे क्षेत्र की ओर चला जाता है। यह सन्दर्भ शिल्पकारों की गतिशीलता को बताता है।

धीरे-धीरे पाषाण के शिल्पी अज्ञात नाम न रहे तथा समश्रेणी शिल्पियों के समूह से जुड़ गये।

मौर्य सातवाहन काल के ज़मीनी और समुद्री सम्पर्कों तथा व्यापार ने शिल्पियों के लिए भी नये मार्ग खोले और नव धनाढ्य वर्ग का उत्साह नागर केन्द्रों में धार्मिक निर्माण को प्रश्रय देने लगा। अब नवनिर्माण पाषाण में होने लगा। मौर्यों के व्यापक प्रशासनिक संगठन ने शिल्पी के कौशल को भी व्यापक स्तर पर बाँधा और यों पत्थर के प्रयोग ने कला की दुनिया में क्रान्ति ला दी। इस रूपान्तरण का प्रभाव मथुरा, भरहुत, साँची, गया, पश्चिमी, तथा पूर्वी तटों पर महसूस हुआ। इन अभिलेखीय प्रमाणों में *शिलाकर्मन्त* या शैलकर्म जैसे शब्द आए। यह पाषाण-माध्यम का रेखांकन था। अब मूर्तिकार के लिए नाम आये—रूपकार, शैलवर्धकी, अवेश्नि, रूपदक्ष वगैरह। इन्हीं अभिलेखों में छोटे और बड़े स्तर के निर्माण का उल्लेख है जिनमें गुहाओं शैलगृह या लेण—(संस्कृत लावण्य से) के निर्माण, घरमुघ (फसाड ऑफ़ केव), शिलालष्टि (पाषाण स्तम्भ), पुष्करिणी, भंडार (उदापन), गंजावार, चक्रपाट (चक्रअंकित शिला), पादुका पट्ट, स्वस्तिक पट्ट इत्यादि। लुडर्ज की सूची में बड़े रूपों का उल्लेख है जैसे गुहा उपस्थानशाला, विहार और भोजन चतुश्शाल। छोटे रूपों में बैठने की आसंदिकाएँ आदि हैं। फिर अभिलेखों में मूर्तियों का भी उल्लेख है जिन्हें **शैलरूपकर्म** भी कहा गया है। पाषाण के कलाकार को 'शैलवर्धकी' कहा गया है, जो साधारण काष्ठ वर्धकी से उसका भेद दिखाता है।

बौद्ध ग्रन्थों में 'महावस्तु' कलाकार के अनेक वर्गों का उल्लेख है। जैसे चित्रकारक, वर्धकी-रूपकार (कार्पेन्टर्ज़), कारुपत्रिका (क्ले मॉडलर्ज़) तथा स्थपति-सूत्रकार (आर्किटेक्ट), लेपका (डेकोरेटर), पुस्तकर्मकार (प्लास्टरर) आदि विभिन्न नाम बताते हैं कि पाषाण तक्षण के काम में, वास्तु

कला में भिन्न-भिन्न कलाकारों की विशिष्ट भूमिका थी। मनुसंहिता में कलाकारों का सोपान क्रम दिया गया है। स्थपति, मुख्य वास्तुकार था; सूत्रग्रहिन (आकल्पक एवं निरीक्षक), तक्षक मूर्तिकार, काष्ठकार और चित्रकार एक-दूसरे से जुड़े हुए थे।

कान्हेरी के जो कलाकार या मूर्तिकार रहे होंगे उनमें अपने स्थान पर रहने वाले भी होंगे और कुछ घुमन्तू विशेषज्ञ भी रहे होंगे क्योंकि कान्हेरी में जब हम महाचैत्य के बाहरी हिस्से में दो विराट बुद्ध मूर्तियों को देखते हैं तो बामियान बुद्धों की भी याद आती है। स्तम्भ पर उकेरी मथुरा शैली की बुद्ध मूर्ति दिखती है। चैत्य के प्रांगण में एक ओर के आयतन में बड़ी सुन्दर गुप्त शैली की सारनाथ के प्रभाववाली मूर्तियाँ अपनी ओर खींचती हैं। हम वहाँ भरहुत और साँची के वक्त से चले आते नाग और यक्षों को देखते हैं। कान्हेरी के स्तम्भ पर ही हमें नागार्जुन कोंडा अथवा सातवाहन कला जैसे कुंडलीकृत नाग का रूप भी दिखता है (नाग मुचिलिंद?)। मिथुनों की मूर्तियों की वेशभूषा एवं अलंकरणों पर सातवाहन युग की पगड़ियाँ और दक्षिणापथ के अलंकरण का प्रभाव है। स्पष्ट है कि घुमन्तू और स्थानीय कलाकारों का योगदान इस मूर्ति कला में है। यों तो भारतीय शिल्पकार महानतम कलाकृतियाँ सिरज कर भी सदियों से अनाम ही रहा आया था। क्योंकि वह खुद को एक माध्यम भर मानता रहा—सर्जक नहीं। फिर कान्हेरी के अभिलेखों में दानियों के नामों की भरमार है, कलाकारों की नहीं। फिर भी जिनके निरीक्षण में कार्य हुआ उन उपरक्खितों के या नवकर्मिकाओं के नाम दर्ज़ हुए हैं।

यों कलाकारों के नामों का उल्लेख कहीं न हुआ है, ऐसा भी नहीं। मथुरा के दधिकर्ण नाग के मन्दिर में शैलालक के पुत्रों—चंडक बन्धुओं का उल्लेख है। मथुरा में ही कुणिक के शिष्यों गोमंतक तथा नाग का अभिलेखीय प्रमाण है जिसने यक्षिणी लायवा की मूर्ति बनाई थी। लगता है कि कलाकारों में विषयों की विशेषज्ञता आने लगी थी और उनमें गुरुशिष्य परम्परा भी प्रबल थी। गुरुत्व एवं शिष्यता का उल्लेख पश्चिमी गुहा-मन्दिरों में कोण्डाने गुहा के मुख पर बनी यक्ष प्रतिमा के नीचे अभिलेख में दर्ज़ है :

कन्हसा अन्तेवासिना बलकेन कतम

अर्थात् 'कन्ह के शिष्य बलक द्वारा रचित' या बलक ने बनाई।[5]

साँची अभिलेख में विदिशा के दन्तकारों (हस्तिदन्त) का उल्लेख है जिन्होंने दक्षिणी तोरणद्वार के एक हिस्से पर रूप-कर्म (कार्विंग) किया था। भरहुत का रूपकार बुद्धरक्खित तथा साँची के दो कलाकार अर्थ और अभय के नाम दर्ज़ हैं। धेणुकटक का वर्धकी—स्वामिन—जिसने कार्ला गुहा का मुख बनाया था। यह भी प्रतीत होता है अन्य कलाकर्म के लोग भी पाषाण कर्म में शामिल हो गये थे। पीतलखोरा का वामनयक्ष एक स्वर्णकार ने बनाया था। यों तो पाषाण मूर्तिकारों के नाम अलग-अलग थे जैसे रूपकार, रूपदक्ष, कर्मिका या शैलालक पर इन सभी को शैल-वर्धकी के रूप में नामित किया गया। इनमें प्रभुत्वशाली थे—नवकर्मिका (वास्तुकार) जो आमतौर पर भदन्त एवं प्रचारक होते थे। आवेश्निन भी प्रमुख होते थे।

कान्हेरी की गुहा संख्या 3 में एक अद्‌भुत अभिलेख है जो दूसरी शती ई. का है और प्राकृत भाषा में ब्राह्मी की नासिक शैली में लिखा गया है। इसमें नवकर्मिकाओं की लम्बी सूची है जो भिक्खु है। इनके नाम हैं—अचल, गृहला, विजयमित्र, बोधिका एवं धर्मपाल। इस सूची में व्यापारी अपरेणुक का भी नाम है। यह अभिलेख आगे कहता है कि गुहा की खुदाई का निर्माण कार्य भदन्त बोधिका द्वारा हुआ जो भदन्त स्युमला (श्यामला?) का शिष्य था। उसने कई कलाकारों के उपरक्खित के रूप

में निरीक्षक का कार्य किया जिनमें थे शैलवधकी, नायकमिस, कढीचक, महाकटक, मिथिक (घिस कर ओप चढ़ाने वाले) और खदरकी। इसी अभिलेख में गौतमी पुत्र यज्ञश्री सतकर्णी के नाम के साथ उन दो भाइयों—गजसेन और गजमीत के नाम हैं जिन्होंने इसे खुदवाया। सबसे बढ़कर इस अभिलेख का महत्त्व इस बात में है कि एक स्मारक बनाने में कितनी तरह के कलाकारों का श्रम आवश्यक था—यह पता चलता है। इसमें निम्नलिखित पदनाम आये हैं—

1. उपरक्खित - निरीक्षक या ओवरसियर।
2. शैलवधकी - पाषाण के कर्मकार (संस्कृत वर्धकी—आधुनिक भाषाओं में बढ़ई—मराठी में—वाढी)।
3. कढीचक - कलाकार।
4. मिथिक - पॉलिश करनेवाला।
5. खदरकी - सम्भवतः जिससे खराद शब्द बना है (घिसने वाला)
6. महाकटक - प्रमुख मज़दूर या काटने वाला।
7. नवकमिस - अर्थात् मजदूरों का नेतृत्व करने वाला।

पूर्वयोजना

गुहास्मारक बनाने से पहले उसका एक पूर्वरूप हाथ से कागज़ पर उतारा जाता जिसमें हर छोटा हिस्सा, स्तम्भ, उस पर बनाई जाने वाली आकृति और अभिप्राय भी लगभग तय होते।[6] लेकिन वह पूर्व योजना चाहे किसी एक सिद्ध वास्तुकार की रही हो उसे बहुत से कारीगरों के हाथ ही मूर्त करते थे। अतः वह अपने कर्मियों के विभिन्न समूहों का संगठन करता। चट्टान को काटने का प्रारम्भिक कार्य करने वालों को पता होता था कि कितने और कहाँ बड़े-बड़े चट्टानी टुकड़े छोड़े जाएँगे ताकि बाद में उन्हें स्तम्भों में रूपान्तरित किया जा सके। उन्हें छत की ऊँचाई और चौड़ाई भी पता होती। स्तम्भों की रैखिकता के लिए माप की कोई बड़ी सुचारु व्यवस्था रही होगी।

महावंस और *धूपवंस* में भी पहले से डिज़ाइन की बात प्रकारान्तर से सामने आती है। *नैषधचरित* में दमयन्ती के सौन्दर्य की व्यंजना करते हुए कहा गया है कि दमयन्ती की रचना से पहले तमाम नारी सौन्दर्य एक पूर्व आकल्पन भर है।

लेकिन कान्हेरी में हीनयानी चरण से आरम्भ होने के कारण मूर्तियों का निर्माण बाद के महायानी चरण में हुआ है।

कान्हेरी की गुहा संख्या 3 (चैत्य) की एक बुद्ध प्रतिमा के नीचे उसके निर्माता (?) शाक्य भिक्खु बुद्धघोष के नाम का उल्लेख है जो धर्मवत्स का शिष्य था। ये तीन पंक्तियों का अभिलेख है। इस अभिलेख में पाँचवीं शती ई. के ब्राह्मी अक्षर हैं तथा भाषा संस्कृत है।

बुद्धस्य भगवतसनानुकृतराय पिटकोपाध्याय।
भदन्त धर्मवत्स-शिष्य शाक्य भिक्षोर बुद्ध घोषस्य
महागंध कुटीवारिकस्य भगवत् प्रतिमेयम देयधम्माह।

यह अभिलेख मूर्तिकार का नाम बताता है या केवल अर्थदान करने वाले का, कहना कठिन है। यूँ बुद्धघोष नाम बौद्ध इतिहास में बड़ा महिमाशाली है। पाँचवीं सदी में एक महाथेर बुद्धघोष लंका और थाटन गये थे। कौन जाने यह बुद्धघोष कौन थे।

कान्हेरी का मूर्तिकार घुमन्तू रहा होगा। यह तमाम पश्चिमी घाट के गुहा-मन्दिरों के लिए सच

है। या कहें कि बौद्धकला के बारे में ही सच है कि वास्तुकार एवं मूर्तिकार व्यापारियों, और श्रेष्ठियों के साथ जगह-जगह घूमते थे। हम अनुमान लगाते हैं कि बेदसा के वास्तुकार ने भरहुत, बोध गया, साँची देखा होगा जो पाषाण कर्म के तब महत्त्वपूर्ण केन्द्र थे। उसी तरह कान्हेरी के कलाकार पर भी मथुरा कला, कुषाणों की कला, नागार्जुन कोंडा, अमरावती की सातवाहन कला, गुप्तों के केन्द्रों और बामियान बुद्ध की स्मृति का प्रभाव एवं प्रेरणाएँ रहीं होंगी।

एक और बड़ी रोचक बात है जिसे विद्या देहिजा उठाती हैं। और यह श्रुत प्रभावों का मंडल है जो अन्तर्देशीय प्रभावों के आगे परादेशीय है। सातवाहनों के साम्राज्य का अभ्युत्थान व्यापक से व्यापकतर होते समुद्री व्यापारिक सम्बन्धों से जुड़ा रहा है। और यही समय कोरे गये प्रारम्भिक गुहा मन्दिरों का भी है। मिस्र के नगरों और पेट्रा से आये व्यापारी कल्याण, सोपारा, चौल और भरुकच्छ के तटीय नगरों में घूमते थे। शायद उन्होंने अपने देशों की विराट चट्टानों में कोरी गयी महान एवं विराट समाधियों और मन्दिरों की, स्तम्भों वाले आयतनों की चर्चा की होगी, खुलासा किया होगा, शब्द चित्र खींचे होगे। कलाकारों और कारीगरों ने भी उनके वो किस्से सुने होंगे, उन किस्सों ने उनकी कल्पना को जाग्रत तो किया होगा। अपनी कला परम्परा तथा देखे और सुने अनुभवों के संचित भंडार पर उन्होंने अपनी नवोन्मेषशालिनी प्रतिभा का अनुसरण किया होगा।[7] (देखिए चित्र)

जार्डन के ट्रेजेरी ऑफ पेट्रा

मिस्र में रानी हेतपशुत का मन्दिर

इन कलाकारों का धर्म कुछ भी हो सकता था या उनमें कई बौद्ध भी हो सकते थे। पर्सी ब्राउन बौद्ध तिब्बत की परम्परा के अनुसार 'कलाकार-पुरोहित' की बात भी रखते हैं कि वे कलाकार और श्रमण साथ-साथ भी तो हो सकते थे। पर इतना तो है ही कि यह सारा कार्य बौद्ध आचार्यों या नवकर्मिकाओं की देखरेख में होता था ताकि बौद्ध स्मारकों के विधि-विधान का पालन हो सके। इसीलिए दानपरक अभिलेखों की सीमाओं में इन्हीं के व्यक्ति नाम उल्लेख पा सके हैं।

पाषाणकर्म में लगे कलाकारों का रिलीफ अंकन–खजुराहो संग्रहालय

शिल्पांकन के औज़ार

मूर्तिकला का माध्यम सब कलाओं में ठोस है। उसमें भी ज्वलित (इग्नियस) बासाल्ट चट्टान को गुहा मन्दिरों और रूपाकारों में ढालने वाले शैलवधकी ने ठोस चट्टान के उपचार के लिए हथौड़ी, छेनी, चाकू, बरमा, दरांती, आरी जैसे औज़ारों से तक्षण, काटना, छीलना, खोदना, उकेरना, घिसना, मँजाव आदि तमाम कौशल एवं तकनीकों का प्रयोग किया होगा। माध्यम की प्रकृति के अनुसार औज़ार एवं कौशल बदलते हैं। मिट्टी को हथौड़ी और छेनी के बजाय हाथ की नम्यता ही ढाल सकती है, लकड़ी को छीलने के लिए चाकू, तो पाषाण पर लघु-आघातों के लिए हथौड़ी-छेनी की काट की ज़रूरत होती है।[8]

शिल्प की विभिन्न क्रियाओं में खरोचना, रगड़ना, घिसना, छेनी से काटना इत्यादि शामिल है। भारतीय शिल्पी चट्टानों पर रूपरेखाएँ उकेरने के बाद इर्द-गिर्द का पदार्थ निकालते हुए उसे त्रिआयामों की ओर बढ़ाते थे। अजन्ता-एलोरा की गुफाओं में से कुछेक में इस रचना प्रक्रिया के संकेत छूटे हुए हैं। कुछ गुहा भित्तियों या स्तम्भों पर केवल रेखांकन हैं। उसके बाद उन्हें काटकर गहराया नहीं गया है।

छेनियों के अलावा वधकी के पास 'सूत्र' भी होता था जिससे वह मापने-जोखने का काम करते थे। कभी-कभी वर्धकी-काष्ठ भी हुआ करता। इसमें 42 इंचों का माप रहता था ऐसा ग्रन्थों में उल्लेख मिलता है। (मोनियर विलियम्ज़ के संस्कृत-अंग्रेज़ी कोश से)

भरहुत के एक रिलीफ़ में दो रूपकार अंकित दिखते हैं, जिनके हाथों में चाकू नुमा छेनियाँ हैं। ये लोग शायद अनियमित चट्टान को पहली तैयारी के रूप में सपाट बना रहे हैं। इनमें से एक ज़मीन पर खड़ा है, दूसरा चट्टान में गाड़ी गयी बड़ी कील पर खड़ा है। उनकी पीठ पर एक टोकरी है जिसमें उनके दूसरे सूक्ष्म औज़ार पड़े हैं। यह कोपिंग पाषाण दिल्ली के राष्ट्रीय संग्रहालय में सुरक्षित है।[9] (देखिए चित्र)

इन गुहा रूपों को देखकर हैरानी होती है कि क्या मात्र छेनी और हथौड़ी से इतने महान, इतने विराट और परिपूर्ण रूप और आकार बने होंगे।

भरहुत, चट्टान पर तक्षण करते कलाकार

खजुराहो, शिल्पीशाला का अंकन

जैसे-जैसे शिल्पकर्म विकसित हो रहा था, वह विशेषज्ञता की ओर भी बढ़ रहा था। इसीलिए ग्रन्थों में कलाकारों के अभिधानों और अभिलेखों में कुछ अन्तर है। ग्रन्थों में सामान्य शब्द ज़्यादा आये हैं जैसे स्थपति या सूत्रग्रहिन, जबकि अभिलेखों में कर्मार, कर्मकार, वर्धकी जैसे अनेक शब्द हैं। यों भी अभिलेख वास्तविक गतिविधि से सम्बन्धित थे जबकि ग्रन्थों में सामान्य सैद्धान्तिक पक्ष पर ज़ोर है।

रचना प्रक्रिया

निहार रंजन राय मानते हैं कि भारतीय मूर्तिकला या सम्पूर्ण कला की कई तहें हैं। आनन्द कुमार स्वामी, एवं ई वी हावैल इत्यादि मनीषियों ने भारतीय कला के मानवीय एवं रूपपरक पक्षों को देखकर भी उसके आदर्शात्मक, रोमानी, रहस्यवादी एवं अध्यात्मवादी पक्षों को संसार के सामने रखा था। लेकिन अध्यात्म के इस उत्साह में भारतीय कला के मानवीय पक्षों, लोगों के वास्तविक जीवन से जुड़े पक्षों एवं अनुभूतियों की अनदेखी भी हुई। पत्थर को ढालने वाला कलाकार, उसकी तमाम रचना प्रक्रिया, मूर्तियों में ढल आने वाला पूरा दौर या उसका स्पर्श अछूता ही रहा आया। अतः नीहार रंजन राय ऐसे तमाम विद्वानों का अवदान स्वीकारते हुए एक राह और खोलते हैं कि जहाँ कला-आशंसा या कला की समझ विद्वत्तापूर्ण, शास्त्रीय या पुरोहितवादी ही न होकर मानवीय एवं समाजशास्त्रीय भी हो। उसमें रूप के विकास से आनन्दित होने वाला विशुद्ध सौन्दर्यबोध भी हो। और यह रूप, यह सन्तुलन, समाज की सामूहिक चेतना के विकास से ही जुड़ा होता है, यह समझ भी हो।

इन गुहा मन्दिरों की रचना प्रक्रिया पर कार्ल खंडालावाला, विद्या देहिजा, हरमेन गोएट्ज़ (Hermann Goetz) तथा धीरेन्द्रनाथ वर्मा ने चिन्तन-मनन किया है। ये विद्वान मानते हैं कि एक गुहा मन्दिर की मूल संकल्पना की पूर्व योजना मुख्य शिल्पी के हाथों बन जाती होगी और तब शैलवधकियों (जिसे तब कारीगर या मज़दूर का दर्ज़ा ही प्राप्त था) के हाथों वह कोरी जाती थी। श्री भारत अय्यर मानते हैं कि भारतीय कला व्यक्ति की कला के बजाय सामूहिक चेतना या राष्ट्रीय चेतना की उपज है। यह कला जीवन के भीतर है, उससे तद्रूप है अतः कलाकार की निजी सनक का रूप वहाँ नहीं है। कलाकार सम्पूर्ण सामूहिक चेतना को रूप और बिम्ब देता था और उस कला को देखने वाले भी इस कला के कैनन (शास्त्र) को समझते थे।

खैर, कार्ले एवं कान्हेरी, अजन्ता एवं एलोरा के अनाम कलाकारों की छेनी और हथौड़ी, बरमे और चाकू के कोटिशः आघातों का हर स्पर्श वहाँ जमा हुआ है।

विद्या देहिजा और धीरेन्द्रनाथ वर्मा स्पष्ट करते हैं कि यह निर्माण या खुदाई ऊपर से नीचे और बाहर से भीतर की ओर होती थी। ऊपर से शुरुआत करने के कारण उनको छज्जे बनाकर काम करने की ज़रूरत कम थी। अजन्ता की गुहा संख्या 5 में इस क्रम के प्रमाण मौजूद हैं जहाँ नीचे तक पहुँचा ही नहीं गया है।[10]

बाहर से भीतर की प्रक्रिया को भी विद्या देहिजा बेदसा के उदाहरण से समझाती हैं। वे लिखती हैं कि वहाँ पहले पर्वत में अन्दर की ओर पतला-सा रास्ता खोदा गया जिसे बाद में दोनों ओर प्रांगण के रूप में खोला गया और उसके बाद ही गुहा का कोरना शुरू हुआ। स्थापत्य कला में नीचे से ऊपर की ओर निर्माण बढ़ता है। जबकि यहाँ इसके विपरीत था। छत से काम शुरू होता और धीरे-धीरे नीचे की ओर आया जाता। पत्थरों को काटने के लिए पहले फावड़े जैसे बड़े औज़ारों से नालियाँ बनाई जातीं और फिर दो नालियों के बीच के पत्थर के टुकड़ों को हथौड़ी से तोड़-तोड़ कर निकाल दिया जाता। यह कार्य साधारण श्रमिक करते थे पर होता यह पूर्व निर्धारित योजना के अनुसार ही। अतः पहले द्वार-मुख, फिर दालान, मंडप, अन्तराल और फिर गर्भगृह या प्रकोष्ठ बनता था।[11]

विद्या देहिजा ऐसे भी प्रमाण देती हैं कि मोटी-मोटी खुदाई या कटाई के बाद तक्षण एवं मूर्तिनिर्माण तथा उन्हें घिस कर चमकाने (कान्हेरी का शब्द मिथिक और उसके श्रम से उत्पन्न ओप) के काम साथ-साथ चलते रहते थे। अन्दर कटाई चलती होती कहीं दीवारें समतल हो रही होतीं और बाहर का मुख या हिस्सा अन्तिम रूप ले चुका होता था।[12]

यह भी अनुमान है कि पहले कुछ विहार बना लिए जाते थे और फिर चैत्य का निर्माण होता था। मानमोडी पर्वत, जुन्नर, अंबा/अंबिका, भीमाशंकर और बुद्धलेण में चैत्य का काम छोड़ दिया गया है, जबकि विहार पूरे बने हुए हैं। अतः भिक्खु वहाँ रहने लगते तो वहाँ रहते हुए चैत्य बना करता। यद्यपि संघ के बढ़ने के साथ-साथ विहारों की संख्या बाद में भी बढ़ती रहती। कार्ले का दोमंज़िला विहार इसका प्रमाण है जो पुलमवी के राज्यकाल में बना जबकि चैत्य काफ़ी पहले बना था।

विद्या देहिजा इस प्रक्रिया में लगने वाले समय का भी अनुमान करती हैं। वे बताती हैं कि चीन की आरम्भिक गुहाओं में इस विषय के कुछ प्रमाण दर्ज़ हैं। लंग-मेन एक ऐसा ही केन्द्र है जहाँ फेंगत्सेन-स्सू तो मानो मूर्तिकला का स्वर्ग ही है। यहाँ बुद्ध की विराटकाय मूर्तियाँ बनी हैं। ये इतनी बड़ी हैं कि उन्हें पूरा निहारने के लिए घाटी के दूसरी ओर जाना होता है। तांग वंश की यह अनुपम कृति दर्ज़ समय के अनुसार लगभग तीन वर्षों में पूरी हो गयी थी। हालाँकि इसके लिए न जाने कितने कारीगर एवं श्रमिक चींटियों की पाँत की तरह जुटे होंगे। हालाँकि यह समय आर्थिक संरक्षण

के स्वरूप पर भी निर्भर करता है। राज्याश्रय में यह कार्य तेज़ी से हो सकता है जबकि व्यापारियों और सामान्य उपासकों के सहारे चलने वाला कार्य धीरे-धीरे रूप धारण करता है।

मूर्तिकार तो पहले समतल की गयी सतह पर रेखा चित्र आँकता था और फिर अपना तक्षण आरम्भ करता था। यद्यपि मूर्तिकार के पास एक दीर्घ कला परम्परा, शास्त्र का ज्ञान, धार्मिक अनुदेश, प्रतीक भाषा और तकनीक रहती थी, तो भी हर कलाकार की अपनी नवोन्मेषशालिनी प्रतिमा कुल प्रभाव में अपना कमाल दिखा जाती थी। इसी आधार पर कान्हेरी के मिथुनों को कार्ले का फीका अनुकरण कहना (जेम्ज़ फरग्यूसन, केव टेम्पलूज़ ऑफ़ वेस्टर्न इंडिया) गलत होगा। क्योंकि स्वयं कार्ले में भी अलग-अलग मिथुनों में अलग-अलग हाथ की गढ़न का आभास हो जाता है। फिर जहाँ तक शास्त्र के नियमन का प्रश्न है, उसके निर्माण के मूल में भी तो प्रयोक्ता का ही हाथ है।

पादटिप्पणियाँ

1. मार्ग पत्रिका से पृष्ठ
2. उद्धृत सिल्वान लेवी, राधाकमल मुखर्जी, राधाकमल मुखर्जी, कल्चर एंड आर्ट ऑफ़ इंडिया (लन्दन : जॉर्ज एलेन एंड अन्विन लि.) पृष्ठ 107
3. हर्बर्ट मार्क्यूज, एन ऐसे ऑन लिबरेशन (इग्लैंड : पेग्विन बुक्स लि. 1969) पृष्ठ 37-44
4. सूजान लैंगर, फीलिंग एंड फॉर्म (लन्दन : रुटलेज एंड कीगन पॉल, 1953) पृष्ठ 89
5. फर्ग्युसन एंड बर्जेस, द केव टेंपल्स ऑफ़ इडिया (दिल्ली, मुशीराम मनोहरलाल, 2000)
6. आर.एन. मिश्र, ऐन्शेन्ट आर्टिस्ट्ज़ एंड आर्ट एक्टिविटी (शिमला : इंडियन इंस्टिट्यूट ऑफ़ एडवांस्ड स्टडीज़, 1975) पृष्ठ 17-18
7. विद्या देहिजा, अर्ली बुद्धिस्ट रॉक टैम्पल्स (लन्दन : थेम्ज़ एंड हडसन, 1972) पृष्ठ 140
8. रमेश कुंतल मेघ, अथातो सौन्दर्य जिज्ञासा (दिल्ली : द मेकमिलन कम्पनी आफ इंडिया लि. 1997) पृष्ठ 5
9. आर.एन. मिश्र, ऐन्शेन्ट आर्टिस्ट्ज़ एंड आर्ट एक्टिविटी (शिमला : इंडियन इंस्टिट्यूट ऑफ़ एडवांस्ड स्टडीज़, 1975) पृष्ठ 23
10. धीरेन्द्रनाथ वर्मा, अजन्ता की गुफ़ाएँ (हैदराबाद : मिलिंद प्रकाशन, 1961) पृष्ठ 55
11. विद्या देहिजा, अर्ली बुद्धिस्ट रॉक टैम्पल्स (लन्दन : थेम्ज़ एंड हडसन, 1972) पृष्ठ 135-138
12. वही, पृष्ठ 135-138

कान्हेरी की मूर्तिकला में रूप तत्त्व

यों ओवन सी. कैल की इस बात से हम दूर तक सहमत हैं कि कृष्णगिरि पर्वत पर कोरी गयी गुहाएँ—आवासीय विहार, प्रांगण, द्वार, वातायन, स्तम्भ और सीढ़ियाँ, पानी पोढ़ियाँ और आसन पेढ़िकाएँ वास्तुरूप होकर भी रचना प्रक्रिया की दृष्टि से मूर्तिशिल्प ही हैं। कारण ये शून्य में रचे गये वास्तु रूप नहीं वरन् पर्वत काट कर बनाये गये वास्तुरूप हैं। वे वास्तविक स्थापत्य के सदृश्य भी हैं। सादृश्यता प्रधान है, तभी तो यहाँ के स्तम्भ छत को थामने के लिए नहीं सिरजे गये। वरन् स्तम्भों वाले भव्य प्रासाद या प्रांगण के कलात्मक स्मृतिलोक में ले जाते हैं।

तो भी इस बृहत्तर कला के दो पक्ष तो हैं ही। पर्वतों के अंग हैं यह विभिन्न वास्तुरूप और वास्तुरूपों का अंग हैं उनकी भीतों पर अंकित रिलीफ़ छवियाँ। अतः सुविधा के अनुसार हम पहले पक्ष को कान्हेरी का वास्तु पक्ष तथा दूसरे को मूर्ति पक्ष कह सकते हैं। वास्तु रूपों की रचना प्रक्रिया कुछ भी हो, हैं तो वे उपयोगितापरक ही। उनमें कलात्मकता की मात्रा बहुत है, तो भी। मूर्ति का पक्ष उपयोगिता के क्षेत्र से ऊँचा है। यह मनुष्य की सौन्दर्यात्मक, आत्मिक, ज्ञानात्मक, ज़रूरतों का जवाब है। अतः हम अपने अध्ययन को यहाँ उत्कीर्णित, तक्षित मूर्ति छवियों तक ही सीमित रखेंगे।

कान्हेरी की मूर्ति छवियों (सम्मूर्तियों अथवा आइकन) का वर्गीकरण

मौर्य और शुंगों के इतिहास तथा गुप्तों के काल के बीच के धुँधलके को दीप्त कर देने वाले, पश्चिमी भारत के ये गुहामन्दिर, कला, धर्म और इतिहास की निर्बाधता के अपूर्व रूप हैं। उनमें भी हमारा अध्ययन विषय कान्हेरी तो मानो भारतीय संस्कृति एवं कला के हज़ार वर्षों का एक सन्दर्भ ग्रन्थ ही है। कान्हेरी की दृश्य भाषा को पढ़ना मानो बौद्ध संस्कृति को पढ़ना है। बल्कि उससे प्रत्यक्ष साक्षात्कार करना है। रूप छवियों, अभिप्रायों, प्रतीकों और उन सबमें से निकलती समवेत अनुगूँज से तदाकार होना है।

बौद्ध दर्शन में बुद्ध की मूर्ति, बुद्ध की काया एवं स्वरूप का रूप है; तमाम बौद्ध ग्रन्थ एवं साहित्य मानो बुद्ध वाणी है तथा स्तूप या चैत्य मानो बोधिचित्त है, तथता की शून्यता से भरा और सारे संसार के हित करुणा से आपूरित। लेकिन हम बुद्ध विषयक मूर्तिकला से ही उनकी गम्भीर एवं दार्शनिक वाणी, उनके विस्तृत बोधिचित्त का भी अनुभव पाएँगे। बुद्ध का सौम्य भाव तो रूप में ढलकर हमारे हृदय में स्वतः ही उतरता जाएगा।

कान्हेरी की बौद्ध मूर्तिकला बुद्ध की मानव संरूपता का निषेध करने वाले प्रारम्भिक चरण से आगे की कला है। प्रारम्भिक कला में बुद्ध की अभिव्यक्ति कुछ प्रतीकों के माध्यम से होती थी। जैसे बुद्ध पद, ज्वालाओंवाला स्तम्भ, चक्र, खाली सिंहासन या चबूतरा या फिर बोधिवृक्ष। भरहुत,

साँची से लेकर भाजा, पीतलखोरा, कोण्डाने तक में बुद्ध एक आदर्श मानव के रूप में प्रत्यक्ष नहीं होते। यह बौद्धकला का हीनयानी या थेरवादी चरण था। लेकिन कान्हेरी की कला प्रमुखतया मानुषी कला है। यहाँ बुद्ध ही नहीं, बोधिसत्व, तारा, उपासक, नाग-नागिनियाँ एवं नभचारी सभी मानव संरूपता में शिल्पित हैं।

तथागत बुद्ध : कान्हेरी की मूर्तिकला का यह प्रधान एवं सर्वोच्च विषय हैं। पहली नज़र में कान्हेरी की गुहाओं को देखने वाले के मानसपटल पर बुद्ध की अनेकों छवियाँ अंकित हो जाती हैं। चीवर का छोर पकड़े, मौन भाव से भीतर और बाहरी जगत् की सन्धि पर खड़े श्रमण बुद्ध। एक गम्भीर आलाप की तरह बुद्ध का स्वरूप चेतना पर छा जाता है। लगता है कि बुद्ध की कमलवत् उपस्थिति तो कान्हेरी के कला सरोवर में हर जगह है। भरा है, बुद्धाकीर्ण है यहाँ का सरोवर। कहीं वे बैठी हुई मुद्रा में हैं, कहीं उनकी पाँत की पाँत है। कहीं वे खड़े हैं। कहीं वे एक पेनल में जल से उगने वाले सनाल कमल पर आसीन हैं।

गुहा संख्या 2 : स्थानक बुद्ध

गुहा संख्या 50 : श्रावस्ती चमत्कार

फिर धीरे-धीरे आँख कुछ ज़्यादा तफ़सीलों को देखने लगती है, भेद करने लगती है और मूर्तिकला की शब्दावली में रूप भेद के ज़रिए एक से दूसरी सम्मूर्ति को अलगाव को पहचानती है। और यों मूर्तिकला की दृश्य-भाषा आकार लेने लगती है।

बोधिसत्व : हम देखते हैं कि बुद्ध के ही भाव वाले, पर श्रमण वेशभूषा से परे बहुमूल्य वस्त्रालंकार धारी बोधिसत्व भी वहाँ हैं। फर्दिनांद दि सॉम्यूर ने भाषा को विभेदपरक मूल्यों वाले प्रतीकों की व्यवस्था माना था, जिनके विन्यास से हम अर्थ को रचित करते हैं। अतः यहाँ भी यह दृश्य भाषा अपने रूपभेदों में प्रकट होती है। अतः हम बुद्ध के अतिरिक्त महायान के आदर्श देव, एवं दार्शनिक आदर्श बोधिसत्व को देखते हैं। हाथ का लम्बी नालवाला पद्म, पद्मपाणि बोधिसत्व को पहचानने का कारण बनता है। अतः कान्हेरी में बोधिसत्व की प्रतिमाएँ बुद्ध जितनी न होकर भी कुछ कम नहीं हैं। कहीं वे स्वतन्त्र हैं। कहीं बुद्ध के साथ उनके संरक्षक की तरह हैं तो कहीं वे अष्टभयों से घिरे खड़े हैं।

बौद्ध देवी तारा : गुहा चैत्य में बुद्ध की विराट प्रतिमाओं की छाया में हम खड़े ही रह जाते हैं। उसकी उदात्तता से घिरे होते हैं। कभी बुद्ध के चरणों को देखते हैं तो कभी उस वरद हाथ की

गुहा संख्या : 2 पद्मपाणि बोधिसत्व

गुहा संख्या : 11 पद्मपाणि बोधिसत्व

कोमलता और देयता के भाव को, खुलेपन को। कभी दृष्टि उनके गम्भीर मौन आनन पर रुकती है। पीछे हटने पर इस विराट के विरोधाभास के रूप में कोने में एक छोटी-सी बेहद सुन्दर नारी मूर्ति दिखती है और उसके सौन्दर्य से, मुद्रा से, मुस्कान से, सन्तुलन से व्यामोहित से हो जाते हैं। तो अनुमान होता है कि यह धीरे-धीरे क्रमशः बढ़ते बौद्ध देवायतन का वह तत्त्व है जिसके बिना ज्ञान का, जीवन का, दर्शन का सार अधूरा है। अर्थात् बौद्धों का स्त्री-तत्त्व, शक्ति-तत्त्व, प्रकृत्ति तत्त्व, यानी तारा। यह तारा बोधिसत्व के साथ अंकित है फिर भी स्वतन्त्र रूप में है। आगे कान्हेरी की सीढ़ियाँ चढ़ते हुए जब हम उत्तर की ओर बढ़ते हैं, स्त्री तत्त्व से हमारा साक्षात्कार यदा कदा होता रहता है। गुहा संख्या 90 में तो स्त्री बोधिसत्वों की सहायता से बोधिसत्व भव का उद्धार करने को तत्पर खड़े दिखते हैं। तारा एवं भुकुटि के साथ उनकी अष्टभय वाली स्तुति मूर्ति दिखती है। फिर स्त्री मूर्तियाँ नागिनी रूपों में, उपासिकाओं और आकाश में विचरने वाली बिद्याधरियों के रूप में भी दिखती हैं। पर निश्चित रूप से स्त्री छवियाँ कान्हेरी में कम हैं। लेकिन ये बौद्ध देवियाँ कान्हेरी के कला इतिहास को वज्रयानी या तान्त्रिक चरण से जोड़ देती हैं। शोभना गोखले तो कान्हेरी से मिली तारा की काष्ठप्रतिमा के आधार पर उसे वज्रयानी परम्परा का जीवित केन्द्र भी मानती हैं। जबकि शक्तिपूजा का एक और केन्द्र व्रजरेश्वरी कान्हेरी से ज़्यादा दूर नहीं है।

गुहा संख्या 3 में चैत्य के मंडप में विराट बुद्ध और बोधिसत्व के बीच में दीप तारा

गुहा संख्या 3 : चैत्य के प्रांगण के आयतन के भीतर नभचारी

गुहा 3 : विराट बुद्ध के ऊपर नभचारी युगल

गुहा 2 : शिशु रूप नभचारी

नाग-यक्ष एवं नभचारी

मानुषी रूपों के शिर पर सर्पफनों का घेरा और कुछ वामनाकार रूप कान्हेरी में नाग एवं यक्षों की उपस्थिति के प्रति हमें सचेत कर देते हैं। नीहार रंजन रे, आनन्द कुमार स्वामी, राधाकमल मुखर्जी आदि मनीषी इन्हें प्राचीन लोक धर्मों के देव मानते हैं जो बौद्ध धर्म के व्यापक चीवर और संघाटी के तले स्थान पा गये हैं और बौद्ध मिथक में संरक्षक देव हो गये हैं। यह भारतीय वाङ्मय, कला एवं धर्म में अपदेव बनकर अमर हो गये हैं। जल एवं वर्षा के देवों के रूप में नागों का महत्त्व अक्षुण्ण है तो यक्ष भी उर्वरता एवं वनस्पति के प्राणधारी रूप हैं। इन्हीं अपदेवों या संरक्षक देवों में विद्याधर एवं किन्नरों की गणना भी होती है जो कान्हेरी की बुद्ध एवं बोधिसत्व की मूर्तियों के सबसे ऊपर कोनों में आकाश में विहरते दिखते हैं और बुद्ध के प्रति प्रणत भाव रखते हैं। यानी बुद्ध के शिर के दोनों ओर ये नभचारी

गुहा संख्या 3 में चैत्य की वेदिका पर संरक्षक नाग और प्रांगण के स्तम्भ शीर्ष पर भारवाहक यक्ष

अंकित हैं जो आकाश तत्त्व या पृथ्वी के परे का देवलोक है (सुपरा टेरेस्ट्रियल ज़ोन)।

नागों से लेकर इन नभचारियों तक में पूरा कॉस्मिक देश पसरा हुआ है। श्रावस्ती चमत्कार वाले पैनलों में (यों मिथकशास्त्र में भी) नागों का (मनुष्य रूप में) अंकन बुद्ध के पद्मासन के नीचे जल के भीतर है। यह पाताललोक है। जबकि किन्नर, विद्याधर एवं गन्धर्वों के नभचारी रूप उन्हें देवलोक या आकाशतत्त्व से जोड़ देते हैं। चट्टान को कोर कर रुई से हल्के बादल बनाये गये हैं और उन्हीं पर इनके प्रसन्न या आराधक रूप उड़ते हुए अंकित रहते हैं। नभचारियों के भी अनेक रूप हैं—छोटे शिशुओं जैसे या फिर युवा दम्पति। इनकी भंगिमाओं और देह मुद्राओं के भी अनेक रूप दिखते हैं। भारतीय कला अपने रूपों में, देह के छन्द में, भाव वैभव में, प्रतीक भाषा में पार्थिवता के परे जाना चाहती है और कल्पना एवं अमूर्त के क्षेत्र में विचरण करती है। ये नभचारी मानो इसी बात के प्रत्यक्ष प्रमाण बन जाते हैं। एक अभिप्राय के रूप में वे इस आकाशचारिता की प्रवृत्ति को मूर्त कर देते हैं।

गुहा संख्या 2 : उपासक छवियाँ

उपासक : फिर कान्हेरी की मूर्तिकला में मूर्त हुआ है बुद्ध की शरण में आया वह मनुष्य जो भवचक्र में फँसा हुआ है और बुद्ध, धम्म, संघ के त्रिरत्नों की छाया चाहता है। मूर्तिकला में ऐसे प्रणत भाव वाले, शरणागति चाहने वाले को हम उपासक भी कह सकते हैं जो बुद्ध मूर्तियों के चरणों के दाहिनी ओर या दोनों ओर, ज़्यादातर घुटनों के बल बैठा है और उसके हाथ अंजलि मुद्रा में जुड़े हैं। यह वह साधारण जन है जिसके लिए सम्बुद्ध बुद्ध एवं बोधिसत्व के बोधिचित्त के कपाट सदा खुले थे। जिसके हित उनका विस्तारित मानस क्षितिज करुणापूरित था। ये उपासक बुद्ध के शिष्य या भिक्षु भी हो सकते हैं या फिर गाहापति (साधारण गृहस्थ) कृषक, गिरिजन, वनवासी, व्यापारी या फिर संघ एवं गुहाओं के लिए दान देने वाले लोग एवं राजसी व्यक्तित्व भी हो सकते हैं। बौद्धकला में प्रारम्भ से ही श्रद्धा में डूबा, प्रणत भाव वाला समुदाय, मनुष्य या पशु अंकित होता आया है। कान्हेरी के दानपरक अभिलेखों में ये उपासक अपने विभिन्न व्यक्तिनामों एवं स्थानों वाली अस्मिता के साथ अभिलिखित है।

यों बौद्धकला में मानुषी समाज का यह प्रतिरूप कैसे युग के साथ बदला है, इसे देखा जा सकता है। भरहुत से साँची तक में ही बहुत अन्तर आया है। साँची की पाषाण वेदिकाओं पर जो जीवन और समाज उतरा है उसमें जन-जीवन की भीड़भाड़, सघनता और जीवन्तता कला में ढल गयी है। साँची तक आते आते मूर्तियों और रिलीफ़ पेनलों के नीचे अभिलेखन से परिचय देने की आवश्यकता नहीं रही है। क्योंकि जनसामान्य बौद्ध मिथकों और निजंधरों से वाकिफ़ हो चुका था। और बौद्ध जीवन के अलावा व्यापारियों, कलाकारों तथा गृहस्थों की जीवन-दृष्टि और उल्लास इनमें है।[1]

कान्हेरी के उपासक उस व्यापक भक्ति भाव की ओर संकेत करते हैं जिसमें दक्षिण से उत्तर तक समस्त भारत निमग्न था। फिर यह भक्ति भाव महायानी प्रभाव का हो या फिर विष्णु और शिव से जुड़ा हो।

यों उपासना का भाव केवल इन उपासकों के अलावा नभचारियों में भी है तथा बुद्ध के पद्मासन की नाल थामने वाले नागों में भी। अमरावती एवं नागार्जुन कोंडा में स्त्री उपासकों की इतनी सुन्दर मुद्राएँ एवं भंग और दैहिक मॉडलिंग है कि देखते ही बनती है। इनमें पृष्ठागत, सम्मुखीय, पार्श्वगत न जाने कितने रूप एवं देह मुद्राएँ हैं। उपासकों के ऐसे अंकन में इनका श्रद्धाभाव ही महाभाव हो गया है। मूर्ति अंकन का विषय हो गया है। बुद्ध वहाँ बीच में किसी प्रतीक रूप में उपस्थित हैं। पर भक्तों के उद्‌गार में आवृत्त और छिपे से रहते हैं। उपासकों की श्रेणी में मानवेतर प्राणी भी आते हैं।

मिथुन या दानी युगल : कान्हेरी में एक और छवि है। मिथुनों की या कहें कि दानी युगलों की। चैत्य की बाहरी दीवारों पर मानवाकार से बड़े आकार की दो-दो युगल मूर्तियों के पेनल काफ़ी ध्यानाकर्षक हैं। अभिलेखों में कहा गया है कि दो भाइयों गजसेन और गजमीत ने इस चैत्य का कार्य शुरू करवाया था। शायद ये वही दो बन्धु हैं जो अपनी-अपनी पत्नियों के संग वहाँ खड़े हैं। यों गुहाओं के मुख पर मिथुनों या दम्पतियों का अंकन एक परिचित अभिप्राय है। कार्ला के दम्पतियों का सौन्दर्य तो प्रसिद्ध ही है। पीतलखोरा और कोण्डाने में भी युगल मूर्तियाँ मिलती हैं। विद्या देहिजा इन्हें मिथुन भाव की मूर्तियाँ कहती हैं।

लेकिन इन्हें मिथुन कहने में एक बाधा भी है कि ये दम्पति उदग्र काम भाव प्रदर्शित नहीं कर रहे जैसा कि कोणार्क एवं खजुराहो के मिथुनों में मिलता है। इनमें एक तरह की दैहिक और मानसिक निकटता, ऊष्मापूर्ण सहजता है। कई जगह ये दम्पति नृत्य भाव (कोण्डाने में) में हैं।

इनमें पुरुष बलिष्ठ और पूर्णविकसित चौड़े काँधों वाले तथा स्त्रियाँ खूब वर्तुलताओं वाली देह

गुहा संख्या 3 :
दानी दम्पति

में अंकित हैं। अगर ये दानी युगल हैं तो इनमें उपासकों की सी विनम्र देहभाषा नहीं है और अगर इन्हें मिथुन कहें तो कहना होगा कि भारतीय कला एक ऐसी कला है जिसमें धार्मिक और लौकिक की सीमाएँ अविभाज्य हैं।

यह एक प्रकार का मांगलिक प्रतीक भी है। मिथुन मूर्तियाँ निश्चित रूप से बौद्ध स्तूपों के तोरणद्वारों अथवा पेनल्ज़ का अंग होकर भी अबौद्ध प्रतीक हैं। आनन्द कुमार स्वामी इनका आदि छोर पूर्व बौद्ध एवं अवैदिक स्रोतों में देखते हैं। अथर्ववेद तथा बृहदारण्यक उपनिषद् में इस उत्पादक मिथुनत्व अथवा द्वैत का (प्राजिनेटिव डुअलिटी) का उल्लेख आता है।[2]

यह दम्पति चैत्य के स्तम्भों के ऊपर भी हैं। ये सामान्य जन हैं, दम्पति हैं अतः इनके वेश में, अलंकारों में, केशभूषा में प्रचलित परम्पराओं को पढ़ा जा सकता है।

पशु अभिप्राय : कान्हेरी के चैत्य के प्रांगण में जो स्तम्भ उकेरे गये हैं उनके शीर्ष पर सिंह हैं। सिंह का यह अभिप्राय बुद्ध के आसन से भी जुड़ा है। भारत अय्यर के अनुसार विभिन्न पशु बुद्ध के जीवन की विभिन्न घटनाओं से जुड़कर महत् प्रतीक बन गये हैं। माया के स्वप्न में आने वाला श्वेत हाथी बुद्ध जन्म का प्रतीक पशु हो गया है। घोड़ा उनके गृहत्याग और महाप्रस्थान का द्योतक है। हरिण ईसी पत्तन के मृगदाँव में उनके प्रथम उपदेश या धर्मचक्र प्रवर्तन का तथा सिंह सत्य धर्म की निर्भीक गर्जना का प्रतीक हो गया है। यों भी बौद्धकला अनिवार्यतः मानव की ही सत्ता को अंकित न कर, पशु-पक्षी, वनस्पति-लता एवं मनुष्य के समभाव एवं गहन साहचर्य की कला है।

कान्हेरी में हाथी गुहा संख्या तीन के स्तम्भों के शीर्ष पर शिल्पित हैं जिन पर या तो राजसी भक्त या उपासक सवार हैं या फिर केवल हाथी स्तूप के दोनों ओर नतमस्तक होते दिखाए गये हैं।

चैत्य का प्रांगण दो वेदिकाओं से घिरा है। इस रेलिंग पर पशु अंकनों की एक पट्टिका है। कई पशु छवियाँ उनमें क्षरित अवस्था में दिखती हैं जैसे ऊँट, वृषभ, याक इत्यादि। इन अजीव पशुओं के अंकन कान्हेरी का सम्बन्ध बैक्ट्रिया से होना सिद्ध करते हैं।

कान्हेरी में सिंह बुद्ध की निर्भीक सत्य गर्जना से जुड़ा है। यों भी यह शाक्य कुल का प्रतीक चिह्न है। इसीलिए बुद्ध शाक्य सिंह कहलाते हैं। उनके शिक्षक रूप का प्रौढ़ पक्ष यहाँ अवतरित हुआ है। कान्हेरी में मकर मुख या व्याल या मत्स्यापुच्छाकार जलजीव से निसृत अलंकरण का फैलना भी

एक महत् अभिप्राय है जो जलीय सृष्टिवाद (वॉटर कास्मोजेनी) का प्रतीक है। यों अलग से पशु प्रतीक कान्हेरी में बहुत नहीं हैं। प्राणी हैं पर वो अलंकरण के अंग भर हो गये हैं।

वनस्पति

भारतीय मूर्तिकला एवं चित्रकला में वनस्पति का सौन्दर्य और दर्शन दोनों दृष्टियों से अपार महत्त्व है। वनस्पति जीवन का आदिम प्रतीक है और बौद्धकला में कई अनार्य, आदिम, लोक एवं कबीलाई समाजों के विश्वास समाहित थे। इनमें वृक्षपूजा, महानायकों की पूजा, समाधिस्तूपों की पूजा शामिल

गुहा संख्या 3 : चैत्य के भीतरी स्तम्भों पर हाथी

गुहा संख्या 3 : चैत्य के बाहर का सिंह स्तम्भ

थी। फिर भारतीय मनीषा का मानना था कि एक ही प्राण-छन्द जीवन के अनेक रूपों में बहता है, पशु-पक्षी, पल्लव-लताएँ मनुष्य—सभी में।

कान्हेरी का बौद्ध केन्द्र सातवाहनों और गुप्तों (वाकाटकों के माध्यम से) के राज्यकाल में सर्वाधिक पल्लवित हुआ। जैसे-जैसे थेरवादियों की जगह महायानियों का प्रभाव क्षेत्र बढ़ा, वैसे-वैसे बुद्ध के मानवेतर प्रतीक बुद्ध की मानवकृति के अनुगत, अंगरूप में ही बचे रह पाये। बुद्ध और बोधिसत्व केन्द्रीय हो गये तथा सामान्य नर-नारियों के समूह, बोधिवृक्ष, कल्पवल्लरियाँ, पशु-पक्षी, हाथी-घोड़े हिरण-सिंह वानर, जंगल इत्यादि धुँधलके में गुम होने लगे।

सातवाहनों के विदेशी व्यापर की बदौलत सीधी सरल ग्राम की अर्थव्यवस्था खास केन्द्रों में बदल रही थी और उसकी जगह व्यापार एवं वाणिज्य, सार्थवाहों और श्रेष्ठियों, सुवर्णकारों और कारीगर वाली ज़्यादा गतिशील व्यवस्था वाली नागर-सभ्यताएँ जन्म लेने लगीं। जीवन की शैलियाँ में परिवर्तन होने लगा था। प्रकृति से अविभाज्यता भंग होने लगी थी। स्वयं बौद्ध संघ में कई परिवर्तन आ चुके थे। कान्हेरी में **वनस्पति** का भरहुत-साँची बोधगया जैसा वैभव तो नहीं है पर प्रतीक रूप में पद्म या कमल बुद्ध एवं बोधिसत्व के साथ एक लांछन की तरह संलग्न हो गया है। कान्हेरी के स्थानक बुद्ध (खड़ी प्रतिमाओं) के चरणों के नीचे खिले हुए कमल की पंखुरियाँ हैं। व्याख्यान मुद्रा में बैठे बुद्ध भी कमलासीन हैं। जहाँ वह चौकी पर प्रलम्बपाद आसन में बैठे हैं वहाँ उनके चरण फिर कमल पर आ गये हैं। बुद्ध के श्रावस्ती चमत्कार वाले पेनलों में तो कमल नाल जल या पाताल लोक की सतह से उग रही है। जिसे नागराज नन्द एवं उपनन्द थामे हैं और पूर्ण विकच कमल पर

गुहा 2 : विश्व पद्मासन

गुहा 50 : श्रावस्ती चमत्कार में कमल एवं कलिकाएँ

बुद्ध पद्मासन में स्थिर बैठे हैं। कहीं उनकी चौकी का आधार ही पद्म है तो कहीं चौकी से प्रलम्बित उनके चरण कमल पर आ गये हैं।

गुहा संख्या 50 के बाहर श्रावस्ती चमत्कार में बुद्ध का अंकन बेहद सुन्दर है। इसमें कमल एवं कलियों के रूप और पत्ते, नीचे से ऊपर की ओर फैल रहे हैं। रिलीफ़ भी गहरा है। पेनल में गहराई के भी कई आयाम हैं। लगता है कि चट्टान में एक सरोवर उग आया है जिसमें से कमल कलियाँ बाहर उभरी आती हैं। गुहा संख्या 90 में श्रावस्ती पेनल का और विस्तारित रूप मिलता है। यहाँ कमल अलग-अलग स्तरों पर खिले हैं जिनमें ब्रह्मा, इन्द्र, तारा और भृकुटि, बोधिसत्व एवं बुद्ध सब कमलासीन दिखाई देते हैं। एक सोपान बनाते हैं चेतना के खिलने का—खिले हुए पद्मों का। यहाँ बुद्ध पेनल के चारों ओर के चौखटे में भी हर जगह दृश्यमान हैं। यह बुद्ध की सर्वव्यापकता का अंकन है—कृष्ण की रास की तरह। पद्म के अंकन का एक और रूप है जहाँ वह पद्मपाणि के हाथों का लक्षण बनता है। पद्म उनके चित्त के सौन्दर्य, कोमलता, पवित्रता, उदारता का प्रतीक है। अजन्ता का पद्मपाणि का चित्र भारतीय कला की अमर निधि है।

पद्म का प्रयोग एक और सूक्ष्म ढंग से भी हुआ है जहाँ वह प्रत्यक्ष अंकन के अलावा मानव के अंग-प्रत्यंगों, वरन पूरी देहयष्टि की लय में मूर्त हो उठा है। उदाहरण के लिए स्थानक बुद्ध की सम्पूर्ण देह का छंद सनाल कमल की लचीली एवं बहती हुई रेखाओं के समान है। उनका भरा हुआ मुख उस पर एक सम्पुटित कमल-सा लगता है। चरणों की

बुद्ध का करुणापूरित एवं मौन आनन

उँगलियों का सिमटाव उनके नीचे खिली हुई कमल पंखुरियों से तुल्य है। वरद में खुले हुए हाथ का आकार भी निम्नमुखी कमल कलिका सा है। बुद्ध के अर्धोन्मीलित नयन भी कमलवत हैं। इस तरह कमल का स्वाभाविक सुन्दर रूप सॉस्यूर की भाषा में एक सिग्निफायर बनता है और उसके अनेक सांस्कृतिक एवं बौद्ध अर्थ सिग्नीफायड को रचते हैं।

कान्हेरी के मूर्ति शिल्पों में रूप संयोग

भारतीय शिल्पशास्त्र में रूप भेद के लिए मूल प्रतिमा के संग साथ उसके रूप संयोग या प्रॉप्स होते हैं। इनमें प्रतिमाओं के लांछन, चिह्न, धारण, वाहन, आयुध आदि सहवर्ती उपादानों को लिया जाता है। यह प्रतिमा की पहचान करवाते हैं और प्रतिमा के अन्तर्निहित विचार का प्रतीक रूप में विस्तार करते हैं। ये रूप संयोग इन देवों के मिथकों का हिस्सा रहे हैं अतः साहित्य एवं मूर्तिकला के रूपों तथा अभिप्रायों (मोटिफ़) में समान रूप से छाये रहते हैं और एक आन्तरिक सन्देश को बुनते हैं। राधाकमल मुखर्जी लिखते हैं कि नयन नक्श और दैहिक अनुपात अतिशयोक्तिपूर्ण या आदर्शीकृत हैं तो भी कोई भी इस प्रतीकात्मकता को, कला की इस याजकीय भाषा को संवेदना और हृदय के सहारे बखूबी पढ़ सकता है। क्योंकि हस्त मुद्राओं से लेकर देह मुद्राओं तक ही नहीं, रूप संयोग भी बाहर से लादी गयी भाषा नहीं है। वरन् यह भाषा देव-देवी के विशिष्ट व्यक्तित्व, मनोदशा या मानसिकता से उपजी है। केशरचना और अलंकरण तक कहीं भीतरी गुणों का बाहरी आकल्पन है।[3]

द्विजेन्द्र लाल शुक्ल 'भारतीय स्थापत्य' में लिखते हैं– "स-ऐरावत देव प्रतिमा से इन्द्र की ओर हमारा ध्यान जाता है। हंसवाहन, कमंडलहस्त, ब्रह्मचारी वेश की प्रतिमा को देख ब्रह्मा की झटिति स्मृति आ जाती है। वृषवाहन, यतिवेश त्रिशूलधारी, कपाल माल, त्रिनेत्र से शिव का किसे बोध नहीं होता।"[4] अतः इनके रूप संयोग न केवल उनका अभिज्ञान कराने वाले वरन् उनके स्वभाव, रुचि और विशिष्ट गुणधर्म के सूचक भी होते हैं।

कान्हेरी की बौद्धकला में पद्म पद्मपाणि बोधिसत्व का अनिवार्य लक्षण है। पद्मपाणि का केशविन्यास जटामुकुट वाला है और उसमें या तो अमिताभ बुद्ध की ध्यानस्थ प्रतिमा रहती है या फिर स्तूप की आकृति। बोधिसत्व बुद्ध की तरह योगी या श्रमण वेशभूषा में नहीं दिखते वरन् राजकुमारों सा अलंकरण उनमें दिखता है। तारा के हाथ (गुहा संख्या 3 की छोटी प्रतिमा) में भी यही पद्म है और उनके हाथ में दीप जैसा कुछ है। इनके ललाट के ऊपर चन्द्रमा का चिह्न है। फूलों के गुच्छे दानी दम्पतियों, उड़ते हुए विद्याधरों या मालाधरों के साथ भी दिखते हैं। गुहा तीन में तारा के एक ओर जो बोधिसत्व अंकित हैं उनके हाथ में अक्शमाल है। गुहा संख्या 50 में नागों के हाथ में जलनिधियों

जैसा कुछ है। नभचारियों के हाथों में मालाएँ, पुष्प या कहीं एक घड़ा अभिषेक के हित दिखता है।

गुहा संख्या 41 में एकादश मुख अवलोकितेश्वर के हाथ में अमरता का अमृत या भैषज्ञ का रूप एक बोतलनुमा है। जहाँ बोधिसत्व बुद्ध के संरक्षक या परिचर्या के भाव से अगल बगल आये हैं वहाँ उनके हाथ में चँवर हैं। यों कुल मिलाकर तत्कालीन वस्तुओं का कोई अबूझ संसार इन मूर्तियों में मूर्त होता नहीं दीखता।

कान्हेरी की मूर्तियों के अमूर्त रूप या रैखिक संकल्पनाएँ

हर मूर्ति में कुछ सामान्य या प्राथमिक सुघट्यात्मक (प्लास्टिक) मूल्य निहित रहते हैं। इनके करीब पहुँचना एक तरह से कलाकार के मूल-विन्यास की ज्यामितिक अवधारणा को पकड़ना होता है। इस मूल रूप के सहारे वह अपनी कृति की रूप रचना को संगठित कर पाता है। आशंसक पर भी इस मूल रूप का सघन प्रभाव होता है। इरविन एडमैन लिखते हैं– "कलात्मक कौशल के किसी अन्य तत्त्व के अलावा गोथिक कला की ऊर्ध्वमुखी उठान, पुनरुत्थान कला का प्रधानतः क्षैतिज निर्माण, यूनान के अलंकृत पात्र की नृत्य करती रेखाएँ या पुरातन चित्रों का कंकाल सा कड़ापन, ये सब कलात्मक आनन्द के तात्कालिक और अखंड अवयव हैं।"[5]

भारतीय कला में त्रिभंगी मुद्रा की तरलता, ध्यानी बुद्ध की प्रशान्त छवि रूप में ही प्रकट होती है। इन्हीं से रूपाकार का चरित्र तरल, नमनीय, गत्यात्मक तथा सुगठित हो सकता है।

कान्हेरी की मूर्ति-छवियों में निहित अमूर्त नियमन या एब्स्ट्रैक्ट ऑर्डर को समझना उसकी मूल आइकनिक संकल्पना को समझना है। विलियम गांट के शब्दों में महान शिल्प का यह महत् गुण है कि उसे एक पूर्णत्व एवं एकत्व में ग्रहण किया जा सके। यों भी शिल्पकृति की आशंसा या रचना के समय अमूर्तता पर बल देना उसे एक 'फ्रोज़न म्यूज़िक' (प्रशीतित संगीत) की मानसिकता से देखना है। क्योंकि सभी कलाएँ संगीत की पूर्ण अमूर्तता को पाने का स्वप्न देखा करती हैं। अमूर्तता की शक्ति के कारण ही भंजित प्रतिमा या आवक्ष प्रतिमा में भी उसका कुल प्रभाव भंजित नहीं होता। माइकल एंजेलो इसे परिकल्पना की परिपूर्णता कहते हैं जिसके बिना कोई भी मौलिक तथा जटिल विस्तार बेमानी सिद्ध हो जाएगा।

कान्हेरी के कुछ प्रातिनिधिक रूपों की ज्यामितिक सामान्यता को आरेखों में स्पष्ट करेंगे। ऐसा करने से हम मूर्ति में छिपी संगति, सन्तुलन, घुमाव, खिंचाव और ढील को अनुभूत करने लगते हैं।

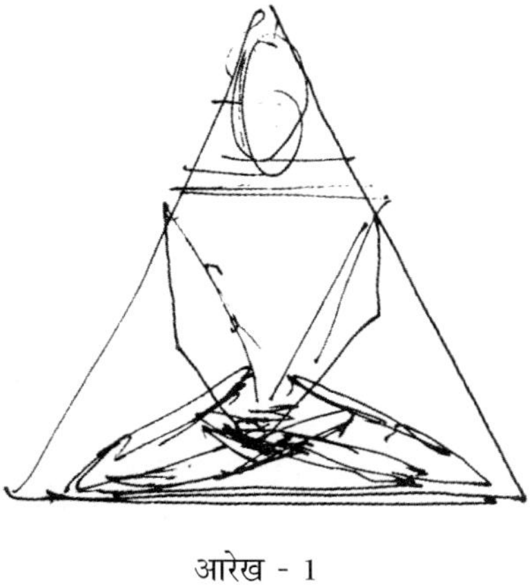

आरेख - 1

जैसे आसनस्थ बुद्ध की प्रतिमा एक बड़े त्रिकोण में समा जाती है। तथा उसका पूरा रूप कुछ त्रिकोणात्मक रूपों में ढल जाता है। इसका दृश्यात्मक प्रभाव भी स्थित होने का यानी स्थिरता का है। यह स्थैर्य बुद्ध के व्याख्यान भाव के, जीवन जगत् के मर्मों और सार को समझाने के अनुरूप

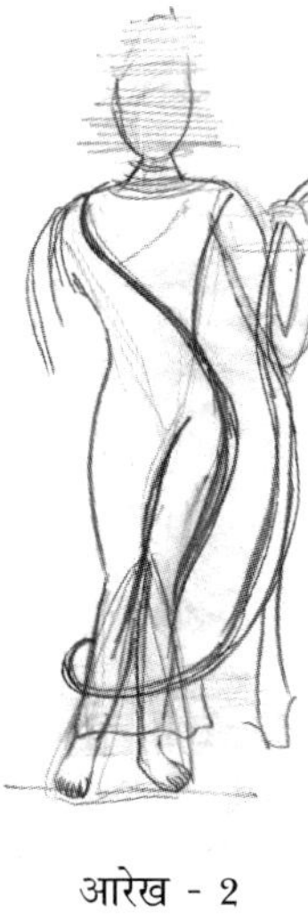

आरेख - 2

भी है (देखिए आरेख 1)। खड़े बुद्ध की सम्पूर्ण संकल्पना में दो रेखाएँ ही हैं जो प्रतिमा के दृश्यात्मक प्रभाव का मर्म हैं। एक तो उनकी खड़ी देह की धीमी सर्पाकार रेखा तथा दूसरी इस भंग को एक फ्रेम देती हुई चीवर की घूम कर ऊपर की ओर उठती रेखा (देखिए आरेख 2)।

उड़ते हुए नभचारियों की दैहिक रेखाओं में बादलों के समान वर्तुलताएँ हैं। रेखाएँ सर्पाकार घूमती हैं। उनका अंकन भी शून्यता के बजाय कई जगह बादल के टुकड़ों पर हुआ है और देह की रेखाएँ बादल की रेखाओं के साथ घूमती हैं। नभचारियों के कई रूप हैं—शिशु रूप या युवा दम्पति रूप। इनकी दैहिक गति के अनुरूप इनके पैर पंछियों की तरह ऊपर की ओर उठे हैं। हवा में तैरने का सा—भारहीनता का अहसास देने के लिए। इनके उत्तरीय भी हवा में उसी दिशा में फहरा रहे हैं (देखिए आरेख 3)।

आरेख - 3

देवी तारा हों या भृकुटी या फिर नागों के साथ खड़ी नागिनियाँ, उनका सुन्दर त्रिभंग उन्हें भारतीय कला की यक्षियों (मथुरा व संघोल) खजुराहो की अप्सराओं, गुप्त कला की नदी देवियों (अजन्ता-एलोरा) से भाव से जोड़ देता है और स्त्रीत्व के सौन्दर्य को मूर्त कर देता है (देखिए आरेख 4)।

आरेख - 4

बोधिसत्व की दैहिक रेखाएँ पूर्ण सन्तुलित, सममितिमूलक हैं। खासकर उन स्तुति मूर्तियों में जहाँ वे अष्टभयों से घिरे खड़े हैं। जहाँ वे बुद्ध के साथ खड़े हैं, वहाँ देह अभंग में है। एकादश मुख अवलोकितेश्वर की सतर देह पर

आरेख - 5

आरेख - 6

उत्तरोत्तर ऊँचाई धारण करते मुखों पर मुख-निरन्तर ऊर्ध्वमान होते जाते हैं। पूरी प्रतिमा मानो एक आम्र पल्लव में या कि दीपशिखा के रूप में समाहित लगती है (देखिए आरेख 5, 6)।

श्रावस्ती चमत्कार के अलावा भी नागों के अनेक रूप हैं। चैत्य के बाहर वेदिका पर मानवाकार आकृति में संरक्षक नाग है। इनकी दैहिक रेखाओं में शक्ति, बल एवं राजसी नागछत्र प्रबल है। खड़े नाग की सतर देह में एक पार्थिव भाव है। अपने लोक की लौकिक इच्छाओं के अनुरूप। वे धरती पर पूरे विश्वास से पैर जमाए खड़े हैं, कटि पर हाथ रक्खे। पगड़ीधारी इन नागों का शैल्पिक महत्त्व उनके शीश पर छितराए पाँच फनों की छतनारी संरक्षा में निहित है। दूसरी ओर भीतर स्तम्भ पर कुंडली मारे बैठा अर्ध मानव सर्प भी अद्भुत रूप है। कुंडली का रूप एक वर्ग में समाहित है और शेष शरीर सममित त्रिकोणों में। एक सीधी रेखा में वक्ष, मुख और सर्पछत्र अंकित किये गये हैं (देखिए आरेख 7, 8, 9)।

मिथुनों के दो जोड़ों वाले पेनल में युगलत्व की शैल्पिक संकल्पना है। पति-पत्नी स्वतन्त्र होकर भी साथ-साथ हैं, आबद्ध से हैं। एक सतह पर अंकित होकर भी एक के शरीर का कुछ भाग दूसरे

आरेख - 7

आरेख - 8

आरेख - 9

की देह से ढका हैं। फिर इन अंकनों की देह भाषा में उत्फुल्लता है। जीवन के भोग में आस्था है, सुखी-सन्तुष्ट किंचित दर्पपूर्ण देह भाषा है। पुरुषों के शिरोभूषण ऊपर की ओर उठ रहे हैं। स्त्रियों का केश संभार नीचे प्रवहमान है। पूरी देह में क्षय-वृद्धि का सौन्दर्य है (देखिए आरेख 11)।

मकर अथवा व्याल की रेखाएँ जल की लहरों के समान लहरीली हैं। हाथी टीलों का प्रभाव

आरेख - 10

आरेख - 11

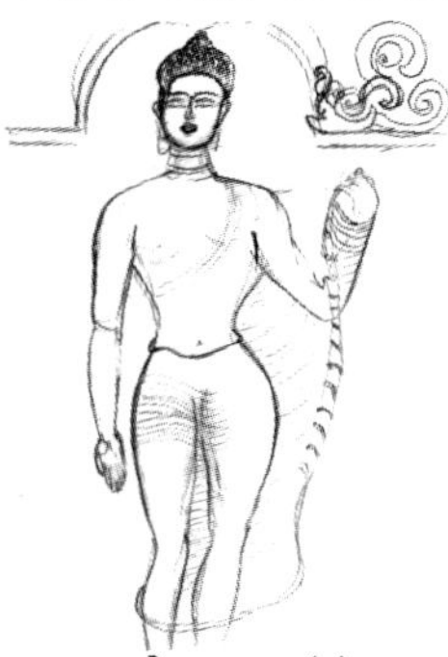

आरेख - 2 (1)

जगाते हैं (देखिए आरेख 10)।

उपासक की घुटने मोड़े बद्धांजलि मुद्रा में भी त्रिकोणात्मक रेखाओं का सुगठन है। खुद को सिकोड़े हुए, हाथों को हृदय पर बाँधे यह उपासक-उपासिकाएँ बुद्ध की खड़ी और अपेक्षाकृत विराट प्रतिमा के सम्मुख लघुत्व में डूबे हैं, श्रद्धा में विनत हैं। उनका मुख साचीकृत (आकाश की ओर) है। इनका स्थान भी नीचे कोनों में है, बुद्ध के चरणों के पास।

कान्हेरी : हस्त मुद्राएँ

मुद्रा शब्द में यों तो विभिन्न अंगों विशेषकर हस्त, पाद, मुख की भंगिमा विशेष आती है लेकिन मूर्तिकला में सुविधा की दृष्टि से इन्हें देहमुद्रा, हस्त मुद्राएँ, मुखमुद्राओं में बाँट लिया जाता है। मन के भावों की गतियाँ अनन्त हैं, तदनुसार देह की भंगिमाएँ, गतियाँ और मुद्राएँ भी अनन्त हैं। यह निर्वाचिक भाषा मूर्तिकला की आधार भाषा है। सॉस्यूर की भाषा में कहें तो यह सिग्नीफायर है जिसमें भारतीय अर्थ ग्रहण की तीनों शक्तियाँ अभिधा, लक्षणा, व्यंजना सम्पुटित रहती हैं।

भंगिमा के बिना कोई भी रूपाकार निर्जीव एवं व्यक्तित्वहीन होता है, अभिव्यंजनाविहीन होता है, अर्थ की द्युति से विहीन होता है। एक फूल, एक पत्ते, एक शाखा की भी कुछ भंगिमा होती है। जो उसे क्षण विशेष में भावनात्मकता से रंग देती है। अर्थात् मुद्रा दैहिक नहीं, मनोदैहिक वास्तविकता है, कूट है और यहीं से रूप के कदम अन्तर्वस्तु की गहराइयों में प्रविष्ट होते लगते हैं।

भारतीय प्रतिमा परम्परा में मुद्रा विशेष देव विशेष के मनोभाव को ही नहीं वरन् उसके महान कार्य को भी इंगित करती है। जैसे बुद्ध की भूमि स्पर्श मुद्रा एक प्रतीक है।

भारतीय धारा में मुद्राओं का विकास दो तरह से हुआ। एक तो मिथक और धर्म से जुड़कर तथा दूसरा नाट्य और नृत्य के मंच से जुड़कर।[6] और यों मुद्रा चित्र, मूर्ति, नाट्य नृत्य की भाषा का आधार है जहाँ पहुँच कर रूप और अन्तर्वस्तु, देश और काल एक हो जाते हैं। द्विजेन्द्र लाल शुक्ल इन्हें मौन व्याख्यान और भाव प्रकाशन के कारण भाव प्रतीक कहते हैं।[7]

आइये कान्हेरी की कुछ प्रतिनिधि मुद्राओं को देखें :–

बुद्ध की धर्मचक्र प्रवर्तन मुद्रा उपदेश या व्याख्यान मुद्रा है। आसनस्थ बुद्ध की यह एक महत्त्वपूर्ण मुद्रा है जो कान्हेरी में हर जगह है। वासुदेव शरण अग्रवाल बुद्ध की बैठी हुई मूर्ति का उद्भव भरहुत कला की दीर्घ तापसी की मूर्ति या तीर्थंकर प्रतिमाओं से मानते हैं जो कि जैन आयाग पट्टों पर अंकित होती थीं।

यह मुद्रा बनारस के मृगदाँव में बुद्ध के प्रथम उपदेश–'दुख समुदय' को प्रतीकित करती हैं

और धर्म के चक्र को घुमाने का संकेत है। दोनों हाथ हृदय के पास होते हैं, अँगूठा और तर्जनी आपस में मिलकर चक्र बना देते हैं। (देखिए चित्र)

कान्हेरी में स्थानक बुद्ध में अभय मुद्रा दो एक जगह ही है जैसे गुहा संख्या 4 में। लेकिन खड़े बुद्ध सर्वत्र वरद मुद्रा में दीख पड़ते हैं। इसमें बुद्ध का दाहिना हाथ उनके घुटने तक पहुँच कर पूरी तरह खुला है। अधोमुख है और यह बेहद कोमल उभारों वाला हाथ है। वरद का अर्थ है वरदान—अर्थात् अपने भक्तों की इच्छाओं की पूर्ति का वचन। कहीं-न-कहीं यह इस महा श्रमण के वैराग्य का, त्याग देने का, खाली हाथ का भी तो सहज पर्याय बनता है। यह मुद्रा नालन्दा में भी है। जबकि मथुरा की मुद्रा अधिकतर अभय है। (देखिए चित्र)

'अभय मुद्रा'—'भय न करो'—एक आश्वस्तिकारक, आशीष से भरी तथा सुरक्षा प्रदान करने वाली मुद्रा है। जो बुद्ध के बजाय महायानी आदर्श पद्मपाणि बोधिसत्व में मिलती है। (देखिए चित्र)

गुहा संख्या 34 में की छत पर अभी तक एक चित्र बाकी है जिसमें बुद्ध भूमि स्पर्श मुद्रा में अंकित हैं। यह मुद्रा मूर्तिकला की बहुत प्रचलित मुद्रा है। प्रायः माना जाता है कि बुद्धत्व प्राप्ति की साक्षी के लिए बोधिसत्व सिद्धार्थ ने धरती को बुलाया। पर वस्तुतः जब मार (काम या इच्छाओं का देवता) ने बुद्ध से यह कहा कि वे वज्रासन अडिगता) पर बैठने के अधिकारी नहीं हैं, तो बोधिसत्व ने कहा कि वे कई पूर्वजन्मों से और पिछले ही जन्म में कुमार वेसन्तर के रूप में इतना दान कर चुके हैं कि उनके आचमन के जल से पृथ्वी गीली हो गयी थी। अतएव वे वज्रासन के पूर्ण अधिकारी हैं। साक्षी के तौर पर उन्होंने पृथ्वी छूकर पृथ्वी को बुलाया। कई चित्रों में पृथ्वी नारी रूप में आचमन के जल से भीगे बाल निचोड़ती अंकित है। पृथ्वी की गवाही से मार डर कर दलबल सहित भाग गया और बोधिसत्व सम्बुद्ध हो गये।

गुहा संख्या 41 में एकादशमुखी बोधिसत्व के साथ अमिताभ बुद्ध की लगभग चतुर्दिक कोरी प्रतिमा ध्यान मुद्रा में बैठी प्रतीत होती है। यह बड़ी सादी पर बड़ी सुन्दर मूर्ति है कि इसे देखकर मन के सारे वात्याचक्र शान्त और मौन हो जाते हैं। एक हाथ भंजित है। दूसरा ध्यान मुद्रा के अनुरूप गोद में रखा है। भंजित हाथ अभय भाव का हो सकता है। यों ध्यान मुद्रा भविष्य के बुद्ध मैत्रेय, गौतम तथा ध्यानी बुद्ध वैरोचन से सम्बद्ध है।

तमाम उपासक अंजलिमुद्रा में अंकित हैं। यहाँ मन की तमाम भावनाएँ दोनों हाथों की दसों अँगुलियों में सिमट कर हृदय के पास आ जाती हैं और यों अपने उपास्य के सम्मुख प्रणत हो जाती हैं। यह मुद्रा मनुष्य उपासकों में, श्रावस्ती चमत्कार के नाग उपासकों में या फिर स्तूप की उपासना करने वाले नागराजाओं में भी है।

संरक्षक नागराज की हस्त मुद्रा कट्यावलम्बित है। दूसरा हाथ ऊपर उठा है। स्तम्भ पर के नाग के दोनों हाथ कटि पर हैं। मानों वह शक्ति और विश्वास का प्रतीक पुरुष है। दानी दम्पतियों में पुरुषों का एक हाथ कट्यावलम्बित है।

कान्हेरी में देह मुद्राएँ

अमूर्त डिज़ाइन की तमाम रेखाएँ आयतनों में ढलने वाली ऐसी अलग-अलग ऊर्जाएँ हैं जिनके बीच एक छन्दात्मक रिश्ता हो तो वह जीवन्त हो उठती हैं। देखने वाले का मानस भी इस छन्द के साथ बहता है। यही छन्द हमें तमाम दुनिया के जीवन से जोड़ता है।

भारतीय कला में देह का लयात्मक छन्द वही छन्द है जो निर्जीव को सजीव बना देता है। इस में न केवल अन्तर्वस्तु छिपी रहती है, बल्कि वह गहन और समृद्धतर बनती है। ध्यान में हो, तनाव में या प्रशान्ति में, देह तरह-तरह की भंगिमाएँ एवं भंग ग्रहण करती है। यही भारतीय कला में शैलीबद्ध होकर रुढ़ हो गयी हैं या कहें कि देह-सूत्र बन गयी हैं। कला में मूर्ति की भंगिमाओं का इतिहास देखें तो हमें मानव चेतना एवं सौन्दर्यबोध के निरन्तर विकास का दृश्यात्मक सुबूत मिल जाता है। मोहनजोदारो की नाचती हुई लड़की की भंगिमा से लेकर, मौर्य युग की सतर खड़ी दीदारगंज की चँवरधारिणी यक्षी (राजसी मुद्रा), भरहुत की ज़्यादातर अगतिशील एवं सम्मुखीय मुद्राएँ, शुंगों और फिर मथुरा की कुषाणकला की मूर्तियों की देह की नमनीयता और स्वतन्त्रता, यह बताती हैं कि मानस एवं चेतना स्वतन्त्र हो रहे हैं और कला विकसित एवं मर्मस्पर्शी होती जाती है। रूप केवल आकार या आकृति भर न होकर भंगिमाओं में ढलता जाता है।

कलाकार अपनी अन्तःप्रज्ञा से उसे जीवन से ग्रहण करता है और फिर अपने माध्यम में उन्हें उतार देता है। दर्शक के मन में ये भंगिमाएँ ही अंकित रह जाती हैं और उसकी वृत्तियों का संस्कार करती हैं।

चित्रकला के षडंगों में इसी को प्राण छन्द कहा गया है। दूसरी शती ई. में यह भंगिमाएँ (कुषाण-कला) भारतीय कला की विशिष्टता बन जाती है। क्योंकि तब तक भारतीय नृत्यकला का भी अभूतपूर्व विकास हो चुकता है। नृत्य कला का संवाद मूर्ति एवं चित्र से निरन्तर होता आया है। यद्यपि चित्र एवं मूर्ति की गति वास्तविक नहीं आभासित गति (वरचुअल) होती है। लारेंस बिन्यान ने पूर्वी कलाकार में तादात्म्यीकरण के गुण को खास तौर पर रेखांकित किया है और वे उस चीनी भित्ति चित्रकार का हवाला देते हैं जो एक पंछी की भंगिमा को अंकित करने से पहले कई दिनों तक खुद उसी भंगिमा में खड़ा रहता था।

जब कोई मूर्ति पूर्ण सन्तुलन में होती है, विश्रान्ति और उदार मनोदशा में होती है—जैसे कान्हेरी की स्तुति मूर्तियों (लिटनी सीन में बोधिसत्व) में बोधिसत्व की मूर्तियाँ—तो उसे समभंग देह मुद्रा कह सकते हैं। यहाँ केन्द्रीय रेखा से कहीं कोई भटकाव या व्यतिरेक नहीं होता।

अगर आकृति की देह में हलका-सा मोड़ आता है कि देह का भार एक तरफ़ किंचित ज़्यादा हो जाता है तो यह देह मुद्रा चिन्तन या क्रीड़ापरक मुद्रा हो जाती है। इसे अभंग मुद्रा कह सकते हैं जो कान्हेरी की स्थानक बुद्ध मूर्तियों में है। (देखिए पिछले पृष्ठ पर बोधिसत्व के साथ वाली छवि)

जब आकृति तीन जगह से मुड़ती है, ग्रीवा और वक्ष एक तरफ़,

कटि का भंग दूसरी विपरीत दिशा में और अधोभाग फिर विपरीत दिशा में, तो यह त्रिभंग मुद्रा कहाती है। भारतीय कला में स्त्री प्रतिमाएँ ऐसी ही अंकित हैं। (देखिए पिछले पृष्ठ पर बोधिसत्व के साथ वाली छवि)

अतिभंग आमतौर पर प्रबल एवं अतिभाव की प्रतिमाओं में मिलता है, जैसे दुर्गा की मुद्रा जो दानव का दलन करती अंकित होती है।

स्टेला क्रेमरिश मानती हैं कि यह मुद्राएँ आकृतियों में नमनीयता, गति एवं तरलता का बोध जाग्रत करती हैं ताकि उन्हें नये दृष्टिकोण से अंकित किया जा सके।

इसके अलावा शरीर स्थानक (खड़े रूप में), आसन (बैठे) या पर्यंक (लेटे हुए) मुद्राओं में भी अंकित हो सकता है। बुद्ध मूर्तियों उनके जीवन के चरम क्षणों के आधार पर इन तीनों रूपों में मिलती हैं। स्थानक में वे एक परम प्रशान्त, करुणामय चीवरधारी योगी रूप में अंकित होते हैं। कान्हेरी में स्थानक बुद्ध की अनुपम प्रतिमाएँ हैं। दूसरा उनका आसनस्थ रूप उनके ज्ञान प्राप्ति और उपदेश से जुड़ता है। कान्हेरी में अकेले बुद्ध हों, अष्टबुद्ध हो, षट्बुद्ध हों, सब या तो पद्मासन की योगमुद्रा या फिर राजा की सी प्रलम्बपाद मुद्रा में हैं।

बौद्धकला की तीसरी पर्यंक मुद्रा बुद्ध के परिनिर्वाण की सूचक है। अजन्ता की गुफ़ा 26 में पर्यंकासन में—हाथ पर सिर रखे, एक ओर करवट लेकर लेटे बुद्ध की विराट प्रतिमा हैं। लेकिन कान्हेरी में ऐसा कोई अंकन नहीं। सिर तकिए पर रखा है जो सर के भार से थोड़ा दबा सा है। नीचे शोक सन्तप्त लोग दीखते हैं, ऊपर देवगण। पर बुद्ध के मुख पर प्रशान्ति विराजती है—मानो वह दुख-सुख से आगे आ गये हैं।

कान्हेरी में उपदेशक या शिक्षक बुद्ध तथा करुणामूर्ति बुद्ध ही कान्हेरी की कलात्मक सम्पत्ति हैं।

यों तो देह की और भी कई स्थितियाँ हैं, जैसे ऋज्वागत (सामने), अनृजु (पृष्ठ), साचीकृत (आकाश की ओर मुखमुद्रा), अर्धविलोचन (जिसमें शरीर 3/4 भाग तक मुड़ा), परावृत (सिर और काँधे पीछे की ओर मुड़े), पृष्ठागत (ऊपरी भाग कोण से दृश्यमान), तुरावृत (कटि से लोच के साथ मुड़ा) आदि। कान्हेरी के देह अध्ययन सामान्यतः ऋज्वागत हैं। उपासकों में कुछ के मुख साचीकृत अर्थात् ऊपर की ओर उठे हैं। श्रावस्ती चमत्कार के पैनलों में नाग सम्मुखीय न होकर अर्धविलोचन स्थिति में है।

कान्हेरी की मूर्ति शैलियाँ

शैली का अर्थ है प्रस्तुतिकरण का, रचना का, अभिव्यक्ति का विशेष ढंग। डॉ. रमेश कुंतल मेघ उसे रूप के सौन्दर्य प्रभाव का प्रथम अनुशासन मानते हैं, जो कृति के समग्र प्रभाव से जुड़ा होता है। वे मानते हैं कि शैलियाँ रूप और अन्तर्वस्तु से, कलाकार और समूह से (अमृता शेरगिल या शान्ति निकेतन की शैली) देश और काल से (गान्धार—मथुरा या दाक्षिणात्य शैली तथा मौर्य-शुंग या गुप्त कालीन शैली) राष्ट्र और युग की (यूनानी या रीतिकालीन) माध्यमगत (पाषाण, काष्ठ, तैलरंगीय शैली) तथा प्रक्रिया से जुड़ी होती हैं।

मूर्तिकला में हम पदार्थ, प्रक्रिया देश एवं काल के आधारों पर शैली को परख सकते हैं। देश और फिर काल सबसे ज़्यादा व्यापक आधार हैं। ऐतिहासिक या कालगत शैली व्यक्ति के हाथ में ढल जाती है, क्योंकि वह उस समय के सामाजिक जीवन एवं प्रभुत्वशाली विश्वदृष्टिकोण (डॉमिनेंट वर्ल्ड आउटलुक) का हिस्सा होती है। उससे समाज का विकास दृश्य रूप में आभासित हो जाता है।

कान्हेरी की मूर्तिकला रीलीफ़ कर्म है और भारतीय मूर्तिकला मूलतः रिलीफ़ कला है। यानी

यहाँ मूर्ति अपनी पृष्ठभूमि से अलग नहीं हुई होती। पर दो आयामों से आगे बढ़ी होती है, पर पूर्णतया त्रिआयामी नहीं होती। हम उसके चतुर्दिक घूम नहीं सकते। पिछले हिस्से को नहीं देख सकते। रिलीफ़ कला रूपकार को मानो चित्र और मूर्ति दोनों के सौन्दर्य का लाभ देती है। इसमें छाया एवं प्रकाश के सुन्दर प्रयोग के लिए कलाकार को एक छायित पृष्ठभूमि मिल जाती है।

यों तो कान्हेरी की शैली की बात करते हुए हम बकौल विद्या देहिजा पूर्व बौद्धकला से तुलना का आधार ग्रहण कर सकते हैं। विद्या देहिजा और तमाम मर्मज्ञ यह कहते हैं कि भरहुत की मूर्तिकला में रिलीफ़ दबा हुआ है, रूपों का प्रधानतः सम्मुखीय अंकन है, कड़ापन और पूर्ण सममिति का आभास है और फिर हस्तिदंत की कला की तरह सतह पर बारीकियों और तफ़सील (जैसे पगड़ियाँ और अलंकरण) का ध्यान रखा गया है जबकि देह की संरचना पर ध्यान कम है। शिल्पकला के इस दौर को विद्या देहिजा भाजा के मूर्तिविधान से जोड़ती हैं। दूसरे चरण में वे पीतलखोरा और कोण्डाने के शिल्प को रखती हैं और उसे साँची की शैली से जोड़कर देखती हैं जहाँ रिलीफ़ कुछ गहरा होने लगता है दैहिक भंगिमाएँ स्वतन्त्र होने लगती हैं, उनमें कई देहस्थितियाँ उभरने लगती हैं और कलाकार का ध्यान सतह की बारीकियों में न उलझ कर द्रव्य एवं आयतन के ढलाव पर, रेखाओं की लय एवं बहाव पर रहने लगता है। पीतलखोरा के विराट और विशिष्ट भाव व्यंजना वाले यक्ष, कोण्डाने के नाचते से मिथुन एवं शंकुकर्ण यक्ष के अवशेष (प्रोफाइल अंकन) एक परिष्कृति को मूर्त करते हैं। कार्ले के महाचैत्य की गढ़न और मूर्तिकला में मानव संरूपता अपनी तमाम मांसल जीवन्तता में मूर्त हो जाती है। इसी का अगला चरण कान्हेरी की मूर्तिकला थी जिसमें उत्तर कुषाणों की शैली और गुप्त आदर्श ढल गये।

बुद्ध की मूर्ति के उद्भव को लेकर फाउचर तथा आनन्दकुमार स्वामी की बहस बढ़ते हुए कई विद्वानों तक बढ़ आयी थी। कनिष्क के काल में यह गान्धार कला में पहले पहल आयी या फिर लगभग उसी समय में मथुरा से प्राप्त कटरा बुद्ध में फलित हुई। बहस के ये दो पक्ष थे। कुमार स्वामी उसे देश व्यापी भक्ति आन्दोलन के उच्छाल से जोड़ते हैं। खैर अन्ततः देशी-विदेशी दोनों रूपों के संलयन से बुद्ध का जो रूप बना वह बुद्ध मूर्ति का एक वैश्विक आद्यरूप बन गया। यह रूप जहाँ भी गया—वहाँ की थोड़ी रंगत ग्रहण करता गया पर मूल भाव नहीं बदला। चीन, कोरिया, जापान, जावा, कम्बोडिया, नेपाल—वही रूप मानो स्थिर-सा हो गया। गान्धार बुद्ध एवं बोधिसत्व में देह का बाह्यपक्ष यथार्थवादी नज़रिए से प्रबल था, कपड़ों की सलवटें भारी थीं, केश लहरीले थे, नयन और ओष्ठ भी कुछ भिन्न थे। मथुरा की मूर्ति में संन्यासी का पक्ष प्रबल था, तो गान्धार में राजपुरुष का। खैर इन दोनों के अपूर्व संयोग से सारनाथ बुद्ध की अप्रतिम छवि सामने आयी।

कान्हेरी की बुद्ध मूर्तियाँ सारनाथ की परम्परा की हैं। इन पर उत्तर भारतीय गुप्तों का आदर्श दिखता है जो वाकाटकों के माध्यम से दक्षिण में आया था। इन पर दक्षिण भारतीय सातवाहन या आन्ध्र परम्परा का भी असर है जो मूर्तियों के अलंकरण एवं वेशविन्यास में उजागर होता है। धीरेन्द्रनाथ वर्मा कहते हैं कि कान्हेरी के चैत्य अर्थात् तीसरी गुफ़ा की मूर्तियों में सारनाथ कला-शैली के आदर्श अर्थात् आत्मिक सौन्दर्य की छटा मुख पर लाने का प्रयत्न साफ़ नज़र आता है।[8]

कान्हेरी का यह विराट बौद्ध केन्द्र ई.पू. पहली सदी से 9वीं सदी तक जीवन्त रहा। पहले पहल जो विहार बने वे स्थविरवादी दृष्टिकोण से बनाये गये। उनमें स्तूप ही सर्वोपरि पूज्य वस्तु थी। पहली सदी के बाद महायान का प्रभाव व्यापक होने लगा। यों भी यह चैत्य अभिलेखों के अनुसार दूसरी सदी के उत्तर भाग में बना। अतः अब स्तूप की जगह मूर्तियाँ लेने लगीं। जहाँ स्थान था वहाँ स्थानक या आसनस्थ बुद्ध कोरे जाने लगे। मानो निराकारता की खामोश झील में महायान के सूर्य ने बुद्धत्व के सैकड़ों पद्म खिला दिये। फिर बोधिसत्व आये। तो उनके पीछे-पीछे वज्रयान का स्त्री

तत्त्व देवी तारा भी कान्हेरी के गुहाकाश पर उदित हो गया।

कार्ल खंडालावाला कान्हेरी की दानी दम्पतियों वाली युगल मूर्तियों (गुहा संख्या-3 में चैत्य के बाहर) को उत्तरवर्ती कुषाण शैली की मानते हैं। श्री सदाशिव गोरक्षकर जो प्रिंस ऑव वेल्स संग्रहालय, मुम्बई के निदेशक रहे, इन मूर्तियों पर विदेशी खासकर पार्थियन प्रभाव मानते हैं। इनके मुखों की उभरी हुई गाल की हड्डियाँ और अलंकृत पट्टिका में बँध कर केश संभार का खुला छोड़े जाना यवन एवं मिस्र के स्त्री रूपों की स्मृति को अनायास ही जगा देता है।

इनकी वेशभूषा तो शतकर्णी के समय की है। लम्बे और भारी कुंडलों पर सिंह की छवि है जो गान्धार कला में मिलते हैं। पार्थिया, मिस्र और यवनों से भारत का तब गहरा सम्पर्क था। भारतीय व्यापारी इन देशों की यात्रा कर चुके थे। विदेशी लोग मिस्र, यूनान, ईरान से भारतीय तटों तक आये थे और यहाँ उनकी बस्तियाँ तक बसी थीं। वे भारतीय क्षत्रियों में विवाह के ज़रिए घुलमिल भी गये थे। क्षत्रियों में शक, यवन और ईरानियों का रक्त घुला था।

पाँचवीं सदी के अन्त में कान्हेरी में एक नया प्रयोग हुआ। इसके चैत्य के प्रांगण के आगे दोनों ओर विराटकाय बुद्ध कोरे गये, जिनकी ऊँचाई सात मीटर या 22 फीट थी। कार्ल खंडालावाला इनकी विराटता को हाथी गुफ़ा की शैव प्रतिमाओं का उत्स मानते हैं। फिर इन्हें देखकर बामियन बुद्धों की बेतरह याद आती है।[9]

ओवेन सी. कैल इस चैत्य के बाहरी भाग में एक छोटे आयतन में कोरी गयी बुद्ध प्रतिमाओं की चर्चा करते हैं। ये पूरी तरह गुप्त प्रभाव की हैं। इनमें बुद्ध के चेहरे की सौम्य गम्भीरता अद्भुत है। देह में भारीपन होकर भी अद्भुत छन्द एवं प्रशान्त संगीत है, बदन से पारदर्शी वस्त्र चिपका है और भीतर से सुडौल, सुचिक्कन, भावपूर्ण देहयष्टि झाँकती है। सतह की भीड़भाड़ और बारीकियाँ गायब हो गयी हैं और एनॉटमी का सौन्दर्य उभर आया है। आन्तरिक गरिमा और सन्तुलन, प्रशान्ति और धीरता, मौन करुणा के प्रभाव में मन के कलुष धुल जाते हैं और धीर गम्भीर पवित्रता दर्शक पर छा जाती है।

एकादश मुखी लोकेश्वर की प्रतिमा छठी से सातवीं सदी ई. में कोरी गयी है। तारा, भृकुटी और नागिनों की मूर्तियों में कुषाणों और गुप्तों की त्रिभंगी स्त्री प्रतिमाओं का प्रभाव है। एकादश लोकेश्वर की इतनी पुरातन यह पहली प्रतिमा है। बाद में जिसके विपुल रूप नेपाल, तिब्बत और चीन में मिलते हैं। श्रावस्ती चमत्कार एवं स्तुति मूर्तियों में कम्पोज़ीशन (रूपविन्यास) का सौन्दर्य देखा जा सकता है।

पादटिप्पणियाँ

1. नीहार रंजन राय, मौर्य एंड पोस्ट मौर्य आर्ट (नयी दिल्ली : इंडियन काउंसिल ऑफ़ हिस्टारिकल रिसर्च, 1975) पृ. 80-81
2. ओ.सी. गांगुली, आन्ध्र स्कल्पचर्ज (हैदराबाद : द गवर्नमेंट ऑफ़ आन्ध्र प्रदेश, 1973) पृष्ठ 57
3. राधाकमल मुखर्जी, द कल्चर एंड आर्ट ऑफ़ इंडिया (नयी दिल्ली : मुंशीराम मनोहर लाल, 1984) पृष्ठ 242
4. द्विजेन्द्र लाल शुक्ल, भारतीय स्थापत्य (लखनऊ : हिन्दी समिति, सूचना विभाग, 1968) पृष्ठ 236, 242
5. इर्विन ऐडमैन, ललित कलाएँ और मनुष्य (दिल्ली : नेशनल पब्लिशिंग हाउस, 1966) पृष्ठ 54
6. भारत अय्यर, इंडियन आर्ट अ शॉर्ट इंट्रोडक्शन (मुम्बई : एशिया पब्लिशिंग हाउस, 1958) पृष्ठ 18-19
7. द्विजेन्द्र लाल शुक्ल, भारतीय स्थापत्य (लखनऊ, सूचना विभाग, 1968) पृ. 456
8. धीरेन्द्रनाथ वर्मा, अजन्ता की गुफ़ाएँ (हैदराबाद : मिलिन्द प्रकाशन, 1961) पृ. 102
9. कार्ल खंडालावाला, मार्ग पत्रिका, मुम्बई, पृष्ठ 6-7

कान्हेरी की मूर्तियों में अन्तर्वस्तु

भारतीय अर्थविज्ञान में अर्थ-ग्रहण के कई स्तर माने गये हैं। हम शब्दों की अभिधा, लक्षणा और व्यंजना शक्तियों से परिचित ही हैं। दृश्य कलाओं में भी अर्थ के उत्तरोत्तर सूक्ष्म होते स्तरों की बात अर्विन पानोफ्स्की ने विशद रूप से की है। मूर्ति कला में जब हम आकार, आकृति और आयतन मय रूप से आगे छवि को पहचानने लगते हैं तभी अन्तर्वस्तु का पुनःप्रस्तुतिमूलक पक्ष आरम्भ हो जाता है। धीरे-धीरे मूर्ति संवेदनापरक और मनोवैज्ञानिक अभिव्यंजनाओं में खुलने लगती है। इसमें मूर्ति की देह मुद्रा, हस्त मुद्राएँ और मुख मुद्राएँ हमें उसकी भावात्मकता के प्रति सचेत कर देती हैं। अन्तर्वस्तु का यह मनोवैज्ञानिक धरातल है। इस तरह निर्वाचिक भाषा की गूँज गहरी होती जाती है।

इसी में मिथक, पुराण, इतिहास और निजंधर के केन्द्रीय क्षण भी ढलते हैं। जैसे बुद्ध का मार के आकर्षणों को पछाड़ना, सम्बोधि प्राप्त कर भूमि को साक्षी बनाना, मृगदाँव में प्रथम उपदेश देना, महावाराह का डूबती हुई धरणी को काँधे पर उठाकर उबार लेना, रावण का कैलाश उत्तोलन और शिव का पाँव के अँगूठे से उसे दबा देना इत्यादि। इसी में आगे ढलते हैं परम्परागत प्रतीक जहाँ कमल प्रफुल्ल सृष्टि और चेतना का रूप हो जाता है; नाग, वर्षा, जल या पाताल का देवता हो जाता है; तारा उद्धार और संरक्षा की मातृ देवी; हाथ की अक्षमाला सतत ध्यान की; हाथ का लीला कमल कोमलता एवं सौन्दर्य प्रशान्ति एवं निष्कलंकता का प्रतीक हो जाता है; वज्र तप की कठोरता का और खड्ग अविद्या के तम को काटने वाला हो जाता है। इस तरह मूर्ति के रूपों में एक युग की सौन्दर्य दृष्टि निचुड़ आती है, दर्शन निचुड़ आता है और अलंकार एवं भूषा की शैलियों में देश एवं काल के समाजशास्त्रीय पक्ष मूर्त हो जाते हैं।

कलाओं में अर्थ की समस्या से नये पुराने, प्राच्य और प्रतीच्य जिज्ञासु जूझते रहे हैं। इनमें एक हैं बीसवीं सदी के महान भाषाशास्त्री फर्दिनांद द सॉस्यूर। यह संस्कृत के विद्वान थे और भाषा पर उनके चिन्तन ने तमाम समाज-विज्ञानों को प्रभावित किया। उन्होंने भाषा को चीज़ों और अवधारणाओं को नाम देने की एक प्रक्रिया कहा है जिसमें हर प्रतीक या चिह्न के दो हिस्से हैं—संकेतक (signifier) और संकेतित (signified)। उन्होंने चिह्न और अवधारणा के बीच के रिश्ते को यादृच्छिक माना। अर्थात् दोनों का सम्बन्ध कृत्रिम है और स्थितियाँ और सन्दर्भ मिलकर अर्थ को निर्मित करते हैं। तो क्या हम मूर्ति रूपों को भी सिग्निफायर मानकर उसके निहित अर्थगत मूल्यों की सरणी का निर्माण कर सकते हैं? शायद हाँ!

तो उसके मॉडल के अनुसार पहली सदी ईसा पूर्व से लेकर नौवीं सदी ईसवी तक के भारतीय समाज के वलयों के बीच इन मूर्ति-गुच्छों का अर्थ कर सकते हैं। तब बौद्ध धर्म के महायानी विकास के साथ-साथ महानायक की संकल्पनाएँ बदली थीं; भक्ति एवं शरणागति का भाव व्याप्त था; स्वयं बुद्ध एक मार्गदर्शक भर न रह कर मिथकों के वलयों से घिर गये थे; शास्त्र की कठोर शुष्कता के

बजाय मानववाद का उद्‌घोष होने लगा था; स्वयं ईश्वर की धारणा में मनुष्य और देवत्व का समंजन हो गया था। और यूँ करुणा और शील, प्रशान्ति और मैत्री की बौद्ध संस्कृति ने भारतीय दर्शन एवं छवियों पर अपनी छाप छोड़ दी थी।

कान्हेरी के इन हज़ार सालों तक जीवित भिक्खु संघ में बुद्ध मानव रूप में मन्त्र के नाम की तरह लेण की भित्तियों पर बार-बार उकेरे गये हैं। इसी बुद्धत्व की करुणा विगलित, मानस के विस्तारित क्षितिज वाली संस्कृति के विभिन्न हिस्से हैं—पद्मपाणि, बोधिसत्व, तारा, नाग और यक्षों के सौम्य प्रतिरूपण, हाथी, सिंह, मकर और व्याल, कमल एवं किन्नर गन्धर्व इत्यादि। इन सबसे अर्थों की एक व्यवस्था हमें बुननी होगी।

दूसरी ओर सुजान लैंगर का चिन्तन है जो भाषा को शब्दों से आगे रूपों या आइकन के रूप में देखती हैं और कलाओं के निर्वाचिक रूपों की ओर प्रयाण करती हैं। उनका मानना था कि जिसे भाषा नहीं कह सकती, उसे संगीत और कलाएँ रूपों में ढालकर मूर्त करती हैं।

कला में प्रतीक का प्रयोग एक बात है, पर स्वयं कलाकृति का अविभाज्य प्रतीक हो जाना दूसरी बात। तो मानव मन के कला में रूप पा लेने के सिद्धान्त को भी हम कान्हेरी में मूर्त होता देखेंगे।

भारतीय कला मर्मज्ञों में राधाकमल मुखर्जी और नीहार रंजन राय ने भारतीय शिल्प कला में निरन्तर गतिमान, बहुआयामी संस्कृति ध्वनियों को सुना है। उनका मानना है कि भारतीय कला जितनी कला रूढ़ियों से चालित रही है, उतनी ही युगीन माहौल और मूर्त भारतीय जीवन से भी। वह केवल रहस्यवाद भर ही नहीं है, बल्कि उसमें रूप का निरन्तर विकास हुआ है और रूप के मूल्य भारतीय चेतना के सर्वतोमुखी विकास से जुड़े हैं।

नव्य मार्क्सवादी हर्बट मार्क्यूज भी मानते हैं कि भीतर से स्वतन्त्र समाज का सच्चा दर्पण उसका सौन्दर्य बोध और कला बोध होता है, जिसमें उसकी सामूहिक कल्पना स्वच्छन्द उड़ान भरा करती है। स्वतन्त्रता के मूल्य से ही जो जन्म लेती है और अपनी उड़ान में अनाचार और सत्ता के विरुद्ध एक प्रतिसंसार रचती है। स्वप्न और स्मृति रचती है, संकल्प रचती है, एक विद्रोह, एक अभियान, एक गान, एक तान उठाती है।

कला मनीषी आनन्द कुमार स्वामी, हावैल, लॉरेन्स बिन्यान, भारत अय्यर जैसे महापंडित पूर्व की विश्व दृष्टियों को भारतीय शिल्प कला का आधार मानते हैं।

एक और अर्थ क्षितिज है जिसे कला, स्वप्न, मिथक पर काम करने वाले धुरन्धर मनोवैज्ञानिक कार्ल जुंग के सहारे खोला जा सकता है। उन्होंने मनुष्य के अवचेतन का साक्षात्कार किया था और उसे व्यक्ति के बजाय विराट सामूहिक धरातल पर महसूस किया था। जब उन्होंने कला, स्वप्न और मिथकों को खँगाला तो उन्हें सामूहिक अवचेतन के कुछ ऐसे समान रूप, ग्रन्थियाँ और तत्त्व मिले जो संस्कृतियों और काल की सीमाओं को लाँघ गये। उन्होंने आद्यबिम्बों की धारणा दी। कान्हेरी में भी हम इस पद्धति से कई कूट खोल सकते हैं। अवचेतन के पशु प्रतीकों से लेकर महानायक के बिम्बों तक की यात्रा कर सकते हैं।

कान्हेरी की मूर्ति कला में कुछ अर्थ-गुच्छ उभरते हैं जो बौद्ध दर्शन की अमूर्त संकल्पनाओं को मूर्ति के माध्यम से साकार करते हैं।

दुख चक्र से घिरा संसार

दुख बुद्ध की सारी खोज का आधार रहा है। उनका प्रथम उपदेश दुख समुदय के रूप में ही फलित हुआ है। कृष्ण गिरि शैल की मूर्तियों में यह दुखमय संसार, ताप और सांसारिक भय बड़े सूक्ष्म रूप में अंकित हुए हैं। इसका सबसे प्रत्यक्ष रूप अष्टभय या दस भय से युक्त पद्मपाणि या बोधिसत्व की स्तुति मूर्तियों में अंकित है। इसमें मनुष्य भय के अनेक भयावह रूपों से घिरा हुआ और उनसे त्राण पाने की प्रार्थना करता अंकित है। दुख और भय के प्रतीक कहीं हिंसक जानवर हैं (हाथी, सिंह और नाग), कहीं अग्नि और अतल जल के तत्त्व हैं, कहीं शत्रु की खड्ग तो कहीं गुलामी के बन्धन और कहीं स्वयं प्रेतरूपिणी साक्षात् मृत्यु का अंकन है (देखिए चित्र)।

गुहा संख्या 2 में अष्ट भागों के कुछ रूप

आधुनिक सभ्यता में भय, त्रास और दुख आज भी बना हुआ है, बल्कि उसके रूप अधिक संजटिल और सूक्ष्म हो गये हैं। आज अपने भीतर पसरे आतंक और दुख के स्रोतों तक का हमें पता नहीं है। हम अपनी छायाओं से अलग हो चुके हैं। हम एक विखंडित मानस में जी रहे हैं।

बुद्ध ने कहा था—भिक्खुओ, जन्म का अर्थ दुख है; जरा का अर्थ दुख है; रोग का अर्थ दुख है; मृत्यु का अर्थ दुख है... अप्रिय वस्तुओं का संसर्ग और प्रिय वस्तुओं का वियोग भी दुख है। इच्छित वस्तु की प्राप्ति न होना, यह भी दुख है। जन्म-मरण, राग-द्वेष विश्वव्यापी सत्य हैं। बौद्ध चिन्तक कृष्णनाथ लिखते हैं—ढाई हज़ार साल पहले बुद्ध ने दुख सत्य को उघाड़ कर रखा, धर्म चक्र चलाया।

फिर भी दुख सत्य है। काम सुख और काय क्लेश की ही अतियाँ नहीं हैं, सारे अस्तित्व में अतियां हैं। सत्ता की जैसे यह लीला है। एक ओर सर्वग्रासी सत्तावान है, दूसरी ओर सत्ताहीन है... इन दो अन्तों के बीच आज भी लोक पिस रहा है। कान्हेरी में मनुष्य की तृष्णाओं, क्लेशों, कुंठाओं की छायाएँ देखनी हों तो हमें अवचेतन के प्रतीक तमाम पशु, सरीसृप, व्याल देखने चाहिए (देखिए चित्र और आरेख)। जुंग इन मिथकीय अथवा पशु प्रतीकों को आदिम अवशेष कहता है। इनमें प्रस्तुतियाँ तो बदलती हैं, पर मूल पैटर्न नहीं बदलता।

बोधि चित्त की ओर

कान्हेरी की मूर्तियों का यही केन्द्रीय विषय है। बौद्ध धर्म ने राग से उत्पन्न हुए दुख चक्र को विराग से काटने का मन्त्र खोजा। लेकिन जिस बात ने भारत की जनता का हृदय छू लिया, वह बुद्ध और बोधिसत्वों की गहन करुणा थी। यह राग का निजी मूलों से छिटक कर विराट हो जाना था। बुद्ध ने मनुष्य को आत्मा की सीपी से निकालकर ज्ञान की रोशनी में रखने की कोशिश की, जहाँ बूँद चमकते हुए समुद्र में प्रवेश करती है या समुद्र बूँद में, कहना कठिन है। बुद्धत्व तमाम विश्व एवं जीवन के साथ एकात्म हो जाने का नाम है। और इसी भाव को कान्हेरी की बुद्ध और बोधिसत्व की मूर्तियां एक युग के आदर्श के रूप में मूर्त करती हैं।

सॉस्यूर के मॉडल को पुनर्जाग्रत करते हुए हम देखते हैं कि वहाँ और भी मानव सरूप हैं। वहाँ मानव रूपधारी नाग हैं, उपासक हैं, दानी दम्पतियों की मूर्तियाँ हैं, लेकिन ये बुद्ध और बोधिसत्व की देह भाषा से किंचित अलग दिखती हैं। संरक्षक नागों में बल और आदिम ऊर्जा का भावावेग है। उपासकों में शरणागति का भाव है। दानी दम्पति में राग है, वैभव का एहसास है, जीवन के भोगों का आह्लाद और तृप्ति है। लेकिन इनके विपरीत बुद्ध मानो एक काव्यात्मक करुणा, प्रशान्ति, गम्भीरता और समरसता में डूबे हुए खड़े हैं। वे न पूरी तरह बाहर देख रहे हैं, न पूरी तरह भीतर। उनके भीतर ही मानो संसार समाया हुआ है। और उनके बाहर देखने में भी एक आन्तरिकता है। बुद्ध मूर्तियों की दृष्टि मानो गहन अन्तर्दर्शन की दृष्टि है। जैसे वे ध्यान की देहरी पर खड़े हों। शायद इसीलिए उनकी आँखों में पुतलियाँ नहीं दीखतीं (देखिए चित्रावली का चित्र 3)। बुद्ध की मूर्तियों की देह एक स्त्री की देह की तरह सुचिक्कण और लावण्यमयी है जिससे एक पराऐंद्रिक भव्यता और ओज उभरता है। इनकी मूर्तियों में एक अद्भुत सन्तुलन और चित्तपरकता है। यह आत्मिक सौन्दर्य गुप्त युग की सभी मूर्तियों में प्राप्त होता है। लेकिन दूसरी ओर चौड़े कन्धे, सिंह जैसी क्षीण कटि, तेजस्वी ललाट, नील कमल के समान नेत्र भारतीय नायक की विशेषता रहे हैं। यानी ये ऐसी छवियाँ

हैं जो मूल प्रवृत्ति की सतह से उठकर चेतना के पूर्ण विकास का द्योतन करती हैं। ये जड़ पदार्थ पर चेतना की विजय का सबसे अच्छा उदाहरण है।

बुद्ध की स्थानक मूर्तियों में जो कटि का हल्का सा भंग है, एक पैर पर भार थोड़ा ज़्यादा है उस मुद्रा ने पूरे रूपाकार में एक अजब प्रशान्ति और लय भर दी है। जैसे आत्मा की भारहीनता देह में उतर आयी हो। भारतीय मूर्तिकला में देह का भंग अधिकतर स्त्री मूर्तियों से जुड़ा रहा है और कहीं न कहा शृंगार भावना का स्रोत रहा है। बुद्ध मूर्ति में इसका आना शृंगार के बजाये एक नम्य, सुकोमल एवं द्रवित करुणा की सहज मुद्रा है। यह मुद्रा एक नम्य शाल वृक्ष की भंगिमा की स्मृति जगाती है। या फिर जल की सतह से ऊपर उठे कमल की लोच को दिखाती है।

चीवर को थामने वाले उनके हाथ एवं अँगुलियों में तनाव का लेशमात्र नहीं। दूसरी ओर आजानुबाहु बुद्ध का दक्षिण हस्त अपने भक्तों या उपासकों के हित, संसार के हित और तमाम प्राणियों के हित वरद् भाव में खुला है। देने को उसके पास भौतिक विभूतियां नहीं, ज्ञान है, सत्य मार्ग की निदेशना है, जिस पर चल कर मनुष्य राग, द्वेष, मोह और अहंकार के काँटे निकाल सकता है। बोधि तक पहुँचना एक शिखर पर पहुँचना है। उससे पहले मानस की मलिनताओं को साफ़ करना है; इच्छाओं के बन्धन काटने हैं; भेदभाव के भ्रम की धुँध को हटाना है जिससे एक स्थाई और अलग अहं भाव का जन्म होता है। साथ ही अपने आत्म का प्रसार करना है। निम्नतम के साथ तादात्म्य की कोशिश करनी है जिससे अभिमान का मल बह जाए और विश्व से हम एकात्म हो जाएँ।

इसी तरह बोधिसत्व की मूर्तियाँ अपने नाम अवलोकितेश्वर को साकार करती हैं जिसका अर्थ होता है ऊँचाई से संसार की ओर देखना। इन्हें आर्य लोकेश्वर भी कहा जाता है। हिमालय के ऊपरी अंचल लाहुल स्पीति में इनके कई-कई हाथ होते हैं। वहाँ उन्हें चेन-रे-जिग कहते हैं। चेन का अर्थ है

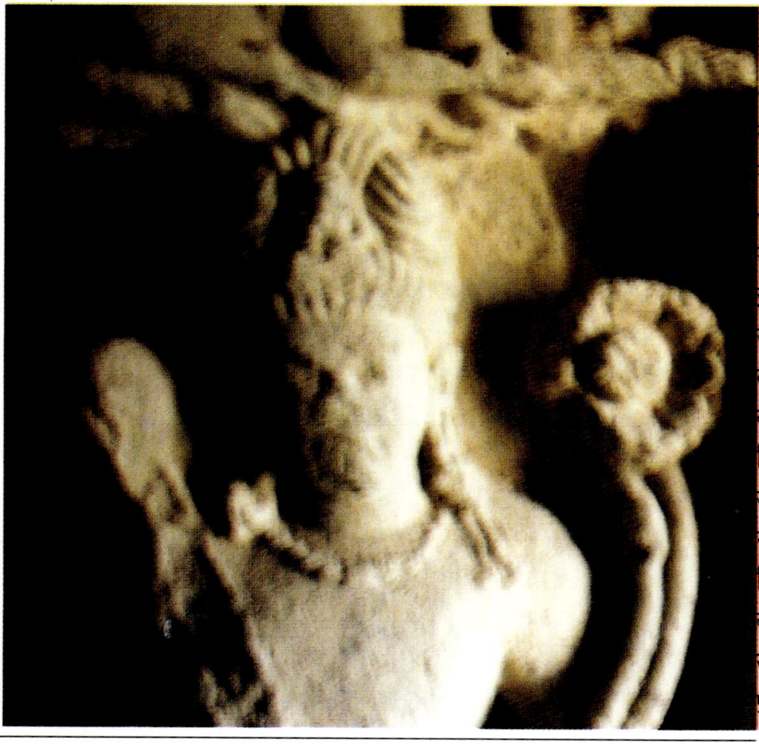

आँख, जिग का अर्थ है देखना। इनके सिर पर अमिताभ हैं—लोकेश्वर के गुरु।[1] बोधिसत्व महायान का सर्वोपरि आदर्श है जिसका महत्त्व बुद्ध से भी ज़्यादा हो गया था। उन्होंने अपने बुद्धत्व को संसार के दुखों के हित स्थगित कर दिया था। क्योंकि उनका उद्देश्य था सभी प्राणियों के लिए निर्वाण सुलभ करना, सभी लोगों को सहायता देना, सभी प्रकार की विपत्तियों

से उन्हें बचाना, अनन्त करुणा की वर्षा करना, पाप से तनिक भी न डरना, नरक के द्वार पर भी न रुकना। अन्तिम प्रतिज्ञा की व्याख्या में कहा गया है कि जीवों पर करुणा करने के लिए यदि बोधिसत्व को पाप, निषिद्ध या अकुशल कर्म भी करना पड़े तो उसे संकुचित न होना चाहिए। बोधिसत्व के लिए किसी को अप्रसन्न करने की अपेक्षा नरक भोगना अच्छा है। बोधिसत्व बौद्ध धर्म में एक सामाजिक परिवर्तन का प्रतीक है। दश भय की मूर्तियों में वे त्रस्त प्राणियों की गुहार पर भागे आते हैं। इसीलिए बुद्ध से भिन्न उनकी हस्त मुद्रा अभय की है। और उनका अनिवार्य लक्षण सनाल पद्म है। बोधिसत्व राजकुमारों के से वेश में अंकित हैं पर उनके सर पर जटा मुकुट है। और उसके बीचोंबीच ध्यानी बुद्ध अमिताभ हैं। अर्थात् बाह्य वैभव के होते हुए भी उनका मानस परम योगी के समकक्ष है। उनका शिरोमुकुट गंगाधारी शिव की याद दिलाता है तो उनकी अलंकृत देह और औदार्य विष्णु की मूर्ति के समकक्ष प्रतीत होते हैं। यानी बोधिसत्व की छवि में बौद्ध दृष्टि श्रमण परम्पराओं से आगे बढ़ जाती है। वहाँ राग का पुनर्जन्म होता है। कृष्णनाथ लिखते हैं—"यह मैत्री मुदिता करुणा राग के ही रूप तो नहीं हैं? अच्छे राग हैं, शुभ हैं, कुशल हैं लेकिन राग ही तो हैं। शायद जब तक किसी के प्रति यह होते हैं, तब तक किसी पर अवलम्बित करुणा राग है। जब वो निर्वलम्ब हो जाती है, वो किसी के प्रति की नहीं जाती है, बस होती रहती है और सब दूर, सब समय सब के लिए होती रहती है, तो वह राग रक्त रहित है। वह करुणा बुद्धों और बोधिसत्वों की करुणा है।"[2]

बोधिसत्व की मूर्ति पूर्ण सन्तुलित है। उसकी दृष्टि में सौम्यता शान्ति समता है और वह अपनी इन्हीं आँखों से हमें देखते हुए खड़े हैं। उनकी औखें हमारी आँखों जैसी नहीं हैं, बुद्ध की आँखों जैसी हैं। बड़ी आँखें हैं। इस तरह बोधिसत्व सांसारिक रोगों के लिए एक औषध, एक वैद्य, दुर्भिक्ष के लिए पान और भोजन, दरिद्रता के लिए अक्षय निधि और सर्वत्याग को निर्वाण मानने वाले प्रतिरूप हैं। यह मानो मूर्तिकला में हिमालय के शिखर का दर्शन करना है। जगत के अँधेरे में, मोहग्रस्त दुख के

अष्ट बुद्धों की पांत

अँधेरे में एक जलते हुए धर्मदीप को देखना है।

बोधिसत्व की एक अन्यतम मूर्ति गुहा संख्या 41 में एकादशमुख लोकेश्वर की है। तिब्बत में इनके हज़ार हाथों वाले प्रतिरूप भी दिखते हैं। ये बोधिसत्व की सहायता के आवेग के अनुपात के अनुरूप ही हैं।

कान्हेरी में भविष्य के बुद्ध मैत्रेय भी हैं। अक्सर

भविष्य के अलक्षित मुख मैत्रेय

अष्ट बुद्धों में अन्तिम मूर्ति मैत्रेय की है, तमाम बोधिसत्वों के साथ। उनकी केशरचना में चैत्य होता है। यह तमाम बोधिसत्व कोण्डाने, भज, बेदसा और जुन्नर को छोड़ सभी गुहा मन्दिरों में मिलते हैं।

स्त्री तत्त्व

कान्हेरी के मुख्य चैत्य के कोने में और गुहा संख्या 44, 67, 90 एवं 91 में वज्रयानी देवियों की मूर्तियां हैं। गुहा संख्या 90 में अवलोकितेश्वर की स्तुति मूर्ति है, जहाँ वे दो तारा मूर्तियों के बीच खड़े हैं। और उनकी सहायता से अपने उपासकों को अष्ट भयों से उबार रहे हैं।

कान्हेरी की मूर्तियों में स्त्री तत्त्व नागिनियों से लेकर मानुषियों और फिर देवी तारा तक प्राप्त होता है। स्त्री तत्त्व भारतीय कला में मोहनजोदाड़ो और हड़प्पा से चला आता है। मातृ मूर्तियों से लेकर उर्वरता देवियाँ, वन देवियाँ, वृक्षकाएँ अप्सराएँ, नदी देवियाँ, यक्षियाँ, दुर्गा, उमा, तारा आदि सब स्त्री तत्त्व की शक्ति को मुखर करती आयी हैं।

बौद्ध इतिहास में कई स्त्री नाम आते हैं जैसे अभिरूपनन्दा, जेंती, चित्ता, सुक्का, सीहा, खेमा, सेला अनुपमा, रोहिणी, शुभा, सुमेधा, तिस्सा, चन्दा, गोपिका, अनुला, विजया इत्यादि। धम्म में स्त्रियों के आग्रहण के प्रति बुद्ध सशंकित रहे पर उन्होंने अन्ततः उसकी स्वीकृति दी। बौद्ध साहित्य में थेरी गाथाओं के रूप में बौद्ध भिक्षुणियों की वाणी संग्रहीत है। कान्हेरी के अभिलेखों में भी कई स्त्री उपासकों के नाम आये हैं। उनमें पवतिका भी हैं अर्थात् प्रवज्या धारण किये हुए स्त्रियाँ भी कान्हेरी के बौद्ध संघ का भाग थीं।

भारतीय दर्शन में सांख्य ने सृष्टि को प्रकृति और पुरुष के पूरक द्वैत में समझा था। वहाँ पुरुष एक अगोचर और निष्क्रिय सत्ता थी, जबकि प्रकृति ही सृष्टि का मूर्त और सक्रिय पक्ष थी। तन्त्र ने भी इस द्वैत को अपना आधार बनाया था। तन्त्रों में युगनद्ध या याबयुंम की मुद्रा इसी द्वैत के एकीकरण और सन्तुलन की प्रतीक है। बौद्ध दर्शन में भी प्रज्ञा और करुणा का द्वैत बोधिसत्व और उसकी शक्ति के माध्यम से मूर्त हुआ है।

कान्हेरी के विराट बुद्ध के पास एक लघु मूर्ति तारा की है। इन दोनों मूर्तियों के अनुपात में बहुत अन्तर है जो शायद कान्हेरी के पुरुष प्रधान संघ के अनुरूप ही है। तारा की यह मूर्ति बुद्ध के बाद की है पर अपने सौन्दर्य और सन्तुलन में बुद्ध की मूर्ति से होड़ ले रही है। स्त्री देह के पूर्ण लास्य के साथ अंकित होकर भी उसके भाव में अपूर्व गरिमा एवं गम्भीरता है।

प्रतीत्य समुत्पाद

बुद्ध का दर्शन जीवन की प्रघटनाओं के लिए किसी एक दैवी शक्ति को स्रोत नहीं मानता। बुद्ध के अनुसार जो कुछ भी घटता है वो नितान्त स्वतन्त्र या अलग-थलग नहीं होता। हर चीज़ किसी-न-किसी कारण या दशा से उद्भूत है। कार्य-कारण की शृंखला से ही यह जगत, जीवन और उसका कर्म उभरे हैं। जो कुछ भी चिन्तन, कर्म या वाणी के धरातल पर होता है, उसका प्रभाव भी कहीं-न-कहीं फलित होता है। अच्छे या बुरे कर्म एक शृंखला को जन्म देते ही हैं। और इसी आधार पर बुद्ध ने कई जन्मों की शृंखलाओं की व्याख्या भी की है। इसीलिए उन्होंने दुख के भी हेतुओं की तलाश की और उसके निरोध की शृंखला को भी समझाया।

इतने गूढ़ सिद्धान्त को मूर्तियों में खोजने की बात अनर्गल लग सकती है लेकिन मूर्तियों के विन्यास में हमें बीज से लेकर वृक्ष तक की क्रमिकता के दर्शन होते हैं। जहाँ हमें केवल खड़े बुद्ध

दिखते हैं, वहाँ भी एक शृंखला अंकित है। ध्यान से देखने पर बुद्ध के चरणों के नीचे एक खिला हुआ पद्म है जो पृथ्वी का प्रतीक है। ऊपर बुद्ध आकाश और पृथ्वी के बीच सेतु की तरह खड़े हैं। आकाश के सार के रूप में नभचारी बुद्ध की अर्चना के भाव में उड़ रहे हैं। इस तरह एक सीधे-सादे स्थानक बुद्ध के रूप में पाताल से आकाश तक का देश समाया हुआ है। इसमें बुद्ध एक प्रकाशित स्तम्भ की तरह भी अंकित हैं। इसे चेतना का विकास भी कहा जा सकता है और उसमें काल की

धारणा समाई हुई है।

इसी तरह गुहा संख्या 90 में श्रावस्ती चमत्कार का बड़ा विस्तृत अंकन है। पूरा पैनल तीन हिस्सों में बँटा है। सबसे निचले हिस्से में जल की सतह से कमल की नाल उठ रही है जिसे नन्द और उपनन्द नामक नाग सहारा दिये हुए हैं। दूसरी सतह पर दो और कमल हैं जिन पर इन्द्र और ब्रह्म और उनकी शक्तियाँ विराजमान हैं। अन्तिम सतह पर बुद्ध अपने सिंहासन पर व्याख्यान मुद्रा में अंकित हैं। बुद्ध के कमल से दूसरे स्तर के कमलों तक भी कई धरातल हैं जिनमें तारा देवियाँ और बोधिसत्व अंकित हैं। बुद्ध से ऊपर आकाश तत्त्व की शून्यता में विहरते आकाशचारी हैं। इस तरह पूरा पैनल एक शृंखला और उसके पड़ावों को व्यक्त करता है और अपने भराव में प्रकृति सरोवर की संकुलता को भी दिखाता है। चेतना का धीमा और क्रमिक विकास तो बुद्ध की तमाम मूर्तियों में मिलता ही है। फिर वो चाहे पौधे का ही अंकन क्यों न हो।

तीसरा उदाहरण पंक्तिबद्ध अष्टबुद्धों या छह बुद्धों का अंकन है जो गुहा संख्या 2 और गुहा संख्या 3 के द्वार के ऊपर अंकित है। ये पूर्व जन्मों के बुद्ध हैं। इन्हीं में सिद्धार्थ गौतम हैं और अन्त में भविष्य के बुद्ध मैत्रेय हैं। बुद्धत्व का जन्म अचानक और चमत्कार की तरह नहीं होता। उसके मूल में जन्म-जन्मान्तरों की साधना, भटकन और उत्सर्ग निहित है। भविष्य के बुद्ध का चेहरा

उभारा नहीं गया है अर्थात् बुद्धत्व का क्रम भविष्य में भी फलित होगा पर उसका रूप अज्ञात है।

इस प्रकार बौद्धकला में पाताल से आकाश तक की यह यात्रा मूल प्रवृत्तियों से बोधि और निर्वाण तक की यह यात्रा, जड़ता और भय से समरसता, सौन्दर्य और प्रशान्ति तक की यह यात्रा फलित हुई है। औपनिषदिक निर्वाण और बौद्धों के निर्वाण में यही एक अन्तर है। मज्झिम निकाय में इसका विकास किया गया है। यूँ तो इसे भी नेति नेति कहा गया तो भी यह यथार्थ को होने के बजाय बनने की गतिशील प्रक्रिया में आँकता है। यह कोई स्थिर एकत्व नहीं है और इस अभिसम्बोधि अवस्था को केवल मौन से ही कहा जा सकता है। बुद्ध बलपूर्वक कहते हैं कि सर्वोच्च ज्ञान सौन्दर्य है। निर्वाण सौन्दर्य में वास करता है। वह सर्वोच्च सुख है जैसे स्वास्थ्य सर्वोच्च लाभ है। इसे रोग, जरा, दुख, कलंक, मृत्यु नहीं आते। यह अनुत्तर है तथा सर्वोपरि लक्ष्य है (योगखेम्म)।

पादटिप्पणियाँ

1. कृष्णनाथ, स्पिति में बारिश (बीकानेर : वाग्देवी प्रकाशन, 1998) पृष्ठ 122
2. कृष्णनाथ, स्पिति में बारिश (बीकानेर : वाग्देवी प्रकाशन, 1998) पृष्ठ 124

कान्हेरी की मूर्तियों में वस्त्राभूषण

मूर्तिकला में वेशभूषा और वस्त्रांकन

मूर्तिकला में वेशभूषा और वस्त्रांकन का बड़ा महत्त्व है। वस्त्रांकन मनुष्य की छवि का अंग होकर इस कला में आता है और मनुष्य की छवि को देश-काल के आयाम से जोड़ देता है। अर्थात् मूर्ति में वस्त्रों का अंकन किसी खास देश और खास समय की वेशभूषा से जुड़ी परम्पराओं को सीधे-सीधे मूर्त कर देता है।

समाज के विकास के साथ वेशभूषा की शैलियों में विकास भी होता है—मूर्तिकला एवं चित्रकला में इसे लक्षित किया जा सकता है। वेशभूषा के आधार पर हम मूर्ति को रोमन, मिस्री, भारतीय, शक इत्यादि स्रोतों से जोड़ देते हैं। भारत के पश्चिमी गुहा मन्दिरों में प्रतिमाओं की वेशभूषाओं से, उनके विभिन्न केशकलापों से आभास होता है कि आन्ध्र एवं सातवाहन काल का समाज मिलीजुली जातियों वाला था। पीतलखोरा के द्वारपालों की निराली वेशभूषा उन्हें विदेशी मूल का सिद्ध करती है। स्वयं बुद्ध की मूर्ति में भी उनके चीवर और उसके पहनने के अन्दाज़ में निरन्तर परिवर्तन आता गया है।

मथुरा कला में जहाँ आमतौर पर बुद्ध के दोनों काँधे उत्तरीय से ढके होते थे वहीं गान्धार प्रभाव ने बुद्ध के वेश को श्रमण वेश रखते हुए भी अपने ढंग से प्रभावित किया। दायाँ काँधा वस्त्र से बाहर दिखने लगा और वस्त्र की सलवटें या चुन्नटें काफ़ी भारी दिखने लगीं। फिर गुप्त काल की कला ने भारतीय और रोमन पद्धति का ऐसा संगम किया कि शरीर से चिपके, भीगे कपड़े का पारदर्शी प्रभाव मूर्त हुआ।

वस्त्र-विन्यास की शैलियों में देश और काल ही नहीं, सामाजिक वर्ग, जाति एवं वर्ण तथा सामाजिक भूमिकाएँ भी मूर्त होती हैं। राजा की वेशभूषा, सैनिक या द्वारपाल की भूषा, पुरोहित या फिर सामान्य गृहस्थ या संन्यासी इसी आधार पर अलग दिखने लगते हैं। अतः वस्त्रालंकार हमारे सामाजिक अस्तित्व को मूर्त करने लगते हैं।

फिर वस्त्रांकन इस चाक्षुष कला में सौन्दर्य भी रचते हैं। मूर्तिकार मानव की देह को वस्त्र से ऐसे आवृत नहीं करना चाहता कि देह बोध ही बिला जाए। उसे दोनों को साधना होता है—क्योंकि मानव देह को उसकी अनेक भंगिमाओं और मुद्राओं में अंकित करना मूर्तिकला का प्राथमिक उद्देश्य है। अतः वह वस्त्र को देह से लिपटा हुआ, देह से लटकता हुआ, फहराता हुआ, बहता हुआ अंकित करता है। अतः वस्त्र का देह से द्वन्द्वात्मक सम्बन्ध है। वह उसे आवृत करते हुए भी अभिव्यक्त करना चाहता है। कलाकार के लिए भी वस्त्र एवं देह बोध की द्वन्द्वात्मकता को साध पाना एक चुनौती होती है। गुप्तकाल की भीगे वस्त्र की टेकनीक इसी चुनौती का सुन्दर उत्तर है।

फिर मूर्तिकला में वस्त्र एवं अलंकरण थिमेटिक अभिप्रायों को भी खोलते एवं रेखांकित करते

हैं। चीवरधारी मूर्ति बुद्ध या वैरागी का बोध जगाती है, तो मुकुटधारी एवं अलंकृत पुरुष मूर्ति किसी राजकुमार या राजा की। सर पर नागफनों के समान मुकुट, नागवंश या नाग का सूचक है। अतः चाक्षुष कलाओं में वेशभूषा के सामाजिक, सौन्दर्यात्मक एवं अर्थपरक आयाम होते हैं। अतः कुल जमा रूप के अलावा मूर्ति की अन्तर्वस्तु के विमर्श में वस्त्रांकन सहायक होते हैं।

कान्हेरी की मूर्तिकला में सातवाहन युग की सामाजिक वेश परम्पराओं और गुप्त युगीन परम्पराओं का मिलन है। इसमें एक सीमा तक मौर्य और शुंग युगीन भारतीय वेशभूषा का सातत्य भी दिखता है और विकास भी।

कान्हेरी में वस्त्रांकन

बुद्ध की श्रमण वेशभूषा

कान्हेरी श्रमण कला की बड़ी महती धरोहर है। वहाँ अगर श्रमण चेतना साकार हुई है तो बुद्ध के रूप में ही। बुद्ध की स्थानक, आसनस्थ और उपदेश प्रवण मूर्तियों वहाँ चारों तरफ़ ऐसे खिली हुई हैं जैसे प्रकृति में पल्लव फूल और फल खिले होते हैं।

गौतम बुद्ध का अंकन कान्हेरी की मूर्तिकला का प्रधान विषय है पर इनके अलावा जन्म-जन्मान्तरों में प्रकट होने वाले छह बुद्ध एवं अष्ट बुद्धों की पाँत भी वहाँ है। पर इनकी वेशभूषा में कोई मौलिक अन्तर नहीं है।

रौशन अल्काज़ी बौद्ध वेश के बारे में लिखती हैं कि इनकी वेशभूषा भी सामान्यतः अन्तरीय (कमर से नीचे पहना जाने वाला वस्त्र), उत्तरीय (ऊपरी भाग को ढकने के लिए) और एक बड़ी चादर थी (संघाटी)। वे लिखती हैं कि भिक्षुओं के वस्त्र कपड़ों के टुकड़ों को जोड़कर बनाये जाते थे और फिर उन्हें पीले या लाल रंग में रँगा जाता था (देखें चित्र)।[1]

विनय पिटक और महावग्ग के चीवर खंधकम में चीवर संघाटी आदि का विस्तृत विवरण

मथुरा : बुद्ध चीवर

मिलता है।[2] सर्वप्रथम स्थानक बुद्ध की वेशभूषा का अंकन देखें तो कमर पर कटिसूत्र का आभास है जिसके कारण कमर के ऊपर मांसलता में हल्का उभार दीख पड़ता है। इसी कटिसूत्र के नीचे अन्तरवासक या चीवर पैरों के कुछ ऊपर तक जाता है। यह चीवर लहँगा या लुंगी शैली में लपेटा गया है। मूर्तिकार ने नीचे अन्तिम कोर को टाँगों को ढकते से रूप में अंकित किया है। यह वस्त्र का आभास देना है क्योंकि कटि से जंघाओं तक, घुटनों से लेकर टाँगों तक की देह अपने पूर्ण उभार, गोलाई, मसृणता, क्षयवृद्धि के साथ मूर्त हो रही है, मानो उस पर वस्त्र नहीं है। स्त्री की सुन्दर देह के अंकन के लिए भी शुंग एवं कुषाण कलाकारों ने इसी आभासी तकनीक का प्रयोग किया है।

इस चीवर या अन्तरवासक का पैरों या टखनों से कुछ ऊपर होना यह बताता है कि श्रमण भ्रमण करते थे और इस दौरान पैरों में वस्त्र उलझे नहीं, यह ध्यान रखना स्वाभाविक ही था। निश्चय ही बुद्ध का वक्षस्थल उत्तरासंग, संघाटी या ऊपरी वस्त्र से ढका है। उनका दायाँ काँधा इस उत्तरीय या संघाटी से बाहर है। बायें काँधे से ऊपर जाकर फिर लम्बे आँचल की तरह नीचे की ओर लहरदार रेखा में गिर रहा है। बौद्धों में यह उत्तरासंग बड़ी चादर या संघाटी का रूप लेता था। अन्तरवासक से होती हुई यह बुद्ध की देह के किनारे उनकी बाँह से लिपट कर उनके बायें हाथ से थामी गयी है। देह पर इसके अलावा न कोई भूषण है, न पैरों में पादत्राण। पादत्राण का अंकन कहीं भी न होना एक प्रश्न को जन्म देता है कि क्या बिना पादत्राण के भिक्षु भ्रमण कर सकते थे। लेकिन शायद स्तूप में पादत्राण की अनुमति न हो।

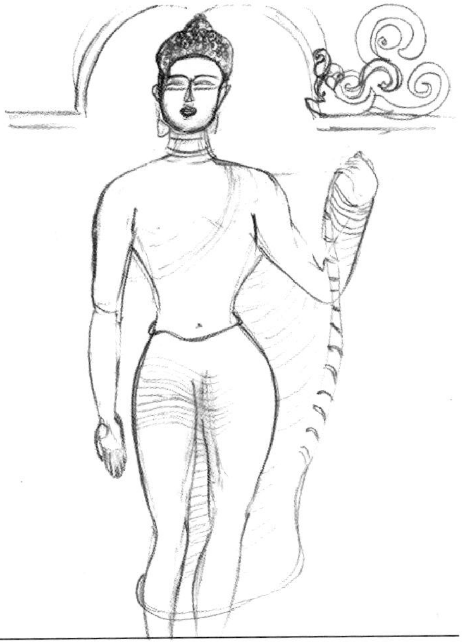

लेकिन चैत्य के बाहर के आयतन में बुद्ध की वेशभूषा में गुप्तकालीन सूक्ष्मता का जादू बिखरा है। इसमें बुद्ध की मसृण सुडौल और सुकुमार देहलता के हल्के भंग का सौन्दर्य अप्रतिम है तो पारदर्शी वस्त्र का आभास भी कोर से नहीं अन्तरवासक की निरन्तर अंकित लहरों में दिया गया है। यह वस्त्र शरीर से ऐसे चिपका या लिपटा है जैसे भीगा वस्त्र देह से एकमेक हो गया हो। कटि सूत्र के नीचे, दोनों पैरों के बीच तथा प्रलम्बित आँचल और देह के बीच यह लयमान सलवटें अंकित हैं, गतिवान हैं। बुद्ध की बायीं भुजा भी वस्त्र के झीनेपन के भीतर से झाँक रही है। गान्धार कला की भारी चुन्नटें और भारतीय कला की लगभग निर्वसनता का यह अपूर्व मेल है।

पीढ़े पर बैठे हुए बुद्ध के त्रिकोणात्मक पैरों पर भी

अन्तरवासक का प्रभाव स्पष्ट (कोर के रूप में) है। बायाँ वक्ष एवं काँधा उत्तरासंग से यज्ञोपवीत की शैली में ढका है तथा उत्तरासंग या संघाटी की झालर हाथ से होकर दोनों पैरों के बीच लटक रही है। पद्मासन लगाये बुद्ध की टाँगों पर चिपके धोतीनुमा उत्तरासंग का प्रभावन और एक ओर का काँधा उसी तरह आवृत दिखता है।

बोधिसत्व की राजसी भूषा

बोधिसत्व तो विष्णु की तरह राजसी वेशभूषा वाले हैं। श्रमण रूप नहीं, यद्यपि वैराग्य एवं आत्मार्पण

की अन्तिम सीमा उनके चरित्र एवं चेतना में है। कान्हेरी में पद्मपाणि बोधिसत्व अकेले अष्टभयों के साथ स्तुति मूर्तियों में आते हैं, बुद्ध के आसपास संरक्षक बन कर आते हैं या फिर तारा एवं भृकुटी (वज्रयान की शक्तियाँ) के साथ आते हैं। कुछ प्रातिनिधिक मूर्तियों का वेश द्रष्टव्य है।

गुहा संख्या दो की 'स्तुतिमूर्ति' में कटिसूत्र के नीचे धोती शैली में अन्तरीय है। दोनों जाँघों के बीच से धोती का सिरा पैरों के बीच तक आता है। अक्सर कमर पर इसे एक पट्टिका से सँभाला गया है।

गुहा संख्या 90 के पद्मपाणि, जो तारा और भृकुटी के बीच सतर खड़े हैं—कमर से पैरों तक लिपटी हुई धोती पहने हैं और टाँगों के बीच धोती की चुन्नटें लहराती हैं।

गुहा संख्या 90 में बुद्ध के संरक्षक के रूप में वज्र एवं पद्मपाणि की सुन्दर एवं भंगिमायुक्त मूर्तियाँ उनमें धोती शैली के उत्तरासंग पर कायबन्ध की सुदर गाँठ के अलावा एक मरोड़ा गया कक्षय बंध है जो नितम्बों से होता हुआ बंकिम ढंग से एक ओर ढीला बंधता है यहाँ भी धोती की चुन्नटें टाँगों के बीच लटकती हैं।

दानी युगल एवं नागराज

चैत्य की बाहरी दीवार पर दो-दो दानी युगलों के पेनल मुख्यद्वार के दोनों ओर अंकित हैं। इनकी वेशभूषा एवं अलंकरण काफ़ी स्पष्ट एवं सुन्दर है।

पुरुषों का ऊपरी भाग अनावृत है—यद्यपि चौड़े कंठहार उनपर सुशोभित हैं।

इनके अधो भाग में सम्भवतः घुटनों तक की कच्छा शैली की धोती है जिसकी चुन्नटें कमर पर से पैरों के बीच नीचे तक गिर रही हैं। धोती के ऊपर घुमावदार कायबन्ध या फेंटा है जो धोती को यथास्थान कसे है! इसकी गांठ एक बड़ा लूप बनाती हुई आकर्षक ढंग से

नितंब के एक सिरे पर झूल रही है। इस कायबंध के ऊपर बुनी हुई रस्सीनुमा मोटा और कामदार कमर बन्द दो दो लड़ियों में एक सिरे पर झूल रहा है और सिरों पर मुरज जैसी आलंकारिक गांठे हैं

संरक्षक नागराज

सातवाहन नागवंशीय थे। यह सन्दर्भ में आया है। तो यह शायद उनके वंश का कूट है। यों भी संरक्षक नागों या यक्षों का अंकन स्थापत्य की बाहरी भित्तियों पर, द्वारों पर करने की परम्परा पुरानी थी (लोक देव)।

कान्हेरी के चैत्य की बाहरी वेदिका पर और प्रांगण के सिंह स्तम्भ पर नाग अंकित हैं। इसने भी कच्छा शैली की धोती पहन रखी है जिसकी झालर समस्थानक पैरों के बीच झूलती है। एक धागे सा कटिसूत्र यहाँ भी कटि पर अलग से दिखता है और मांसलता कुछ उभर सी आती है पत्थर की नर्म देह पर नागराज की धोती पर भी कायबन्ध है जिसकी लूपवाली लहरीली गाँठ कटि के दोनों ओर झूलकर देह की गरिमा को कुछ प्रसार दे देती है। उत्तरीय जैसी चीज़ दीखती नहीं। अधोभाग में एक पट्टिका है जो घुटनों पर आकर त्रिकोणात्मक आकल्पन रचती है।

स्त्री मूर्तियों की वेशभूषा

कान्हेरी में स्त्री मूर्तियाँ बहुत नहीं हैं—तो भी इनके तीन अन्तर्वर्ग किये जा सकते हैं। पहली श्रेणी बौद्ध देवियों की बनाई जा सकती है। इसकी सबसे प्रातिनिधिक मूर्ति गुहा संख्या 3 के चैत्य के बाहर बुद्ध की विराटकाय प्रतिमा के साथ दीप तारा की छोटी पर बेहद सुन्दर मूर्ति है। गुहा संख्या 90 और कुछ अन्य गुहाओं में भी तारा एवं भृकुटी पद्मपाणि बोधिसत्व के साथ अंकित हैं। दूसरा अन्तवर्ग नागिनियों एवं नभचारी गन्धर्वियों या किन्नरी का है अर्थात् अपदेवों की श्रेणी। तीसरा और अन्तिम रूप मानवी का है जहाँ वे मिथुन या दानी दम्पति के रूप में चैत्य द्वार पर खड़ी दीखती हैं।

दीप तारा की देह पर वस्त्र का आभास नहीं होता या फिर कलाकार ने इसे भी घुटने से चिपकी

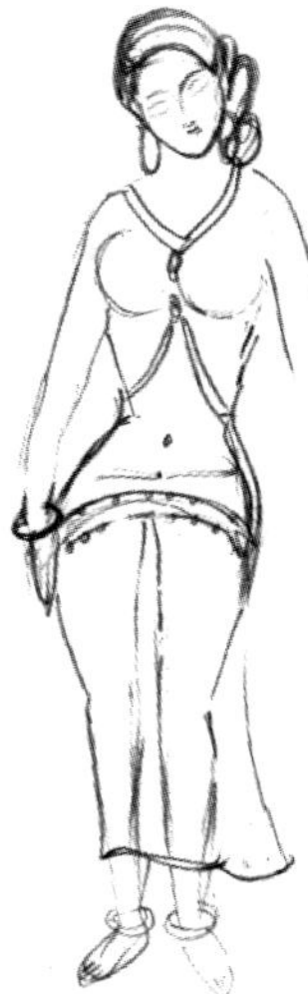

कच्छा शैली की धोती प्रतीकात्मक रूप से पहना दी है जो अदृश्य ही है। लेकिन एक ढीला दुकूल ज़रूर उनकी जाँघों की परिक्रमा करके बड़े अलसभाव से बायीं भुजा पर से होकर नीचे बह रहा है।

गुफ़ा संख्या 90 में तारा और भृकुटी की मूर्ति के पीछे की ओर लटकते हुए आँचल पैरों के पास दिखते हैं। देह पर यहाँ भी वस्त्रों का आभास नहीं। एक अन्य गुहा के बाहर बोधिसत्व एवं उनकी दो शक्तियाँ वज्रयानी अवधारणा के तहत खड़े अंकित हैं। दोनों शक्तियों के अधो भाग पर लुंगी या लहँगे की तरह का अन्तरीय स्पष्ट है और सम्भवतः उत्तरीय भी है जो एक भुजा के पीछे से झूल रहा है। इनमें अलंकरण खूब है। नागिनियों में भी यही अन्तरीय लहँगे के से प्रभावन में पैरों के कुछ ऊपर तक आया है।

विद्याधारियों या किन्नरियों अथवा गन्धर्वियों की देह पर अन्तरीय (कमर से नीचे का वस्त्र)

घुटनों तक देह से लिपटा दिखता है। उसकी लहरीली धारियाँ सी हैं और पीछे की ओर हवा में दुकूल के कई छोर हवा में फहराते हैं। एक छोर तो काँधे से प्रकट होकर सिर के गिर्द वर्तुलाकार, घूम जाता है। (देखिए चित्र)

तीसरी श्रेणी मानवियों की है। मिथुन मूर्तियाँ इनका प्रतिनिधित्व करती हैं। इनके देह की सुन्दरता को वस्त्र कही भी छुपाते नहीं हैं। ध्यान से देखने पर पैरों की भारी झांझों और कड़ों के बीच लहँगे की हलकी सी रेखा दोनों पैरों की दूरी के बीच उभरी दिखाई पड़ती है। अर्थात् कलाकार ने लहँगेनुमा अन्तरीय को बस प्रतीक रूप में दिखाया है। इनकी कमर पर बारीक कटिसूत्र बँधा है। नितम्बों की वक्रता पर छोटे-छोटे दानों या मणियों की पिरोई हुई रशना या मेखला कई लड़ियों वाली है। इसके ऊपर नीवीं बँध की लहरदार गाँठ दोनों जाँघों के बीच फैलकर गुह्य प्रदेश ढकती है। कायबन्ध या फेंटे की गाँठ एक लम्बे लूप में कमर के एक ओर झूलती दिखती है। जाँघों के ऊपर त्रिकोणात्मक पट्टिका (रिबन) का भी अपना सौन्दर्य है।

कान्हेरी में केशकलाप

बुद्ध

यों तो बौद्ध भिक्षु मुंडित मस्तक होते थे। लेकिन यदि केश घुटे हुए न हों तो सिर के ऊपर बालों का जूड़ा बनाते थे।

बुद्ध की प्रतिमा में विकास के साथ-साथ केशकलाप भी बदलता रहा है। मथुरा से प्राप्त कटरा जिले से प्राप्त पुरातनतम बुद्ध प्रतिमा का शीर्ष केशविहीन है और केवल एक ही लट ऊपर दाहिने ओर घूमती नज़र आती है। गान्धार कला में बुद्ध के मस्तक पर लहरदार बाल होते थे। बुद्ध के बालों का अंकन निदान कथा के आधार पर हुआ है। बाद में गान्धार एवं मथुरा कला का जब समन्वय हुआ तो बुद्ध मस्तक छोटे-छोटे घूँघरों से आवृत होने लगा।

कान्हेरी की सातवाहन और गुप्तकला के अंकनों में बुद्ध की केशरचना का यहाँ तीसरा आधार रहा। तमाम स्थानक एवं आसनस्थ मूर्तियों में उनका मस्तक घुँघरदार बालों से आवृत और सिर के शीर्ष पर जूड़े से अलंकृत है।

बोधिसत्व

बोधिसत्व एवं उसमें भी पद्मपाणि के सिर पर शिव के समान जटामुकुट शोभा पाता है, जहाँ बाल ऊपर की ओर उठकर अन्ततः नीचे की ओर प्रवाहित होते हैं और काँधे के पास सम्भवत बालों की ही दो लटें (जटाएँ) दिखती हैं। इस जटामुकुट के बीचों या तो अमिताभ बुद्ध आसनस्थ हैं या फिर पवित्र स्तूप की आकृति बनी है।

नाग, नभचारी एवं दानी युगल

यों तो पगड़ियाँ शुंगों के काल से मूर्तिकला में आती हैं पर सातवाहन या आन्ध्र कला में पगड़ियों का विशेष महत्त्व है। इसे बालों का मौलिबन्धन भी कहते हैं। यहाँ बालों को पगड़ी के वस्त्र के साथ घुमाते हुए ऊपर या दाएँ-बाएँ बाँधा जाता था और फिर कामदार पट्टिका से उन्हें स्थिर रखा जाता था। पट्टिका के बीचोंबीच सुन्दर मणिजड़ित गोलाकार आभूषण इत्यादि भी हुआ करता था।

नागों के केशकलाप के ऊपर अक्सर पाँच नाग फन अंकित दिखते हैं जिससे उनकी पहचान नागराज या नागवंशीय राजा के रूप में होती है। रौशन अल्काज़ी मानती हैं कि ये सर्पफन वस्तुतः पगड़ी के पाँच सर्पफन नुमा तुर्रों के रूप हैं।[3]

नभचारियों के केशकलाप में अजब मिस्री प्रभाव का सा बोध होता है।

(गुहा संख्या 41 में नभचारी की केशरचना का आरेखन)

दानी युगलों के केशकलाप भी मौलिबन्धन की रीति से बांधे गये हैं और उनपर कामदार पट्टिका उस संभार को थामे रखती है। एक पुरुष में मुकुटमणि सिर के आगे बीचोंबीच में है जबकि दूसरे पुरुष में यह शिर के बायें हाथ में पहनी गयी है।

स्त्रियों के केशकलाप

स्त्री मूर्तियों की केशरचना में काफ़ी विभिन्नता है। दानी युगलों की सौन्दर्यमती स्त्रियों ने माथे पर कामदार पट्टिका में बाँध कर बालों को लहराने के लिए खुला छोड़ दिया है। जो अभारतीय ढंग का लगता है। श्री गोरक्षकर तो इसमें पार्थियन, मिस्री या पहलवी प्रभाव देखते हैं। किन्नर एवं विद्याधरियों के सर पर भी शायद मौली में बँधे बालों का भारी और वर्तुल संभार है। चैत्य गुहा के बाहर दीपतारा की प्रतिमा के बाल भी सर के ऊपर काफ़ी ऊँचा आधार रचते हैं और बीच में पीछे की ओर ऊँचा जूड़ा या फिर कोई आभूषण दिखाई पड़ता है। गुहा संख्या 90 में तारा और भृकुटी की केश रचना भी बीच में ऊपर ऊँचे जूड़े वाली है।

कान्हेरी में आभूषण

मनुष्य में आभूषण पहनने के कारण कई रहे हैं—सज्जा की प्रवृत्ति से लेकर शालीनता, आत्मप्रदर्शन तथा शरीर रक्षा तक। शरीर रक्षा में दैवी प्रकोप, भूतप्रेत आदि के प्रभाव से बचना हो सकता है। इसके तहत वनवासियों में जानवरों की हड्डी, दाँत, नाखून, परों आदि का जादुई क्षमता के लिए इस्तेमाल होता था।

भारतीय समाज का आभूषण प्रेम उसकी मूर्तिकला में भी सहज प्रतिबिम्बित होता है। जैन एवं बौद्धों की वैराग्यधर्मा श्रमण संस्कृति में यद्यपि आभूषणों का स्थान नहीं है। भारतीय शिल्पकला में स्त्री एवं पुरुष दोनों ही आभूषणों से सज्जित मिलते हैं और कान्हेरी की मूर्तियों में भी बुद्ध की प्रतिमाओं को छोड़कर आभूषणों का सहज अंकन हुआ है।

इनमें नख से शिख प्रदेश तक भरत मुनि के नाट्यशास्त्र में उल्लिखित चारों तरह के आभूषण हैं जैसे, आवेध्य (कुंडल आदि जो कानों को भेद कर पहने जाते हैं), बन्धनीय (अंगदादि कटि तथा बाँहों में बाँधे जाते हैं), प्रक्षेप्य (नूपुर आदि अंगों को घेरने वाले) तथा आरोप्य (हार आदि जो अंगों पर आरोपित है)। नाट्यशास्त्र से पता चलता है कि आभूषणों में स्थानगत विशेषताएँ उभर चुकी थीं।

पुरुषों के आभूषण

कान्हेरी के चैत्य भवन की वेदिका पर खड़े संरक्षक नागों के गले में कबीलाई किस्म के कंठहार हैं तथा कानों में कुंडल और बाँहों में केयूर और कंगन है। उनके शीर्ष पर बालों के जूड़े के ऊपर एक शिरोभूषण भी है। स्तम्भ के वामन यक्षों के पैरों तथा कलाइयों में मोटे कड़े तथा कानों में कर्णावतंस जैसे हैं।

दानी युगलों के शीर्ष पर शिरोभूषण, पट्टिका में बीच की मणि, काँधों तक फैली चौड़ी चौलड़ी और कानों में सिंह की आकृति के भारी कुंडल हैं। बाँहों में भी बाजूबन्द एवं कलाई में भारी कड़े दिखते हैं। कंठहार तो बोधिसत्व से लेकर नभचारियों तक ने पहने हुए हैं जिनके बीचोबीच मणि दिखती है। कानों में भारी कुंडल भी हैं।

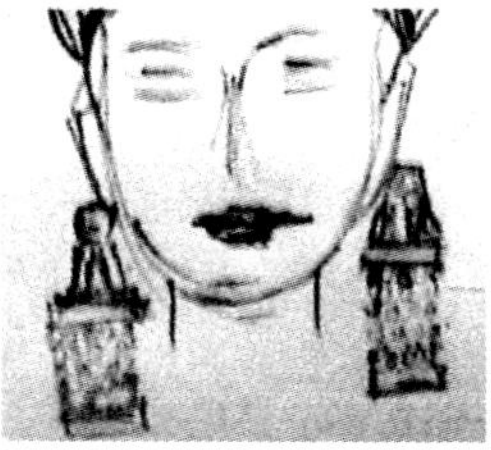

बोधिसत्व के कंठ में मोतियों की एकावली है। शिशुरूपी नभचारियों के पेट और वक्ष पर भी पट्टिका बँधी है और गले में कंठे वाला हार है।

स्त्रियों के आभूषण

कान्हेरी में स्त्री मूर्तियाँ कम तो हैं पर जितनी हैं उनमें आभूषण सम्पूर्ण हैं। लेकिन हर अंग आभूषण से सज्जित होने पर भी उनका आधिक्य या अतिवाद नहीं है।

बौद्ध देवियाँ तारा एवं भृकुटी हों, श्रावस्ती चमत्कार में नाग पत्नियाँ हों, नभचारी गन्धर्वी और किन्नरियाँ हों या फिर दानी युगलों की मानवियाँ—सबमें नख से लेकर शिख तक अलंकरण हैं।

सर्वप्रथम दानी युगलों की मानवियों के पैरों में बड़े-बड़े झाँझे और पिंडलियों तक के सुन्दर कड़े दिखते हैं जिन पर जड़े हुए रत्न और मणियों का आभास भी होता है। इनके कमर में चार-पाँच लड़ियों वाली मेखला कायबन्ध के नीचे से झाँकती हैं। बाहुओं में चपटे और सुन्दर बाजूबन्द और केयूर हैं, कानों में भारी कुंडल, सिर पर एक सुन्दर पट्टिका बालों को पीछे की और संभालती है। कंठ में कंठहार तो नहीं पर एक महत्त्वपूर्ण अलंकरण है जिसे हेमवैकाक्ष या छन्नवीर कहा जाता था जिसमें एक लम्बी माला वक्षस्थल पर से एक-दूसरे को काटती रेखाओं में नीचे उतरती थी। यह सुन्दर आभूषण स्त्री देह की सुन्दरता को रेखांकित सा करता है और बौद्ध देवियों में भी देखा जा सकता है। अजन्ता की गुहा संख्या 11 में भी यह आभूषण देखा जा सकता है।

बौद्ध देवी दीपतारा की मूर्ति के पैरों में मध्यम आकार के गोल कड़े, कमर की दो लड़ी की मेखला, कलाइयों में एक-एक कंगन और भुजाओं में बाजूबन्द और कंठ में वक्षस्थल से बँटकर दो धाराओं में नितम्बों की ओर जाने वाली लड़ियों वाला छन्नवीर सुन्दर है। कानों में पहिए की आकृति के गोल और बड़े देहरी नाम के आभूषण हैं। सिर पर बालों को सँभालने के लिए मुकुट है जिसके बीचोंबीच एक मणि जड़ी हुई है।

बोधिसत्व के साथ आने वाली शक्तियों में भी यही आभूषण और पतली मेखला दिखाई पड़ती है। नागिनियों और किन्नरियों में भी कंठहार, कंगन और कर्णकुंडल दिखाई पड़ते हैं। नागिनियों के शीर्ष पर सर्प फन जैसा कुछ दिखता है जो नाग फन के आकार का मुकुट हो सकता है।

पादटिप्पणियाँ

1. रौशन अल्काज़ी, एंशेट इंडियन कॉस्ट्यूम (दिल्ली : नेशनल बुक ट्रस्ट, 1998) पृष्ठ 9
2. वासुदेव शरण अग्रवाल, मथुरा की कला (मथुरा : पुरातत्व संग्रहालय, 1965) पृष्ठ 20
3. रौशन अल्काज़ी, एंशेंट इंडियन कॉस्ट्यूम (दिल्ली : नेशनल बुक ट्रस्ट, 1998) पृष्ठ 10

सन्दर्भ-ग्रन्थ सूची

1. अय्यर, के भारत. इंडियन आर्ट—अ शॉर्ट इंट्रोडक्शन, बॉम्बे : एशिया पब्लिशिंग हाउस, 1958
2. अल्काज़ी, रौशन. एन्शेंट इंडियन कॉस्ट्यूम्स, न्यू डेल्ही : नेशनल बुक ट्रस्ट, 1998
3. एडमैन, इर्विन. ललित कलाएँ और मनुष्य, दिल्ली : नेशनल पब्लिशिंग हाउस, 1966
4. ओल्डनबर्ग, हरमेन. बुद्धा-हिज लाइफ़, हिज डॉक्ट्रिन, हिज ऑर्डर, दिल्ली : मोतीलाल बनारसीदास, 1997
5. कुमारस्वामी, ए के. एलिमेंट्स ऑफ़ बुद्धिस्ट आइकॉनोग्राफी, दिल्ली : मुंशीराम मनोहरलाल, 1998
6. कृष्णनाथ. स्पिति में बारिश, बीकानेर : वाग्देवी प्रकाशन, 1998
7. कैल, ओवेन सी. बुद्धिस्ट केव टेंपल्स ऑफ़ इंडिया, मुम्बई : तारापुरवाला, 1975
8. गांगुली, ओ.सी. आन्ध्र स्कल्पचर्ज, हैदराबाद : द गवर्नमेंट ऑफ़ आन्ध्र प्रदेश, 1973
9. गाण्ट विलियम. टीच यूरसेल्फ टू स्टडी स्कल्पचर, लन्दन : इंग्लिश युनिवर्सिटी प्रेस, 1957
10. गाथासप्तशती. वाराणसी : चौखम्भा संस्कृत सीरिज, 1967
11. गुप्ते, आर एस. आइकॉनोग्राफी ऑफ़ हिन्दूज, बुद्धिस्ट्स एंड जैनास, बॉम्बे : तारापुरवाला एंड संज
12. गुरुगे, आनन्द डब्ल्यू.पी. बुद्धिज़्म—द रिलिजन एंड इट्स कल्चर, मद्रास : एम शेषचलम् 1975
13. गोखले, शोभना. कान्हेरी इन्स्क्रिप्शन्स, पुणे : डक्कन कालेज, 1991
14. जॉनसन, एवा रूडी. बुक ऑफ़ बुद्धाज, न्यू डेल्ही : न्यू एज बुक्स, 2004
15. जुंग, कार्ल जी. मैन एंड हिज सिंबल्स, युनाइटिड स्टेट ऑफ़ अमेरिका, डेल पब्लिकेशन, 1968
16. जो नू लो द्रू (भाष्य). नागार्जुनाज लैटर, धर्मशाला : लाइब्रेरी ऑफ़ तिब्बतन वर्क्स एंड आर्काइव्स, 2003
17. डेविड, रीज़. बुद्धिस्ट इंडिया, कलकत्ता : सुशील गुप्ता इंडिया लिमिटेड, 1950
18. दलाई लामा. ऐन इंट्रोडक्शन टू बुद्धिज़्म, दिल्ली : पलजोर पब्लिकेशन, 1996
19. द्विवेदी, हज़ारी प्रसाद. आलोक पर्व, दिल्ली : राजकमल प्रकाशन, 1994
20. देहिजा, विद्या. अर्ली बुद्धिस्ट रॉक टैम्पल्स, लन्दन : थेम्ज एंड हडसन, 1972
21. पाल, प्रतापादित्य. हिमालयाज : एन एस्थेटिक एडवेंचर, शिकागो : आर्ट इंस्टीट्यूट, 2003
22. फर्ग्युसन, जेम्स. ट्री एंड सर्पेंट वरशिप दिल्ली : ओरिएंटल पब्लिशर्ज, 1971
23. मार्क्यूज, हरबर्ट. एन एस्से ऑन लिबरेशन, इंग्लैंड : पेंग्विन बुक्स, 1969
24. माउंटेन, मेरियन. द ज़ेन एनवायर्नमेंट न्यूयार्क : बेन्टम बुक्स, 1983

25. मित्रा, देवाला. अजन्ता, नयी दिल्ली : आर्केलॉजिकल सर्वे ऑफ़ इंडिया, 1983
26. मिश्र, आर एन. एंशियेंट आर्टिस्ट एंड आर्ट एक्टिविटी, शिमला : इंडियन इंस्टीट्यूट ऑफ़ एडवांस स्टडीज, 1975
27. मुखर्जी, राधाकमल. कल्चर एंड आर्ट ऑफ़ इंडिया, लन्दन : जॉर्ज एलेन एंड अन्विन लि., 1984
28. मेघ, रमेश कुंतल. अथातो सौन्दर्य जिज्ञासा, दिल्ली : द मैकमिलन कम्पनी ऑफ़ इंडिया लि., 1977
29. राधाकृष्णन. गौतम बुद्ध जीवन दर्शन, दिल्ली : राजपाल एंड संस, 2001
30. राय, नीहार रंजन. मौर्य एंड पोस्ट मौर्य आर्ट, नयी दिल्ली : इंडियन काउंसिल ऑफ़ हिस्टारिकल रिसर्च, 1975
31. राय, नीहार रंजन. एन एप्रोच टू इंडियन आर्ट, चंडीगढ़ : पब्लिकेशन ब्यूरो, 1974
32. लिंग, ट्रेवर. बुद्ध मार्क्स एंड गॉड, लन्दन : मैकमिलन प्रेस, 1979
33. लैंगर, सूजन. फीलिंग एंड फार्म, लन्दन : रूटलेज एंड कीगन पाल, 1959
34. वर्मा, धीरेन्द्र नाथ. अजन्ता की गुफ़ाएँ, हैदराबाद : मिलिन्द प्रकाशन, 1961
35. शुक्ल, द्विजेन्द्रनाथ. भारतीय स्थापत्य, लखनऊ : हिन्दी समिति, 1978
36. हावेल, ई बी. इंडियन स्कल्पचर एंड पेंटिंग, लन्दन : जॉन मरे, 1928
37. शर्मा, एच वी. दि थियेटर ऑफ़ बुद्धिस्ट्स
38. सांकृत्यायन, राहुल, बौद्ध दर्शन, इलाहाबाद : किताब महल, 2005
39. सांटीना, पीटर डैला. ट्री ऑफ़ एनलाइटनमेंट, ताइवान : कार्पोरेट बॉडी ऑफ़ बुद्धा एजुकेशनल फाउंडेशन, 1998
40. सम सेइंग्ज ऑफ़ बुद्धा. (एफ एल बुडवर्ड), लन्दन : आक्सफोर्ड युनि. प्रेस, 1973
41. शिवराम, मूर्ति सी. अली आन्ध्रा आर्ट एंड आइकॉनोग्राफी, हैदराबाद : द गवर्नमेंट ऑफ़ आन्ध्र प्रदेश, 1979

चित्रावली

गुहा 3 कान्हेरी के विराट युद्ध

गुहा 2 तथागत और नौ बुद्ध उपासक

गुहा 3 कमलनयन का बुद्ध प्रशान्त एवं करुणापूरित आनन

गुहा 2 तीन स्थानक तथागत

गुहा 2 आठ एवं छह बुद्धों की पाँत

गुहा 3 चैत्य के बाहर के आयतन में गम्भीर बुद्ध

गुहा 3 चैत्य के बाहर का बुद्ध आयतन

गुहा 11 दरबार हाल के बाहर के आयतन मतें अवलोकितेश्वर

गुहा 3 चैत्य के बाहर ध्यानलीन बुद्ध आयतन

गुहा 34 बुद्ध का भूमि स्पर्श मुद्रा में रूपांकन

बोधिसत्व एवं उसकी शक्ति

गुहा 50 श्रावस्ती चमत्कार

गुहा 41 में अमिताभ बुद्ध के साथ एकादशमुखी अवलोकितेश्वर

बुद्धरूपों का जाप

उपासिका और बोधिसत्व

गुहा 67 छवियों वाला सभागार

गुहा 3 चैत्य के बाहर देवी तारा

गुहा 41 नभचारी

गुहा 3 चैत्य वेदिका पर संरक्षक नागराज

गुहा 3 चैत्य के बाहर स्तम्भशीर्ष पर भारवाहक यक्ष

गुहा 3 चैत्य के बाहर दानी दम्पति

गुहा 3 चैत्य के बाहर दानी दम्पति

गुहा की बाहरी भित्ति पर बुद्ध वीथिका

गुहा 11 दरबार हाल का बरामदा

एकादशमुख अवलोकितेश्वर

एक गुफा का मुख

दरबार हॉल गुफा संख्या 11

चैत्य के भीतरी स्तम्भशीर्ष